W0267918

ALLE ZEIT WACH
1842

H. A. Klaeren

Algebraische Spezifikation

Eine Einführung

Springer-Verlag
Berlin Heidelberg New York 1983

Dr. rer. nat. Herbert Alois Klaeren
Lehrstuhl für Informatik II, RWTH Aachen
Büchel 29-31, 5100 Aachen

CIP-Kurztitelaufnahme der Deutschen Bibliothek
Klaeren, Herbert A.: Algebraische Spezifikation : e. Einf. / H. A. Klaeren. – Berlin; Heidelberg; New York: Springer 1983.

ISBN-13: 978-3-540-12256-2 e-ISBN-13: 978-3-642-69009-9
DOI: 10.1007/978-3-642-69009-9

2145/3140-543210

Vorwort

Dieses Buch entstand als Ausarbeitung einer Vorlesung für Informatik-Studenten des Hauptstudiums an der RWTH Aachen. Bekanntschaft mit der Programmiersprache PASCAL und einige praktische Erfahrungen bei der Software-Entwicklung sowie Grundlagenkenntnisse in Informatik konnten daher vorausgesetzt werden. Weitere Vorkenntnisse sollten nicht zur Bedingung gemacht werden.

Da sich die Stoffauswahl im wesentlichen auf algebraische Methoden der Software-Spezifikation beschränkt, mußte ein gewisser Apparat der Universellen Algebra innerhalb der Vorlesung angeboten werden. Hierbei wurde jedoch stets das Ziel der Anwendung auf die Spezifikationen im Auge behalten. Algebraische Konzepte wurden nur in dem Umfang eingeführt, wie er durch die jeweilige Problemstellung gerechtfertigt bzw. erforderlich gemacht wurde. Bei der Präsentation der Konzepte wurde das Hauptaugenmerk auf eine anschauliche, motivierende Darstellung gelegt. Beweise für die zugrundeliegenden Sätze der Universellen Algebra wurden in der Regel ausgelassen,um die konsequente Entwicklung des Stoffes nicht aufzuhalten.

Das Buch folgt in weiten Zügen der Vorlesung und kann insofern auch als eine aus der Informatik motivierte Einführung in die Universelle Algebra verstanden werden. Die in diesem Buch behandelten Methoden sind im wesentlichen theoretischer Natur, was aber nicht bedeutet, daß sie nicht auch praktisch anwendbar wären. Andererseits kann es auch für den Praktiker nur von Vorteil sein, sich wenigstens in groben Zügen über die theoretischen Grundlagen seiner Arbeit klarzuwerden. Die algebraische Software-Spezifikation ist ein Gebiet, wo Berührungspunkte zwischen Theorie und Praxis in besonders großer Zahl existieren: ich hoffe, in diesem Buch darzustellen, daß die theoretische Entwicklung durch praktische Gegebenheiten und Notwendigkeiten motiviert wurde und daß andererseits die Resultate aus der Theorie neue Impulse und Rezepte für die praktische Arbeit liefern.

Bei der Gestaltung des Stoffes habe ich mich von der Vorlesung "Algebra für Informatiker" von Dr. H.-J. Kreowski, TU Berlin, inspirieren lassen. Herrn Prof. Dr. W. Brauer sei für zahlreiche Anregungen bezüglich Form und Inhalt dieses Buches herzlich gedankt.

Frau Sigrid Horenbeek danke ich für das sorgfältige Schreiben der Druckvorlagen und Frau Elisabeth Heyne für das Lesen der Korrekturen. Frau Andrea Ludwig danke ich herzlich für die Verbesserung einiger Fehler im Manuskript und für eine Fülle von Kommentaren zu einzelnen Details.

Nicht zuletzt danke ich besonders meiner Frau Isolde für die vielfältige Unterstützung beim Schreiben des Manuskripts.

Aachen, im Dezember 1982 H.A. Klaeren

Inhaltsverzeichnis

Einleitung

Programme werden stets geschrieben, um ganz bestimmte, vorher festgelegte Anforderungen zu erfüllen. Die hauptsächliche Anforderung dabei ist die Erfüllung einer ganz bestimmten Aufgabe; wenn das Programm diese Aufgabe erfüllt, nennt man es korrekt. Außer der Korrektheit sollen Programme in der Regel noch einige weitere positive Eigenschaften haben, zum Beispiel:

* Anpaßbarkeit	Kleine Änderungen in der Aufgabenstellung sollen kleine Änderungen im Programm zur Folge haben.
* Robustheit	Falsche Eingaben sollen soweit irgend möglich erkannt werden, anstatt kommentarlos zu falschen Ausgaben zu führen oder dazu, daß das Programm sich "aufhängt", d.h. in eine Endlosschleife läuft oder vom Betriebssystem abnormal beendet wird.
* Stabilität	Kleine Fehler in den Eingabedaten sollen nicht zum Zusammenbruch des ganzen Systems führen; vielmehr soll unter Zugrundelegung realistischer Annahmen über die Art des Fehlers eine normale Behandlung versucht werden bzw. im interaktiven Fall der Benutzer zu einer verbesserten Eingabe veranlaßt werden.
* Optimalität (Effizienz)	In verschiedener Hinsicht, z.B. bezüglich Speicherplatzbedarf, Ausführungsgeschwindigkeit, Antwortzeit, Übersichtlichkeit, Modularisierungsgrad usf. Es leuchtet ein, daß die Forderung nach Optimalität teilweise der Robustheit und Stabilität widerspricht. Hier muß ein geeigneter Kompromiß gefunden werden.
* Übertragbarkeit (Portabilität)	Als Spezialfall der Anpaßbarkeit wird vielfach noch verlangt, daß das Programm von einer bestimmten Hardware/Software-Konfiguration möglichst unabhängig ist, also auch auf verschiedenen Maschinen und unter verschiedenen Betriebssystemen unmittelbar oder mit nur geringfügigen Veränderungen ablaufen kann.

Als Regel gilt jedoch, daß die Programmkorrektheit an erster Stelle vor allen anderen Überlegungen zu stehen hat. (Es ist sehr einfach, ein Programm zu schreiben, das innerhalb kürzester Zeit und mit wenig Speicherplatzbedarf ein vorgegebenes Problem nicht löst.)

Es erhebt sich also die Kernfrage: Wann ist ein Programm korrekt?
Antwort: Ein Programm ist korrekt, wenn es seine Spezifikationen erfüllt.

Dies wiederum führt unmittelbar zu der zweiten Frage: Was ist eine Spezifikation?

Es leuchtet ein, daß eine gute Spezifikation nicht nur zur Überprüfung der Korrektheit dient, sondern auch der Anpaßbarkeit und Übertragbarkeit und zur Überprüfung der Robustheit und Stabilität. Bis vor einiger Zeit wurde für Spezifikationen hauptsächlich die natürliche Sprache verwendet, zuweilen angereichert mit etwas technischer, kaufmännischer oder mathematischer Terminologie. Das kann jedoch gefährlich sein, wie das folgende Beispiel zeigt:

Beispiel: (N. Wirth, Algorithmen und Datenstrukturen, Aufgabe 1.9)

"Gegeben sei ein Text T in Form eines File sowie Listen von einigen wenigen Worten in Form von zwei Arrays A und B . Worte seien kurze Arrays von Zeichen mit kleiner konstanter Maximallänge.

Zu schreiben ist ein Programm, das den Text T in einen Text S umformt, wobei jedes in T auftretende Wort A[i] durch das entsprechende Wort B[i] ersetzt wird."

Aufgabe 1: Entwerfen Sie ein Programm, das diese Spezifikation erfüllt. Notieren Sie dabei Details, die Ihnen in der Spezifikation zu fehlen scheinen bzw. die nicht präzise genug festgelegt sind oder gar widersprüchlich erscheinen.

Derartige Spezifikationen in der Umgangssprache leiden darunter, daß sie nicht genau genug erstellt werden können. Das zeigen die fiktiven Reaktionen dreier verschiedener Programmierer (Arnold, Bernhard und Carl) auf diese Spezifikation:

Programmierer Arnold:

"Es gibt kein Programm, welches diese Spezifikation erfüllt, denn der Text T könnte überlappende Vorkommen von A[i]'s haben oder es konnte für $i \neq j$ A[i] = A[j] , aber B[i] ≠ B[j] sein. In diesen Fällen ist die geforderte Substitution nicht möglich.

Beispiel: A[1] = BOOTSHAUS B[1] = SCHUPPEN
A[2] = HAUSBESITZER B[2] = EIGENTÜMER

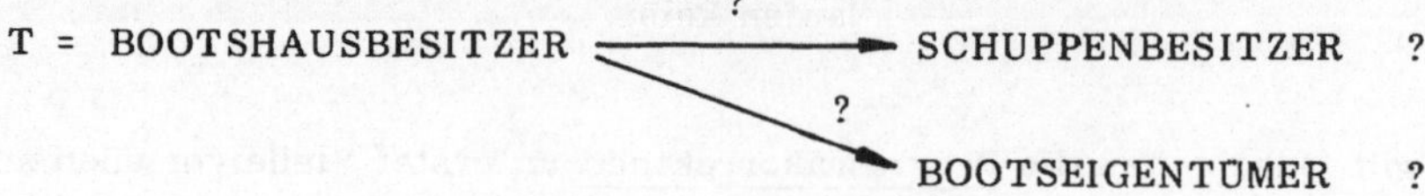

oder

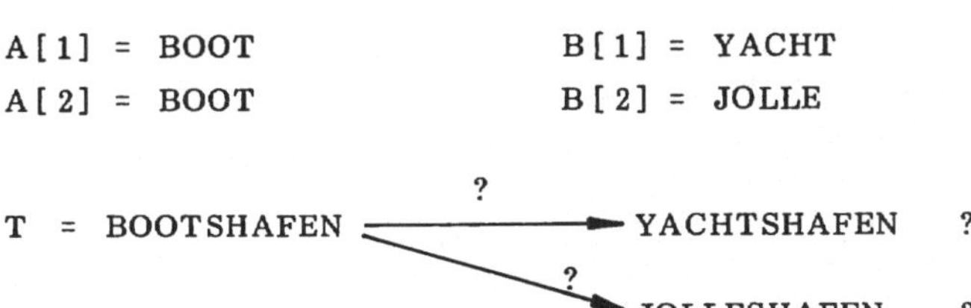

Programmierer Bernhard:

Bernhard hat Erfahrungen mit Text-Editoren; er stört sich daher nicht an Widersprüchen bei überlappenden Vorkommen. Da der File von vorne nach hinten gelesen wird, scheint es ihm natürlich, daß jeweils das zuerst gelesene Vorkommen substituiert wird. Ähnlich ist es auch mit der zweiten erwähnten Möglichkeit für Widersprüche: da die Einträge in dem Array A nach aufsteigenden Indices geordnet sind, wird "natürlich" das dazu in B entsprechende Wort mit dem niedrigsten Index eingesetzt. Das Wort "Maximallänge" läßt Bernhard vermuten, daß die aktuelle Länge der Wörter in A und B jeweils unterschiedlich sein kann. Deshalb besteht jeder Eintrag in den Substitutionslisten A und B aus einem Record, welcher außer dem jeweiligen Wort auch dessen Länge angibt.

Die Eingabezeichen aus T werden in einem Puffer zwischengespeichert und mit den Elementen von A verglichen. Der Puffer arbeitet wie ein Ringspeicher. Findet man keine Übereinstimmung, so wird das erste Zeichen unverändert auf den File S kopiert und ein neues Zeichen von T rückt nach. Findet man eine Übereinstimmung, so wird ein Wort der Länge von A[i] im Ringspeicher überschrieben und statt dessen das Wort B[i] auf den File S kopiert. Man muß dann noch den Fall beachten, wenn auf dem File T die End-Of-File - Bedingung vorliegt. Insgesamt ergibt sich etwa folgendes PASCAL-Programm:

```
PROGRAM SUBSTITUTE (T,S);

CONST ENDCH = "@";       (* SPECIAL CHARACTER FOR END OF FILE *)
      TABLELEN = 20;   (* LENGTH OF ARRAYS A AND B *)
      WORDLEN = 10;      (* MAXIMAL LENGTH OF WORDS *)

TYPE INDEX = 1.. WORDLEN;
     WORD = PACKED ARRAY [INDEX] OF CHAR;
     ENTRY = RECORD LENGTH: INDEX;
                    ITEM: WORD
             END;

VAR BUFFER: WORD;      (* CIRCULAR BUFFER *)
    A,B: ARRAY [1..TABLELEN] OF ENTRY;
    CUR: INDEX;      (* CURRENT POSITION IN CIRCULAR BUFFER *)
    I,J: INTEGER;
    T,S: FILE OF CHAR;
    MATCH: BOOLEAN;
```

```
PROCEDURE INCREMENT; (* INCREMENT CURRENT POSITION IN CIRCULAR BUFFER *)

   BEGIN
      IF CUR = WORDLEN THEN CUR := 1
      ELSE CUR := CUR+1
   END;

PROCEDURE FILL(N: INDEX);
(* INPUT N CHARACTERS INTO CIRCULAR BUFFER *)

   VAR I: INDEX;

   BEGIN
      FOR I :=1 TO N DO
         IF EOF(T) THEN
            BEGIN BUFFER[CUR] := ENDCH;
               INCREMENT
            END
         ELSE
            BEGIN BUFFER[CUR] := T↑;
               GET(T);
               INCREMENT
            END
   END;

FUNCTION COMPARE(N: INDEX;W: WORD): BOOLEAN;
(* COMPARE WORD W OF LENGTH N WITH CIRCULAR BUFFER *)

   VAR I,SAVE: INDEX;
       RESULT: BOOLEAN;

   BEGIN
      SAVE := CUR; (* SAVE CURRENT POSITION *)
      I := 1;
      RESULT := TRUE;
      WHILE ( (I <= N) AND RESULT ) DO
         BEGIN IF W[I] <> BUFFER[CUR] THEN RESULT := FALSE;
            I := I+1;
            INCREMENT
         END;
      CUR := SAVE; (* REESTABLISH CURRENT POSITION *)
      COMPARE := RESULT
   END;

BEGIN  (* MAIN PROGRAM *)
   RESET(T);
   GET(T);
   REWRITE(S);
   CUR := 1;
   (*****                                           *****)
   (*****                                           *****)
   (*****    INSERT HERE INITIALIZATIONS            *****)
   (*****    FOR ARRAYS  A   AND   B                *****)
   (*****                                           *****)
   FILL(WORDLEN);
   WHILE BUFFER[CUR] <> ENDCH DO
      BEGIN MATCH := FALSE;
         J := 1; (*INDEX TO SUBSTITUTION TABLES A AND B *)
         WHILE ( NOT MATCH AND (J <= TABLELEN) ) DO
            IF COMPARE(A[J].LENGTH,A[J].ITEM)
               THEN
```

```
                BEGIN MATCH := TRUE;
                   FOR I := 1 TO B[J].LENGTH DO
                      BEGIN S↑ := B[J].ITEM[I];
                         PUT(S);
                      END;
                   FILL(A[J].LENGTH)
                END
             ELSE
                BEGIN IF J=TABLELEN THEN (* NO SUBSTITUTION APPLICABLE*)
                      BEGIN S↑ := BUFFER[CUR];
                         PUT(S);
                         FILL(1)
                      END;
                   J := J+1
                END
        END
END.
```

Programmierer Carl:

Carl versteht den Begriff "Wort" etwas anders: Für ihn ist ein Wort eine Folge von Buchstaben (und Ziffern), die zwischen zwei Trennzeichen steht. Als Trennzeichen dient dabei alles, was nicht zwischen A und Z und 0 und 9 liegt. Im Vergleichspuffer und in den Substitutionslisten werden kürzere Wörter mit Füllzeichen (Blanks) auf die Länge wordlen vergrößert. Implizit wird angenommen, daß der File keine Wörter enthält, die länger als wordlen sind. Carls Programm ist nicht robust, denn längere Wörter werden kommentarlos auf die Länge wordlen verkürzt:

```
PROGRAM SUBSTITUTE (T,S);

CONST TABLELEN = 20;  (* LENGTH OF ARRAYS A AND B *)
      WORDLEN = 10;    (* MAXIMAL LENGTH OF WORDS *)

TYPE INDEX = 1.. WORDLEN;
     WORD = PACKED ARRAY [INDEX] OF CHAR;

VAR BUFFER: WORD;     (* CIRCULAR BUFFER *)
    A,B: ARRAY [1..TABLELEN] OF WORD;
    I,J: INTEGER;
    T,S: FILE OF CHAR;
    MATCH: BOOLEAN;

BEGIN  (* MAIN PROGRAM *)
   RESET(T);
   GET(T);
   REWRITE(S);
   (*****                                      *****)
   (*****                                      *****)
   (*****    INSERT HERE INITIALIZATIONS       *****)
   (*****    FOR ARRAYS  A   AND   B           *****)
   (*****                                      *****)
   WHILE NOT EOF(T) DO
      BEGIN  (* 1.: INPUT ONE WORD FROM T *)
         WHILE ( NOT( T↑ IN ["A".."Z","0".."9"] ) AND NOT EOF(T) ) DO
            BEGIN  (* SKIP AND COPY NON-ALPHA INFORMATION *)
               S↑ := T↑;
               PUT(S);
```

```
            GET(T)
        END;
    I := 1;
    WHILE ( (T↑ IN ["A".."Z","0".."9"] ) AND NOT EOF(T) ) DO
        BEGIN  (* READ ONE WORD INTO BUFFER *)
          IF I <= WORDLEN THEN BUFFER[I] := T↑;
          I := I+1;
          GET(T)
        END;
    FOR J:=I TO WORDLEN DO (* PAD WITH BLANKS *)
        BUFFER[J] := " ";
    (* 2.: COMPARE INPUT WORD WITH A *)
    MATCH := FALSE;
    J := 1;
    WHILE (NOT MATCH AND (J <= TABLELEN) ) DO
        IF A[J] = BUFFER
          THEN
          BEGIN MATCH := TRUE;
              FOR I := 1 TO WORDLEN DO
                  IF B[J][I] <> " " THEN
                      BEGIN S↑ := B[J][I];
                          PUT(S)
                      END
          END
        ELSE
          BEGIN IF J = TABLELEN THEN
                  (* NO SUBSTITUTION APPLICABLE *)
                  FOR I := 1 TO WORDLEN DO
                      IF BUFFER[I] <> " " THEN
                          BEGIN S↑ := BUFFER[I];
                              PUT(S)
                          END;
              J := J+1
          END
  END
END.
```

Im Prinzip haben alle drei Programmierer recht. Das liegt einfach daran, daß die Spezifikation des Problems nicht präzise genug ist. Die natürliche Sprache eignet sich eben schlecht zur unmißverständlichen Beschreibung von Sachverhalten, weil die Wörter die Tendenz haben, sich selbständig zu machen; ihre Bedeutung ist stets einer Interpretation innerhalb eines oft weiten Begriffsfeldes unterworfen und kann von Person zu Person, Ort zu Ort und Zeit zu Zeit stark schwanken.

Beispiel: Mit den Substitutionslisten

A[1] := "DIE"	B[1] := "DIESE"
A[2] := "LEGEN"	B[2] := "GEBEN"
A[3] := "FREI"	B[3] := "BESETZT"
A[4] := "EIN"	B[4] := "AUS"
A[5] := "AUS"	B[5] := "EIN"

und dem Text T :

"DIE AM DIENSTAG EINGELADENEN KOLLEGEN LEGEN AM FREITAG EINE BRAUSE EIN"

erzeugt Bernhards Programm die Ausgabe

"DIESE AM DIESENSTAG AUSGELADENEN KOLGEBEN GEBEN AM BESETZTTAG AUSE BREINE AUS" ,

Carls Programm jedoch

"DIESE AM DIENSTAG EINGELADENEN KOLLEGEN GEBEN AM FREITAG EINE BRAUSE AUS."

(Bemerkung: Da herkömmliche Texteditoren immer nur eine Ersetzung zu einer Zeit durchführen können, ist es mit ihnen im allgemeinen Fall schwierig, das Verhalten von Bernhards Programm zu simulieren, da sich die Ersetzungen A[4] → B[4] und A[5] → B[5] gegenseitig behindern.)

Ende des Beispiels

Man sieht, daß formale Methoden zur Spezifikation dringend erforderlich sind.

Bevor wir uns mit Methoden für die abstrakte Software-Spezifikation beschäftigen, wollen wir noch etwas über die Rolle von Spezifikationen bei der Entwicklung von Programmen oder Programmsystemen erfahren. Dabei muß man sofort bemerken, daß der Begriff "Spezifikation" keine einheitlich festgelegte Bedeutung hat. Die Interpretation des Begriffs wird unterschiedlich ausfallen, je nachdem

- was das zu spezifizierende Objekt ist,
- welchem Zweck die Spezifikation dient,
- wer die Spezifikation schreibt und wer sie liest.

Die Durchführung größerer Softwareprojekte erfordert ganz andere Organisationsformen, Methoden, Techniken und Fertigkeiten als die Herstellung "kleiner" Programme, wie sie etwa in der Anfangszeit der Datenverarbeitung auftraten. Als Reaktion auf die Ende der sechziger Jahre festgestellte "Software-Krise" in der Entwicklung großer Programmsysteme hat sich seit den frühen Siebzigern eine neue Disziplin etabliert: das sogenannte "Software Engineering" (*) . Einer von vielen Beiträgen des Software Engineering ist die

---

(*) Als Einführung hierzu kann etwa das Buch von Kimm et. al. [KKST79] empfohlen werden. Dort finden sich auch reichhaltige Literatur-Hinweise.

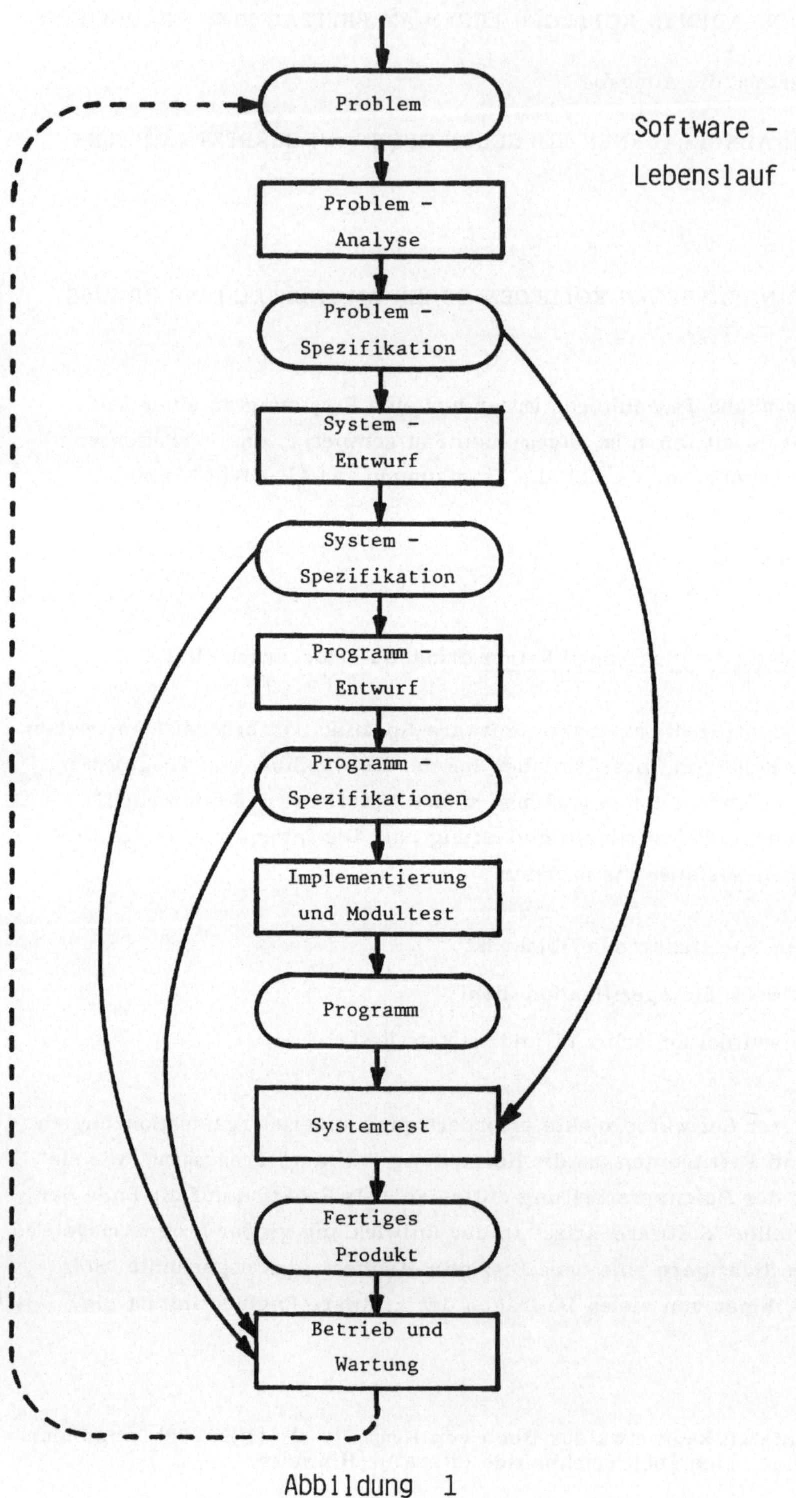
Software -
Lebenslauf
Problem
Problem -
Analyse
Problem -
Spezifikation
System -
Entwurf
System -
Spezifikation
Programm -
Entwurf
Programm -
Spezifikationen
Implementierung
und Modultest
Programm
Systemtest
Fertiges
Produkt
Betrieb und
Wartung

Abbildung 1

Entwicklung von Modellen für einen Software-Lebenslauf ("Software Life Cycle"), bei denen die Bearbeitung von Softwareprojekten in mehrere gegeneinander abgegrenzte Phasen unterteilt wird. Durch Befolgen eines solchen Phasenmodells wird einerseits gewährleistet, daß die einzelnen Tätigkeiten in der "richtigen" Reihenfolge angegangen werden, andererseits ergibt sich eine stetige Kontrolle des Projektfortschritts durch den Übergang zur jeweils nächsten Phase ("Meßpunkte", "Meilensteine") und damit eine erhöhte Wahrscheinlichkeit für den termingerechten Abschluß des Projekts.

Es gibt keine einheitliche, allgemein anerkannte Form des Software-Lebenslaufs; die in der Literatur bekannten Modelle unterscheiden sich jedoch nicht wirklich grundsätzlich. Die Unterschiede liegen darin, wie weit einzelne Phasen noch in weitere Unterphasen zergliedert werden und wie weit Iterationen von Phasen (d.h. also Schleifen im Entwicklungsprozeß) vorgesehen sind. Da es uns an dieser Stelle um die Rolle von Spezifikationen innerhalb des Lebenslaufs geht, stellen wir hier ein Beispiel für einen solchen Lebenslauf vor (Abb. 1). Dieses Modell findet sich in dieser Form nicht in der Literatur, ist jedoch beeinflußt von [KKST79] und [Hr82] .

In diesem Schema sind Tätigkeiten eckig umrahmt und die als Produkt der Tätigkeiten entstehenden oder als Voraussetzung für Tätigkeiten notwendigen Objekte rund umrahmt. Wir kommentieren die Einzelheiten aus diesem Schema nun etwas näher.

PROBLEM

Alles beginnt natürlich damit, daß ein bestimmtes Problem auftritt, welches auf dem Rechner bearbeitet werden soll.

PROBLEMANALYSE

(Auch Anforderungsanalyse oder Systemanalyse genannt.) In enger Zusammenarbeit mit dem Auftraggeber (Benutzer, Anwender) werden möglichst umfassende Vorstellungen über die Funktion entwickelt, die das System leisten soll. Hierzu gehören von Fall zu Fall auch Leistungsdaten (Geschwindigkeit, Antwortzeit etc.) und vorgegebene Einschränkungen an Betriebsmitteln (Entwicklungskosten, Zeit, Maschinenkonfiguration etc.) . Resultat dieses Prozesses ist die

PROBLEMSPEZIFIKATION

Sie wird auch Problemdefinition, Systemdefinition, Leistungsbeschreibung, Anforderungsdefinition oder Pflichtenheft genannt. Es wird hier sehr präzise, aber außerhalb eines bestimmten Formalismus, festgelegt, was das System im Einzelnen zu leisten hat. Man kann sich vorstellen, daß diese Spezifikation als Grundlage für einen "Vertrag" zwischen dem Auftraggeber und dem Entwicklungsteam dient, d.h. anhand dieser Spezifikation muß es möglich sein, später zu entscheiden, ob das Entwicklungsteam seine Aufgabe erfüllt hat, ob also das erstellte System das ist, was der Auftraggeber gewollt hat. Die Problemspezifikation wird normalerweise noch keine Details darüber enthalten, wie etwas im Einzelnen durchgeführt werden soll, um nicht von vorneherein einfache oder effiziente Implementierungen auszuschließen.

SYSTEMENTWURF

(Grobentwurf, Architektur-Entwurf) Auf der Grundlage der Problemspezifikation wird jetzt ein System entwickelt, welches das spezifizierte Problem auf dem Rechner löst. Dazu gehört als wichtigster Prozeß die Aufteilung (Modularisierung) der zu lösenden Aufgabe. Die Modularisierung hat im wesentlichen zwei Aspekte: zum einen erleichtert sie die Übersicht über das System und dient damit unmittelbar der Korrektheit bzw. Zuverlässigkeit des Systems sowie der späteren Wartbarkeit, zum anderen erlaubt sie es aber auch, bei dem nachfolgenden Prozeß der Programmierung verschiedene Programmierteams gleichzeitig an genau festgelegten und gegeneinander abgegrenzten sowie aufeinander abgestimmten Teilaufgaben arbeiten zu lassen.

SYSTEMSPEZIFIKATION

Die Systemspezifikation hält die Ergebnisse des Systementwurfs fest und dient als Grundlage für den nun beginnenden Prozeß der Implementierung. Da der Auftraggeber diese Spezifikation nicht mehr zu lesen braucht und man andererseits für die weitere Arbeit eine gewisse Präzision braucht, bieten sich auf dieser Stufe unbedingt formale Methoden für die Spezifikation an.

PROGRAMMENTWURF

Nun werden die Spezifikationen für die einzelnen Module (*), die im Prinzip schon in der Systemspezifikation enthalten sind, weiter ausgebaut und verfeinert. Details der zu verwendenden Datenstrukturen werden abgeklärt und schließlich auch Algorithmen entwickelt, die das von dem Modul erwartete Verhalten aufweisen. Es findet also hier erst der Schritt vom "Was?" zum "Wie?" statt, der bereits durch den Übergang von der Problemspezifikation zur Systemspezifikation eingeleitet wurde. Am Ende der Programmentwurfsphase stehen mehrere

---

(*) Meyer's Enzyklopädisches Lexikon unterscheidet zwei Wörter: 1. der Modul (Mehrzahl: die Moduln; Betonung auf der ersten Silbe) hat verschiedene Bedeutungen in Mathematik, Physik und Technik, die in ziemlich direktem Zusammenhang mit dem lateinischen modu(lu)s = Maß(zahl) stehen, 2. das Modul (Mehrzahl: die Module; Betonung auf der zweiten Silbe) bezeichnet in der EDV und Elektrotechnik ein "austauschbares, komplexes Teil eines Gerätes oder einer Maschine, das eine geschlossene Funktionseinheit bildet". Es leuchtet ein, daß Software-Module zur zweiten Kategorie gehören.

PROGRAMMSPEZIFIKATIONEN

Sie schreiben für jedes Modul gesondert eindeutig vor, was dieses zu tun hat und wie es dies tun soll.

IMPLEMENTIERUNG UND MODULTEST

Die Module werden nun jedes für sich programmiert und sofort anhand ihrer Spezifikation getestet oder sogar als korrekt bewiesen ("verifiziert") .

PROGRAMM

Das Programm entsteht durch Zusammensetzen der einzelnen Module.

SYSTEMTEST

Anhand der mit dem Auftraggeber gemeinsam erarbeiteten Problemspezifikation wird nun überprüft, ob die während des System- und Programmentwurfs getroffenen Entscheidungen richtig waren, d.h. ob das Programmsystem die gewünschten Funktionen unter Einhaltung der vorgeschriebenen Leistungsdaten erbringt. Im Idealfall werden nur noch geringfügige Änderungen am Programm notwendig sein, um ein

FERTIGES PRODUKT

zu erhalten. Dieses wird dann zusammen mit System- und Programmspezifikationen (für Wartungs- und Anpassungsarbeiten) und einem Benutzerhandbuch an den Auftraggeber übergeben. Es folgt dann

BETRIEB UND WARTUNG

Möglicherweise tritt hierbei ein neues Problem auf, das sich nicht durch bloße Änderung des Programms beheben läßt. Ursachen hierfür können etwa erweiterte oder geänderte Ansprüche des Auftraggebers sein oder aber Fehler, die während der Problemanalyse gemacht wurden. (Der Auftraggeber hat etwas anderes gemeint, als er gesagt hat.) Vielfach ist es auch so, daß das fertige System auf der Auftraggeber-Seite einem viel größeren Personenkreis zugänglich ist als während seiner Entwicklung, so daß auch hierher neue Anregungen bzw. Anforderungen kommen können. In jedem Fall schließt sich damit der Kreis. Dieser etwas pessimistische Pfeil, der in Abbildung 1 gestrichelt ist und den Lebenslauf wirklich zu einem Zyklus macht, wird von vielen Autoren weggelassen.

In diesem Lebenslauf tritt das Wort "Spezifikation" dreimal auf:

Problemspezifikation
Systemspezifikation
Programmspezifikation .

Normalerweise sind Spezifikationen aller Art heutzutage "halbformal": sie benutzen weitgehend die natürliche Sprache zusammen mit gewissen Hilfsmitteln wie etwa Datenflußplänen, Ablaufdiagrammen, Strukturdiagrammen, Programmschablonen ("Pseudocode") etc.

Selbst bei detaillierter Beschreibung setzt man sich dabei jedoch Mißverständnissen aus, wie unser einführendes Beispiel zeigt.

Demgegenüber bieten formale Spezifikationsmethoden die folgenden Vorteile:

A Mathematische Behandlung
- Korrektheit
- Äquivalenz
- Vollständigkeit
- Konsistenz
- Maschinelle Implementierung

B Unmißverständlichkeit
- Eindeutige Semantik

Natürlich haben formale Spezifikationen auch einen gravierenden Nachteil: Sie sagen demjenigen fast überhaupt nichts, der mit dem zugrundeliegenden Formalismus nicht vertraut ist. Deshalb werden wohl auch die Problemspezifikationen (Anforderungsdefinitionen) weiterhin halbformal bleiben, denn angesichts der divergierenden Interessenfelder und der unterschiedlichen Vorbildung der möglichen Auftraggeber für Software-Projekte ist wohl kein Formalismus in Sicht, der hier bereits durchgängig angewendet werden kann. Schließlich soll die Problemspezifikation auch für den Anwender verständlich sein.

Die Lage ändert sich sofort, sobald der Systementwurf begonnen hat: von jetzt ab hat man es mit Fachleuten zu tun, die sehr wohl in einem bestimmten Formalismus denken und arbeiten können und die oben genannten Vorteile dabei sehen.

Welche "Sprachen" bieten sich nun zur formalen Spezifikation an?

- o Programmiersprachen mit einer formalen Semantik und Datenabstraktion, z.B. CLU ("operationell")
- o Allgemeine mathematische Methoden (Mengen, Abbildungen, Produkte etc.) ("denotationell")
- o Axiome innerhalb des Prädikatenkalküls ("axiomatisch")

o Angabe von Vor- und Nachbedingungen ("Hoare-Kalkül") ("transformationell")

Zunächst ein Wort gegen operationelle Techniken:

o Die Spezifikation soll vor der Programmierung erfolgen; operationelle Spezifikationen aber sind in einem gewissen Sinne schon Programmierung.

o Die Spezifikation soll der besseren Verständlichkeit halber keine unnötigen Details enthalten; das läßt sich aber bei Programmiersprachen nicht immer vermeiden.

o Für die Implementierung soll ein möglichst großer Spielraum gelassen werden.

Mit anderen Worten: In einer Spezifikation soll stets ein gewisser Grad von

A b s t r a k t i o n

enthalten sein. Man abstrahiert von Details, die für eine präzise Formulierung der Programmieraufgabe unerheblich sind.

Verzichtet man auf die Forderung nach Abstraktion, so ist man mit der Spezifikation schnell fertig: Jedes Programm ist seine eigene Spezifikation.

Es ist klar, daß jedes Software-Modul zwei Hauptkomponenten hat: einen Datenteil und einen Operationsteil. Eine abstrakte Software-Spezifikation sollte deshalb ebenfalls aus einer abstrakten Spezifikation für die benutzten Daten (-typen, -strukturen) und einer abstrakten Spezifikation von Operationen darüber bestehen. Seit Anfang der siebziger Jahre hat sich die Einsicht durchgesetzt, daß Datentypen nicht bloße Mengen sind, sondern Mengen zusammen mit spezifischen Grundoperationen, die darauf ausführbar sind. Erst die Zusammenfassung von Mengen mit Operationen macht es möglich, den Datentyp "Kellerspeicher" von dem Datentyp "Warteschlange" oder dem Datentyp "Lineare Liste" zu unterscheiden.

Die abstrakte Software-Spezifikation baut also auf der Spezifikation abstrakter Datentypen auf; die hierin bereits vorhandenen Grundoperationen werden noch um bestimmte definierte Operationen angereichert. Am Beispiel eines abstrakten Datentyps wollen wir die oben genannten "Sprachen" zur formalen abstrakten Spezifikation vergleichen.

Zu spezifizieren sei ein Kellerspeicher K über einem Alphabet Σ mit den Operationen

clear	(Erzeugt den leeren Keller)
push(s,x)	(Trägt x in den Keller s ein)
pop(s)	(Löscht den jüngsten Eintrag im Keller s)
top(s)	(Liefert den jüngsten Eintrag im Keller s)
empty(s)	(Liefert logisch "wahr", wenn der Keller s leer ist, sonst logisch "falsch")

(Der Keller ist wohl das primitivste und deshalb am weitesten verbreitete nichttriviale Beispiel eines abstrakten Datentyps.)

Denotationelle Spezifikation

Dieser Begriff hat nur bedingt etwas mit denotationeller Semantik zu tun; dahinter verbirgt sich meist viel mehr (domain equations, Fixpunkt-Theorie etc.). Unsere Spezifikation hat jedoch mit der denotationellen Semantik gemeinsam, daß man alle möglichen mathematischen Konstruktionen als gegeben voraussetzt und ohne weiteres benutzt.

Wir geben zwei Möglichkeiten an:

a.) Ein Kellerspeicher über Σ ist gegeben durch

$$K := \mathbb{N} \times [\mathbb{N}^+ \to \Sigma]$$

wobei $[\mathbb{N}^+ \to \Sigma]$ die Menge der partiellen Abbildungen von $\mathbb{N}^+$ $(:= \mathbb{N}-\{0\})$ in Σ bezeichnet,

mit den folgenden Operationen:

clear : $\{\emptyset\} \to K$

clear := $(0, \omega)$, wobei ω die überall undefinierte Abbildung ist.

push : $K \times \Sigma \to K$

push((n,f),x) := (n+1,f') mit $f'(m) := \begin{cases} f(m) & \text{für } m \leq n \\ x & \text{für } m = n+1 \end{cases}$

pop : $K \dashrightarrow K$

pop((n+1,f)) := (n,f)

top : $K \dashrightarrow \Sigma$

top((n+1,f)) := f(n+1)

empty : $K \to \{T,F\}$

empty((n,f)) := T $\iff$ n = 0 .

b.) (In verkürzter Schreibweise)

K := Σ^* (Menge aller endlichen Wörter über Σ)

clear := ε (Das leere Wort, d.h. das Wort, welches keine Buchstaben hat)

push(w,a) := wa

pop(wa) := w

top(wa) := a

empty(wa) := F

empty(ε) := T

Vom Standpunkt der Programmierung mag dies zwar sehr abstrakt erscheinen, aber von einer höheren Warte aus haben diese Spezifikationen gar nichts abstraktes an sich: sie beschreiben im Gegenteil sehr konkrete Objekte. Spezifikation a.), die vielleicht als Grundlage für eine Implementierung von Kellerspeichern durch Felder mit Zeiger dienen könnte, weist im übrigen Eigentümlichkeiten auf, die man sonst nur bei Implementierungen, aber nicht bei abstrakten Software-Spezifikationen antrifft:

1.) Der Datenbereich $\mathbb{N} \times [\mathbb{N}^+ \to \Sigma]$ ist viel zu groß; er enthält Elemente, die nicht als Keller interpretiert werden können. Durch die Kelleroperationen können nur solche Paare (n,f) erzeugt werden mit $\{1,\ldots,n\} \subseteq def(f) = \{1,\ldots,m\}$.
2.) Außerdem können verschiedene Elemente des Datenbereiches K "denselben" Keller bezeichnen, etwa $(4,(a,b,c,d))$ und $(4,(a,b,c,d,e))$. (Hier haben wir die Abbildungen f als Listen geschrieben.) Aus unserem intuitiven Verständnis des Kellerspeichers würden wir erwarten, daß für einen Keller s und ein Datenelement x gilt

$$pop(push(s,x)) = s \quad .$$

Aber es ist z.B. $pop(push((4,(a,b,c,d)),e)) = pop((5,(a,b,c,d,e))) =$
$= (4,(a,b,c,d,e)) \neq (4,(a,b,c,d))$. Also ist diese Gleichung in der Spezifikation a.) nicht gültig. Andererseits sind die Elemente $(4,(a,b,c,d))$ und $(4,(a,b,c,d,e))$ in gewissem Sinne gleichwertig, denn wenn wir nur die erlaubten Kelleroperationen verwenden, können wir diese beiden Objekte nicht unterscheiden.

Die beiden Phänomene (zu großer Datenbereich, mehrfache Darstellung eines Objektes) werden uns beim Studium von Implementierungen nochmals beschäftigen.

Die unter 2.) angesprochene Frage, welche abstrakten Datenelemente man als "gleich" oder "gleichwertig" ansehen soll, führt zu zwei grundsätzlich verschiedenen Definitionen der Semantik von Spezifikationen, die uns in späteren Kapiteln noch beschäftigen werden: bei der initialen Semantik sind möglichst viele Datenelemente verschieden, bei der finalen Semantik sind möglichst viele gleich.

Axiomatische Spezifikation

Ein Kellerspeicher über Σ ist eine Menge K mit den Eigenschaften

1.) a.) $(\exists\ clear \in K)$
b.) $(\forall s \in K)(\forall x \in \Sigma)(\exists\ push(s,x) \in K)$
c.) $(\forall s \in K)\ s \neq clear \Rightarrow (\exists\ pop(s) \in K)$
d.) $(\forall s \in K)\ s \neq clear \Rightarrow (\exists\ top(s) \in \Sigma)$
e.) $(\forall s \in K)(\exists\ empty(s) \in \{T,F\})$

2.) $(\forall s \in K)(\forall x \in \Sigma) \quad push(s,x) \neq clear$
$(\forall s \in K)(\forall x,y \in \Sigma) \quad push(s,x) = push(s,y) \Rightarrow x = y$
$(\forall s,t \in K)(\forall x \in \Sigma) \quad push(s,x) = push(t,x) \Rightarrow s = t$

3.) $(\forall s \in K)(\forall x \in \Sigma)$ $\quad$ $top(push(s,x)) = x \;\wedge\; pop(push(s,x)) = s$

$(\forall s \in K)(\forall x \in \Sigma)$ $\quad$ $empty(push(s,x)) = F$

$empty(clear) = T$

4.) $(\forall M \subseteq K)\ [clear \in M \;\wedge\; (\forall s \in M)(\forall x \in \Sigma) push(s,x) \in M] \Rightarrow M = K$.

Diese Spezifikation ist sicher äußerst abstrakt; sie sagt uns überhaupt nichts darüber, wie Kellerspeicher aussehen könnten. (*) Wir haben lediglich die erwünschten Eigenschaften des Kellerspeichers in Form von sog. Axiomen aufgeschrieben. Das erhebt natürlich sofort zwei Fragen:

1.) Ist die Spezifikation konsistent (widerspruchsfrei), d.h. gibt es überhaupt eine Menge K mit den erwähnten Operationen, so daß die Axiome gelten?

2.) Ist die Spezifikation vollständig, d.h. bestimmt sie den Kellerspeicher genau genug? Lassen sich aus den Axiomen alle Eigenschaften ableiten, die dem intuitiven Kellerbegriff entsprechen? Oder gibt es Mengen K mit Operationen, die alle genannten Axiome erfüllen und sich trotzdem in irgendeiner Hinsicht ganz anders verhalten als wir erwarten?

Aufgabe 2: Von einem "richtigen" Kellerspeicher könnte man etwa erwarten, daß gilt

$$(\forall s \in K) \quad s \neq clear \Rightarrow push(pop(s), top(s)) = s \quad .$$

Versuchen Sie herauszufinden, ob diese Eigenschaft aus den o.a. Axiomen folgt oder ob es Kellerspeicher gibt, die alle Axiome erfüllen, aber diese Eigenschaft nicht besitzen!

Mit den oben angegebenen Themenkreisen beschäftigt sich in ganz allgemeinem Rahmen die Modelltheorie. Es sei an dieser Stelle lediglich bemerkt, daß die in diesem Buch behandelten algebraischen Spezifikationen als ein einfacherer Spezialfall der axiomatischen Spezifikationen angegeben werden können.

Transformationelle Spezifikation

Auf die Betrachtung der transformationellen Beschreibung verzichten wir hier, da sich (bis auf das fehlende Induktionsaxiom) keine wesentlichen Unterschiede zur axiomatischen Methode ergeben. Der Begriff "transformationell" wird hier deshalb verwendet, weil bei

---

(*) Mathematisch oder logisch vorgebildete Leser werden sicher die Analogie zu den Peano-Axiomen für die natürlichen Zahlen bemerken.

dieser Methode die Bedeutung von Operationen dadurch beschrieben wird, wie sie bestimmte, auf einem Zustandsraum definierte Prädikate transformiert. In der Literatur werden solche Spezifikationen auch "axiomatisch" genannt. Wir wollen hier jedoch einen Unterschied zu den zuvor erwähnten axiomatischen Spezifikationen machen.

Ende des Beispiels

Als Beobachtungen an diesem bescheidenen Beispiel halten wir fest:

- o Denotationelle Spezifikationen sind nicht wirklich abstrakt, sondern sie präsentieren jeweils ein ganz konkretes "Modell" des abstrakten Datentyps.
- o Die Verwendung von Standard-Konstruktionen aus der Mengentheorie in der denotationellen Spezifikation kann unerwünschte Nebeneffekte haben, die man sich bei bedenkenlosem Gebrauch dieser Konstruktionen nicht klarmacht.
- o Axiomatische Spezifikationen sind sehr abstrakt, aber sie geben uns keine Hinweise darauf, wie etwa ein Modell des abstrakten Datentyps aussehen könnte. Im Gegenteil kann es sogar sehr schwierig sein, festzustellen, ob eine Spezifikation überhaupt ein Modell besitzt.

Wir hoffen, in den nächsten Kapiteln hinreichend deutlich zu machen, daß es vorteilhaft ist, algebraische Spezifikationen zu betrachten: sie besitzen denselben Abstraktionsgrad wie axiomatische Spezifikationen, verfügen jedoch nicht über derart reichhaltige Ausdrucksmittel. Dafür bieten sie den Vorteil, daß Modelle hierzu immer existieren, und sie liefern uns auch stets gewisse "Standard-Modelle".

1. Abstrakte Strukturen

1.1 Definition: Eine Signatur ist ein Paar $<S,\Sigma>$, wobei S eine Menge ist, deren Elemente Sorten genannt werden, und Σ eine Familie von Mengen $\Sigma = (\Sigma^{(w,s)})_{w \in S^*, s \in S}$. Die Elemente von $\Sigma^{(w,s)}$ heißen (w,s)-stellige Operationssymbole. w heißt dabei auch Stelligkeit, s Zielsorte oder Ergebnissorte. Statt $f \in \Sigma^{w,s)}$ schreibt man auch $f^{(w,s)} \in \Sigma$.

Aus der "Alltagsmathematik" sind wir vielleicht einen anderen Begriff von Stelligkeit (bzw. Signatur) gewöhnt: hier spricht man von nullstelligen, einstelligen, zweistelligen, allgemein: n-stelligen Operationen. Dies ist nur dann sinnvoll, wenn alle Argumente einer Operation gleichartig sind. Bei abstrakten Datentypen kann es aber ganz wichtig sein, die Verschiedenartigkeit von Argumenten zu betonen: Um wieder auf das vertraute Beispiel des Kellerspeichers zurückzukommen, ist es eine ganz charakteristische Eigenschaft der Operation push , daß sie ein Argument der Sorte "Keller" und eins der Sorte "Datenelement" erwartet und ein Ergebnis der Sorte "Keller" liefert. Daher die allgemeinere Definition der Signatur.

Eine Signatur ist also so etwas wie eine Schnittstellenbeschreibung für Software-Module: Sie legt die Namen der vorkommenden Datenbereiche und der Operationen sowie den Typ der Operationen fest. Die (ε,s)-stelligen Operationssymbole heißen Konstantensymbole.

1.2 Beispiel:

$\underline{\underline{\text{bool}}} = <\{\text{bool}\}, \{\text{true}^{(\varepsilon,\text{bool})}, \text{false}^{(\varepsilon,\text{bool})}\}>$

$\underline{\underline{\text{counter}}} = <\{\text{counter}\}, \{\text{reset}^{(\varepsilon,\text{counter})}, \text{inc}^{(\text{counter},\text{counter})}, \text{dec}^{(\text{counter},\text{counter})}\}>$

$\underline{\underline{\text{stack}}} = <\{\text{bool},\text{stack},\text{item}\}, \{\text{true}^{(\varepsilon,\text{bool})}; \text{false}^{(\varepsilon,\text{bool})}, \text{clear}^{(\varepsilon,\text{stack})},$

$\text{push}^{(\text{stack item},\text{stack})}, \text{pop}^{(\text{stack},\text{stack})}, \text{top}^{(\text{stack},\text{item})},$

$\text{empty}^{(\text{stack},\text{bool})}\}$

Ende des Beispiels

In der Signatur stack erkennen wir einen gemeinsamen Bestandteil aller unserer bisher aufgeschriebenen Spezifikationen. Es hieß dabei schließlich immer: "Ein Kellerspeicher ist eine Menge ... zusammen mit Operationen ... so daß gilt ...". Daß die Signatur stack in Wirklichkeit drei Sorten erwähnt, während unsere Spezifikationen stets von einer Menge sprachen, darf uns hierbei nicht stören: in unseren bisherigen Spezifikationen waren die anderen Sorten auch vorhanden, sie wurden lediglich nicht besonders erwähnt, da sie als bekannt bzw. gegeben vorausgesetzt waren. Die Sorte stack ist die einzig "interessante" Sorte am Kellerspeicher; in der Tat ist häufig bei abstrakten Datentypen eine bestimmte Sorte besonders hervorgehoben ("type of interest").

Vielfach bezeichnet man die Signatur als den syntaktischen Teil einer Spezifikation, während der Rest dann semantischer Teil heißt. Diese Begriffsbildung ist insofern gerechtfertigt, als die Signatur ganz ähnlich wie eine kontextfreie Grammatik eine Klasse von zulässigen Operationskombinationen bestimmt. (Dies werden wir im folgenden noch ganz präzise ausführen.) Natürlich ist es klar, daß man sich auch beim Niederschreiben der Semantik notwendigerweise syntaktischer Hilfsmittel bedienen muß, z.B. der Syntax des Prädikatenkalküls, der Mengenlehre usf. Dabei handelt es sich jedoch um die Syntax der Metasprache, nicht um den syntaktischen Anteil des zu spezifizierenden Objekts.

Da Signaturen in der oben aufgeführten mathematischen Schreibweise leicht unübersichtlich werden können, sobald sie eine gewisse Größe überschreiten, führen wir jetzt noch eine programmiersprachenähnliche Notation ein, die leichter lesbar ist. Sie erzwingt gleichzeitig, daß die Operationssymbole nach ihrer Ergebnissorte sortiert werden. Wir nennen diese Notation vielleicht am besten S^3 (Signatur-Spezifikations-Sprache). Die Signatur-Spezifikationssprache wird durch die bekannten Syntax-Diagramme wie folgt definiert:

1.3 Syntaxdiagramm für S^3

Signatur

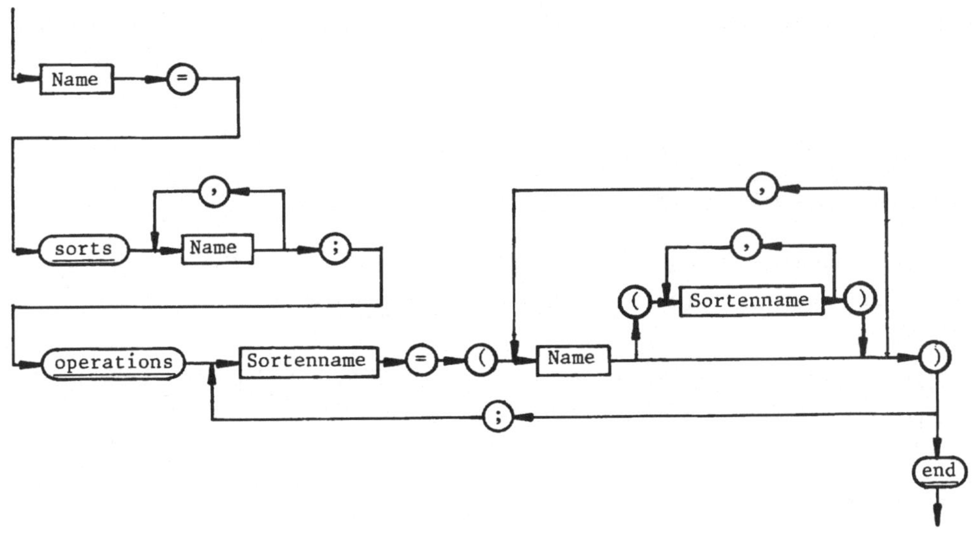

Entsprechend dieser Sprachdefinition würden unsere Signaturen aus Beispiel 1.2 so aussehen:

1.4 Beispiel:

```
bool      = sorts bool;
            operations bool = (true,false)
            end

counter   = sorts counter;
            operations counter = (reset,inc(counter),dec(counter))
            end

stack     = sorts bool ,stack,item;
            operations bool = (true,false,empty(stack));
                       item = (top(stack));
                       stack = (clear,push(stack,item),pop(stack))
            end
```

Ende des Beispiels

Signaturen sind also ganz abstrakte und allgemeine Beschreibungen von Strukturen. Wie aber soll eine Struktur aussehen, die durch so eine Signatur beschrieben wird? Es klingt logisch, daß man für jede Sorte eine Menge als Interpretation erwarten darf und für jedes Operationssymbol eines bestimmten Typs eine Abbildung zwischen den entsprechenden Mengen. Derartige Strukturen nennt man Algebren.

1.5 Definition: Sei sig = <S,Σ> eine Signatur, $A = (A^s)_{s \in S}$ eine Mengenfamilie. Definiere

$$A^{\varepsilon} := \{\emptyset\}$$

und $$A^{ws} := A^w \times A^s \quad \text{für} \quad w \in S^*, \; s \in S .$$

Dabei wird $\{\emptyset\} \times A^s$ mit A^s identifiziert.

Jedem Operationssymbol $F \in \Sigma^{(w,s)}$ sei eine Abbildung $F_A : A^w \to A^s$ fest zugeordnet. Dann heißt $\underset{\sim}{A} := (A; \{F_A | F \in \Sigma\})$ eine sig-Algebra.

Bemerkungen: Falls Σ eine endliche Menge ist, $\Sigma = \{F_1,\dots,F_n\}$, und die Abbildungen $f_1,\dots,f_n$ diesen Operationenssymbolen zugeordnet sind, schreibt man auch $\underset{\sim}{A} := (A;f_1,\dots,f_n)$. Die f_i heißen Operationen der Algebra.

Die Familie $\Sigma = (\Sigma^{(w,s)})_{w \in S^*,\, s \in S}$ enthält implizit die Angabe von S. Deshalb spricht man statt von einer sig-Algebra auch ungenauer von einer Σ-Algebra. Manchmal spricht man auch von "Operationen" statt von "Operationssymbolen".

Eine Signatur sig bestimmt stets eine unübersehbare Klasse Alg_{sig} von sig-Algebren. Alle diese sind mögliche Interpretationen der durch sig vorgegebenen abstrakten Struktur.

1.6 Beispiel: (vgl. Beispiel 1.4)

1.) bool-Algebren:

a.) $A^{bool} := \{T, F\}$

true := T

false := F

b.) $A^{bool} := \mathbb{N}$ (Menge der natürlichen Zahlen)

true := 0

false := 1

c.) $A^{bool} := \{1\}$

true := 1

false := 1

Alternative a ist sicher (bis auf Isomorphie) das, was wir eigentlich als die "richtige" bool-Algebra betrachten würden. Die Algebra b ist "zu groß", c ist "zu klein".

2.) counter-Algebren:

a.) $A^{counter} := \mathbb{N}$

reset := 0

inc(n) := n+1

dec(0) := 0

dec(n+1) := n

b1.) $A^{counter} := \mathbb{Z}$

reset := 0

inc(n) := n+1

dec(n) := n-1

b2.) $A^{counter} := \mathbb{Z}$

reset := 0

inc(n) := n-1

dec(n) := n+1

c.) $A^{counter} := \{0, 1, \ldots, p\}$

reset := 0

$$\text{inc}(n) := \begin{cases} n+1 & \text{für } n < p \\ 0 & \text{für } n = p \end{cases}$$

$$\text{dec}(n) := \begin{cases} n-1 & \text{für } n = 0 \\ p & \text{für } n = 0 \end{cases}$$

Hier fällt es schon schwieriger, zu entscheiden, welches die "richtige" counter-Algebra ist!

3.) stack-Algebren:

Siehe die beiden denotationellen Spezifikationen des Kellerspeichers in der Einleitung!

Ende des Beispiels

Es wäre schön, wenn wir in der Klasse aller sig-Algebren eine Algebra auszeichnen könnten, die besonders "abstrakt" oder allgemein ist, die keine Entscheidungen vorwegnimmt und die durch sig spezifizierte "abstrakte Struktur" ohne Einschränkungen darstellt. Auf der Suche nach einer solchen Algebra entdeckt man, daß die Terme eine besondere Rolle spielen.

Da man gelegentlich Terme mit Variablen braucht, definieren wir gleich Terme über einer Variablenmenge X durch

1.7 Definition: Sei $\underline{sig} = \langle S,\Sigma\rangle$ eine Signatur, $X = (X^s)_{s\in S}$ eine Familie von Mengen von Variablen. Die Menge $T_{\underline{sig}}(X)$ der sig-Terme über X ist definiert als die kleinste Mengenfamilie $T_{\underline{sig}}(X) = (T_{\underline{sig}}(X)^s)_{s\in S} \subseteq (\Sigma \cup X)^*$ mit den Eigenschaften:

1.) Für alle $x \in X^s$ ist $x \in T_{\underline{sig}}(X)^s$

2.) Für alle $F \in \Sigma^{(\varepsilon,s)}$ ist $F \in T_{\underline{sig}}(X)^s$

3.) Falls $F \in \Sigma^{(s_1\ldots s_n,s)}$ und $t_i \in T_{\underline{sig}}^{s_i}(X)$ für $1 \le i \le n$ ist, so ist $Ft_1\ldots t_n \in T_{\underline{sig}}^{s}(X)$.

Im Fall $X = \emptyset$ schreibt man $T_{\underline{sig}}$ statt $T_{\underline{sig}}(\emptyset)$.

1.8 Beispiel: $T_{\underline{bool}}^{bool} = \{true, false\}$

$T_{\underline{counter}}^{counter} = \{$reset, inc reset, inc inc reset,...,inc^nreset,..., dec reset, dec dec reset,...,dec^nreset,..., inc dec reset, dec inc reset,..., ,...,inc dec dec reset,...$\}$

$T_{\underline{counter}}(\{x\}^{counter}) = T_{\underline{counter}}^{counter} \cup \{$inc x ,...,$inc^n$ x ,... dec x ,...,dec^n x ,..., inc dec x ,dec inc x ,...,...$\}$

Ende des Beispiels

Die Termmenge $T_{\underline{\underline{sig}}}(X)$ kann man auf ganz natürliche Weise zu einer $\underline{\underline{sig}}$-Algebra machen. Bekanntlich müssen wir nur zu jedem Konstantensymbol F ein Element $F_T \in T_{\underline{\underline{sig}}}(X)$ auszeichnen und zu jedem (w,s)-stelligen Operationssymbol eine Abbildung $T_{\underline{\underline{sig}}}{}^w \to T_{\underline{\underline{sig}}}{}^s$. Es liegt nahe, für diese Abbildung eine "Vorschreibeoperation" zu wählen:

1.9 Definition: Für eine Signatur $\underline{\underline{sig}} = \langle S,\Sigma\rangle$ wird die Menge $T_{\underline{\underline{sig}}}(X)$ der $\underline{\underline{sig}}$-Terme zu einer $\underline{\underline{sig}}$-Algebra $\underset{\sim}{T}_{\underline{\underline{sig}}}(X)$ durch

(i) Für alle $F \in \Sigma^{(\varepsilon,s)}$ $\quad F_T := F$

(ii) Für alle $F \in \Sigma^{(s_1 \ldots s_n,s)}$ definiere

$$F_T : T_{\underline{\underline{sig}}}(X)^{s_1} \times \ldots \times T_{\underline{\underline{sig}}}(X)^{s_n} \to T_{\underline{\underline{sig}}}(X)^s$$

durch $F_T(t_1,\ldots,t_n) := Ft_1\ldots t_n$.

Eine wichtige Eigenschaft der Termmenge $T_{\underline{\underline{sig}}}(X)$ ist die folgende:

1.10 Lemma: Für jeden Term $t \in T_{\underline{\underline{sig}}}(X)$ gilt:

Entweder ist t atomar, d.h. $t = x$ für ein $x \in X$ oder $t = F$ für ein $F \in \Sigma^{(\varepsilon,s)}$ oder t ist zusammengesetzt, d.h. $t = Ft_1\ldots t_n$ mit $n \geq 1$. Bei zusammengesetzten Termen sind F,n und $t_1,\ldots,t_n$ eindeutig bestimmt. (M.a.W: Zu jedem Term t gibt es eine eindeutige Zerlegung $t = Ft_1\ldots t_n$.)

Beweis: Offensichtlich gilt t atomar $\Leftrightarrow lg(t) = 1$. ($lg(t)$ bezeichne die Länge von t)

Bleibt die Eindeutigkeit zu zeigen.

Wir zeigen hier sogar eine etwas stärkere Behauptung:

(*) Für $t_1,\ldots,t_n,t'_1,\ldots,t'_n \in T_{\underline{\underline{sig}}}(X)$ gilt $t_1\ldots t_n = t'_1\ldots t'_n \Rightarrow t_i = t'_i$ für alle $i \in \{1,\ldots,n\}$.

Dies beweisen wir durch Induktion über $p := lg(t_1\ldots t_n)$.

1.) $p = 1$: Es folgt $n = 1$ und t_1 atomar, somit auch $t_1 = t'_1$.

2.) Gelte die Behauptung bereits für alle $m < p$, $p > 1$.

Fall a.) t_1 atomar : Es folgt, daß t'_1 mit einem atomaren Term $a = t_1$ beginnt. Das ist nur möglich für $t_1 = a = t'_1$. Nach Induktionsvoraussetzung folgt (*) .

Fall b.) $t_1 = Fu_1\ldots u_r$ mit $r \geq 1$ und $u_i \in T_{\underline{\underline{sig}}}(X)$. Daraus folgt, daß

t'_1 ebenfalls mit F beginnt und, da die Operationen getypt sind, $t'_1 = Fu'_1 \ldots u'_r$.
Nach Induktionsvoraussetzung folgt für

$$u_1 \ldots u_r\, t_2 \ldots t_n = u'_1 \ldots u'_r\, t'_2 \ldots t'_n$$

sofort $u_i = u'_i$ und $t_j = t'_j$.

Die in diesem Lemma bewiesene <u>eindeutige Zerlegbarkeit</u> von Termen hat eine ganz wichtige Konsequenz auf die Existenz gewisser rekursiv definierter Operationen auf $\underset{\sim}{T}_{\underline{\underline{sig}}}(X)$. Zunächst noch eine kurze Definition: Ist $\underline{\underline{sig}} = \langle S,\Sigma\rangle$ eine Signatur und sind $\underset{\sim}{A},\underset{\sim}{B}$ $\underline{\underline{sig}}$-Algebra, so heißt eine Abbildung $f: A \to B$ <u>sortentreu</u>, falls für alle $s \in S$ gilt $f(A^s) \subseteq B^s$.

<u>1.11 Corollar</u>: Sei $\underline{\underline{sig}}$ eine Signatur, $X = (X^s)_{s\in S}$ eine Variablenmenge, $\underset{\sim}{A}$ eine $\underline{\underline{sig}}$-Algebra und $f: X \to A$ eine sortentreue Abbildung. Dann bestimmt das folgende Rekursionsschema genau eine Abbildung
$\hat{f}: T_{\underline{\underline{sig}}}(X) \to A$:

$$\hat{f}(t) := \begin{cases} f(x) & \text{falls } t = x \in X \\ F_A & \text{falls } t = F \in \Sigma^{(\varepsilon,s)} \\ F_A(\hat{f}(t_1),\ldots,\hat{f}(t_n)) & \text{falls } t = Ft_1 \ldots t_n \end{cases}$$

Die Abbildung $\hat{f}$ in 1.11 hat ganz bestimmte Eigenschaften, die sie eng mit der auf $\underset{\sim}{T}_{\underline{\underline{sig}}}(X)$ definierten algebraischen Struktur verbinden. "Strukturerhaltende" Abbildungen dieser Art verdienen besondere Beachtung, da sie es uns erlauben, verschiedene Algebren der gleichen Signatur miteinander zu vergleichen.

<u>1.12 Definition</u>: Sei $\underline{\underline{sig}} = \langle S,\Sigma\rangle$ eine Signatur, $\underset{\sim}{A}$ und $\underset{\sim}{B}$ $\underline{\underline{sig}}$-Algebren, $f: A \to B$ eine sortentreue Abbildung. Definiere Abbildungen

$$f^w : A^w \to B^w \qquad (w \in S^*)$$

durch $f^\varepsilon(\emptyset) := \emptyset$

$$f^{ws}(\underline{a},a) := (f^w(\underline{a}),f(a)) \qquad (\underline{a} \in A^w, a \in A^s).$$

f heißt <u>Homomorphismus</u> von A nach B $(f: \underset{\sim}{A} \to \underset{\sim}{B})$

$$:\Longleftrightarrow (\forall F \in \Sigma^{(w,s)}) \qquad f \circ F_A = F_B \circ f^w.$$

Man drückt diesen Sachverhalt häufig auch graphisch aus:

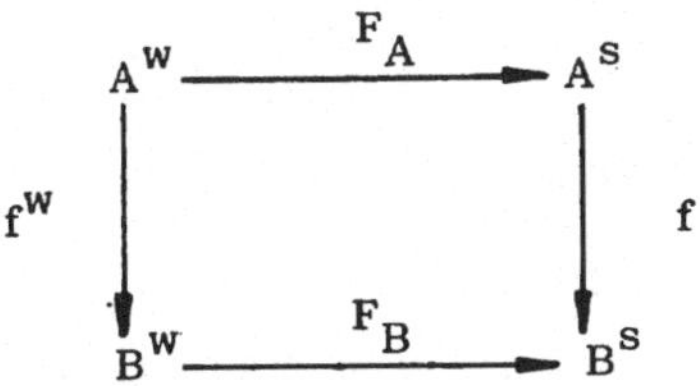

Man sagt dann: dieses Diagramm kommutiert oder ist kommutativ.

Ein Homomorphismus f heißt

Monomorphismus , wenn f injektiv ist,
Epimorphismus , wenn f surjektiv ist und
Isomorphismus , wenn f bijektiv ist.

Falls $f : \underset{\sim}{A} \to \underset{\sim}{B}$ ein Isomorphismus ist, heißen $\underset{\sim}{A}$ und $\underset{\sim}{B}$ isomorph, in Zeichen $\underset{\sim}{A} \cong \underset{\sim}{B}$.

1.13 Beispiel: Sei counter wie in Beispiel 1.6, $\underset{\sim}{ca}$, $\underset{\sim}{cb1}$, $\underset{\sim}{cb2}$, $\underset{\sim}{cc}$ die dort erwähnten Algebren.

Definiere: $f_1 : \mathbb{N} \to \mathbb{Z}$

$f_1(n) := n$

f_1 ist kein Homomorphismus $f_1 : \underset{\sim}{ca} \to \underset{\sim}{cb1}$, denn es gilt

$$f_1(dec_{ca}(0)) = f_1(0) = 0$$

$$dec_{cb1}(f_1(0)) = dec_{cb1}(0) = -1$$

$f_2 : \mathbb{Z} \to \mathbb{N}$

$$f_2(n) := \begin{cases} n & \text{falls } n \geq 0 \\ 0 & \text{falls } n < 0 \end{cases}$$

f_2 ist ein Homomorphismus $f_2 : \underset{\sim}{cb1} \to \underset{\sim}{ca}$. (Sogar ein Epimorphismus.)

$f_3 : \mathbb{Z} \to \mathbb{Z}$

$f_3(n) := -n$

f_3 ist ein Isomorphismus $f_3 : \underset{\sim}{cb1} \to \underset{\sim}{cb2}$, denn es gilt

$f_3(0) = 0 \qquad (f_3(reset_{cb1}) = reset_{cb2})$

$$f_3(inc_{cb1}(n)) = f_3(n+1) = -(n+1) = -n-1 = inc_{cb2}(-n) =$$
$$= inc_{cb2}(f_3(n))$$

ebenso für dec.

$f_4 : \mathbf{Z} \to \{0,1,\ldots,p\}$

$$f_4(n) := \begin{cases} n \bmod(p+1) & \text{falls } n \geq 0 \\ (p+1-|n|)\bmod(p+1) & \text{falls } n < 0 \end{cases}$$

f_4 ist ein Epimorphismus $f_4 : \underset{\sim}{cb1} \to \underset{\sim}{cc}$.

(Dabei bezeichnet mod die Modulo-Funktion: $n \bmod k = m$ gilt genau dann, wenn es ein x gibt mit $k \cdot x + m = n$, d.h. also die ganzzahlige Division von n durch k ergibt den Rest m.)

Ende des Beispiels

Aufgabe 3: Beweisen Sie anhand der Definition 1.12 und des Beispiels 1.6, daß die Abbildung f_4 aus 1.13 wirklich ein Epimorphismus ist.

Wir betrachten auf dem Hintergrund von Definition 1.12 einige Folgerungen aus 1.11:

1.14 Corollar: Die Abbildung $\hat{f}$ in 1.11 ist ein Homomorphismus $\hat{f} : \underset{\sim}{T}_{\underline{\underline{sig}}}(X) \to \underset{\sim}{A}$, die sogenannte homomorphe Fortsetzung von f.

Beweis: Das folgt sofort aus der Definition der Operationen in $\underset{\sim}{T}_{\underline{\underline{sig}}}(X)$.

Darüber hinaus gilt jedoch auch noch:

1.15 Corollar: Die Abbildung $\hat{f}$ in 1.11 ist der einzige Homomorphismus von $\underset{\sim}{T}_{\underline{\underline{sig}}}(X)$ nach $\underset{\sim}{A}$ mit der Eigenschaft $\hat{f}(x) = f(x)$ für alle $x \in X$.

Dies ist eine wichtige Eigenschaft, wenn man den Wert eines Terms in einer Algebra ausrechnen will: Corollar 1.15 sagt aus, daß es für jede Belegung oder Interpretation der Variablen aus X durch Werte aus A genau einen Wert in A für jeden Term $t \in T_{\underline{\underline{sig}}}(X)$ gibt; dieser Wert wird durch den eindeutigen Homomorphismus geliefert.

Der hier geschilderte Sachverhalt hat in der Universellen Algebra einen festen Namen, man sagt:

$\underset{\sim}{T}_{\underline{\underline{sig}}}(X)$ ist die freie $\underline{\underline{sig}}$-Algebra mit freier Erzeugendenmenge X.

Um dies noch etwas präziser vorzustellen, müssen wir zuerst definieren, was es heißt, daß eine Algebra von einer Menge erzeugt wird. Im Prinzip haben wir so etwas schon kennengelernt, denn die Termmenge $\underset{\sim}{T}_{\underline{\underline{sig}}}(X)$ wird von X erzeugt:

1.16 Definition: Sei $\underline{\underline{sig}} = \langle S, \Sigma \rangle$ eine Signatur, $\underset{\sim}{A}$ eine $\underline{\underline{sig}}$-Algebra, $B \subseteq A$. Der Abschluß $\hat{B}$ von B in A ist definiert als die kleinste Menge $\hat{B} \subseteq A$ mit den Eigenschaften

(i) $B \subseteq \hat{B}$

(ii) $F \in \Sigma^{(\varepsilon,s)} \Rightarrow F_A \in \hat{B}^s$

(iii) $F \in \Sigma^{(s_1 \ldots s_n,s)}, b_i \in \hat{B}^{s_i} \Rightarrow F_A(b_1,\ldots,b_n) \in \hat{B}^s$.

Gilt $\hat{B} = A$, so sagt man: $\underset{\sim}{A}$ ist von B erzeugt.

1.17 Definition: Sei sig eine Signatur, $K \subseteq \text{Alg}_{\text{sig}}$ eine Klasse von Algebren. Dann heißt eine Algebra $\underset{\sim}{A} \in K$ frei in K mit freier Erzeugendenmenge X , falls $\underset{\sim}{A}$ von X erzeugt ist und es für jede Algebra $\underset{\sim}{B} \in K$ und jede sortentreue Abbildung $f : X \to B$ genau einen Homomorphismus $\hat{f} : \underset{\sim}{A} \to \underset{\sim}{B}$ gibt mit $\hat{f}(x) = f(x)$ für alle $x \in X$.

Freie Algebren müssen nicht in jeder Klasse K von Algebren existieren. Insofern ist es wichtig, daß wir die Existenz einer freien von X erzeugten Algebra in Alg_{sig} für jede Menge X gezeigt haben. Ebenso wichtig ist jedoch das folgende Resultat:

1.18 Satz: Für eine Signatur sig , eine Klasse $K \subseteq \text{Alg}_{\text{sig}}$ von Algebren und eine Menge $X = (X^s)_{s \in S}$ gibt es bis auf Isomorphie höchstens eine freie sig-Algebra in K mit freier Erzeugendenmenge X .

Beweis: Seien $\underset{\sim}{A}$, $\underset{\sim}{B}$ frei in K mit freier Erzeugendenmenge X . Dann gibt es eindeutig bestimmte Homomorphismen $a : \underset{\sim}{A} \to \underset{\sim}{B}$, $b : \underset{\sim}{B} \to \underset{\sim}{A}$ mit der Eigenschaft $a(x) = x = b(x)$ für alle $x \in X$. (Homomorphe Fortsetzungen der Identität).Offensichtlich sind $a \circ b : \underset{\sim}{B} \to \underset{\sim}{B}$ und $b \circ a : \underset{\sim}{A} \to \underset{\sim}{A}$ Homomorphismen mit der Eigenschaft $(a \circ b)(x) = x = (b \circ a)(x)$. Ebenso sind die Identitätsabbildungen id_A und id_B Homomorphismen mit dieser Eigenschaft. Aus der Freiheit von A und B folgt dann $a \circ b = id_B$ und $b \circ a = id_A$, also sind $\underset{\sim}{A}$ und $\underset{\sim}{B}$ isomorph. (Dabei haben wir implizit benutzt, daß die Komposition von Homomorphismen wieder ein Homomorphismus ist, was man leicht nachweisen kann.)

Eine "freie" Algebra nach Definition 1.17 ist immer noch "abhängig" von einer Erzeugendenmenge. Entfällt diese Erzeugendenmenge, so heißt die Algebra "absolut frei":

1.19 Definition: Sei sig eine Signatur, $K \subseteq \text{Alg}_{\text{sig}}$ eine Klasse von Algebren. Dann heißt eine Algebra $\underset{\sim}{A} \in K$ absolut freie Algebra in K , falls es für jede Algebra $\underset{\sim}{B} \in K$ genau einen Homomorphismus $h_B : \underset{\sim}{A} \to \underset{\sim}{B}$ gibt. $\underset{\sim}{A}$ heißt auch initiale Algebra in K oder für $K = \text{Alg}_{\text{sig}}$ auch Peano-Algebra.

Eine initiale Algebra kann als freie Algebra mit freier Erzeugendenmenge $\emptyset$ verstanden werden. Aus 1.18 folgt, daß es in jeder Klasse K von Algebren bis auf Isomorphie höchstens eine initiale Algebra geben kann; die Entwicklungen in 1.9–1.15 zeigen, daß es in $K = \underline{Alg}_{\underline{\underline{sig}}}$ wirklich eine initiale Algebra gibt, nämlich $\underset{\sim}{T}_{\underline{\underline{sig}}}$.

Von jetzt ab werden wir meistens von der freien sig-Algebra über X bzw. von der initialen sig-Algebra sprechen und dabei immer an $\underset{\sim}{T}_{\underline{\underline{sig}}}(X)$ bzw. $\underset{\sim}{T}_{\underline{\underline{sig}}}$ denken. Dabei muß man sich jedoch immer im Klaren sein, daß die hier vorgestellte Termalgebra $\underset{\sim}{T}_{\underline{\underline{sig}}}(X)$ nur eine von vielen möglichen Darstellungen der freien Algebra ist.

Hiermit berühren wir einen Punkt, der bereits in der Einleitung angesprochen wurde: "freie Algebra" und "initiale Algebra" sind nach ihrer Definition durchaus abstrakte Konzepte. Nach 1.17 und 1.19 wissen wir über diese Algebren eigentlich nicht mehr, als daß sie mit allen anderen Algebren ihrer Klasse unter Benutzung von Homomorphismen vergleichbar sind. Andererseits gibt es ganz konkrete Modelle $\underset{\sim}{T}_{\underline{\underline{sig}}}(X)$, $\underset{\sim}{T}_{\underline{\underline{sig}}}$ für diese Algebren.

Auch für die Terme selbst sind durchaus unterschiedliche Darstellungen gebräuchlich; in in dem folgenden Beispiel führen wir die wichtigsten Termdarstellungen vor.

1.20 Beispiel:
Sei stack die in 1.4 eingeführte Signatur des Kellerspeichers. In 1.7 ist die Termmenge in der sogenannten polnischen Notation (d.h. Präfixnotation ohne Klammern) eingeführt worden. Sei $X = \{x^{item}, y^{item}\}$; dann sind Elemente von $T_{\underline{\underline{stack}}}(X)$ etwa

a.) (Polnische Notation)

```
push clear x
pop push push push clear x y top push clear x
```

Wegen des festen Typs der Operationen ist eine Klammerung im Prinzip nicht nötig. Für den Menschen kann eine Klammerung jedoch häufig das Verständnis erleichtern. Dann sehen die beiden Beispielterme so aus:

b.) (Präfixnotation mit Klammern)

```
push(clear,x)
pop(push(push(push(clear,x),y),top(push(clear,x))))
```

Für zweistellige Operationen ist vielfach auch eine Infixnotation gebräuchlich, bei der das Operationssymbol zwischen seine Argumente geschrieben wird (z.B. 2+2 , 3*7). In der Regel sind dabei Klammern für eine eindeutige Zerlegung unerläßlich:

c.) (Infixnotation)

clear push x

pop((clear push x)push y)push top(clear push x))

Für die unmittelbare "Auswertung" von Termen auf einer "Stack-Maschine" eignet sich die Umkehrung der polnischen Notation (UPN, Postfix-Notation; in der Tat müssen bei einem bestimmten Taschenrechner-Fabrikat arithmetische Terme in der UPN eingegeben werden):

d.) (Umgekehrte Polnische Notation)

clear x push

clear x push y push clear x push top push pop

(Beachte, daß die Argumente der Operationssymbole in der ursprünglichen Reihenfolge erhalten bleiben. UPN entsteht also nicht durch symbolweise Umkehrung der Polnischen Notation!)

Die übersichtlichste Darstellung von Termen erhält man durch Bäume:

e.) (Bäume)

```
  push
  /  \
clear  x
```

```
                 pop
                  |
                 push
                /    \
            push      top
           /    \       |
       push      y     push
      /    \          /    \
  clear     x     clear     x
```

Ende des Beispiels

In diesem Buch werden wir stets diejenige Termdarstellung wählen, die sich für den jeweiligen Zweck besonders anbietet. Insbesondere behalten wir uns das Recht vor, ohne weiteres Polnische Notation, geklammerte Präfixnotation, Infixnotation und Bäume nebeneinander zu benutzen.

In 1.19 klang bereits an, daß es vielleicht besonders interessant ist, die Eigenschaften von $\underset{\sim}{T}_{\underline{\underline{sig}}}(X)$ für den Fall $X = \emptyset$ zu betrachten. Aus den bereits bewiesenen Sätzen folgen im Spezialfall diese Eigenschaften von $\underset{\sim}{T}_{\underline{\underline{sig}}}$:

1.) $\underset{\sim}{T}_{\underline{\underline{sig}}}$ wird (von der leeren Menge) nur durch Benutzung von Operationen aus Σ erzeugt. (Insbesondere ist $T_{\underline{\underline{sig}}} = \emptyset$, wenn Σ keine Konstantensymbole enthält).

2.) $\underset{\sim}{T}_{\underline{\underline{sig}}}$ ist bis auf Isomorphie eindeutig bestimmt.

3.) Für jede $\underline{\underline{sig}}$-Algebra $\underset{\sim}{A}$ gibt es genau einen Homomorphismus $h_{\underset{\sim}{A}} : \underset{\sim}{T}_{\underline{\underline{sig}}} \to \underset{\sim}{A}$.

Das sind Eigenschaften, die wir auch von einem abstrakten Software-Modul erwarten würden. Vergleiche etwa die folgenden, ganz ähnlich aussehenden Forderungen an ein durch $\underline{\underline{sig}}$ spezifiziertes Software-Modul M :

1.) Alle Datenelemente von M müssen sich durch die in $\underline{\underline{sig}}$ vorgesehenen Operationen erzeugen lassen. Die Operationen aus $\underline{\underline{sig}}$ dürfen aus M nicht herausführen.

2.) M muß durch $\underline{\underline{sig}}$ bereits eindeutig bestimmt sein.

3.) Für jedes Software-Modul A , welches der Spezifikation $\underline{\underline{sig}}$ entspricht, und jedes "abstrakte Datenelement" $d \in M$ müssen wir das d entsprechende Datenelement in A eindeutig bestimmen können.

$\underset{\sim}{T}_{\underline{\underline{sig}}}$ hat also einige Eigenschaften, die seine Verwendung als abstrakter Datentyp nahelegen. Aber leider kann man in $\underset{\sim}{T}_{\underline{\underline{sig}}}$ nicht rechnen. In den Grundschulen versucht man heute bereits den Kindern beizubringen, daß Rechenvorgänge nur Umformungen von äquivalenten Bezeichnungen für dieselben Objekte sind; z.B. bezeichnet 3+4 dieselbe Zahl wie 4+3 oder 2+5 oder 7 . Die Berechnung 4+3=7 durch Abzählen an den Fingern kann man sich als eine Folge von Gleichungen vorstellen:

$$4+3 = 5+2 = 6+1 = 7+0 = 7 \quad .$$

Das folgende Beispiel zeigt, daß derartige Vorgänge in $T_{\underline{\underline{sig}}}$ nicht möglich sind:

1.21 Beispiel: Sei $\underline{\underline{nat}}$ = sorts nat;

```
operations nat = (0,suc(nat), + (nat, nat))
end
```

die Signatur der natürlichen Zahlen mit Nachfolger und Addition. Eine Auswahl von Termen aus $T_{\underline{\underline{nat}}}$ (in der üblichen Infix-Notation) ist etwa

	0	0+0	
suc(0)	suc(0)+0	0+suc(0)	
suc(suc(0))	suc(0)+suc(0)	suc(suc(0))+0	0+suc(suc(0))
suc(suc(suc(0)))	suc(suc(0))+suc(0)	(suc(0)+suc(0))+suc(0)	

Alle diese Terme bezeichnen verschiedene Elemente von $T_{\underline{\underline{nat}}}$, obwohl wir möchten, daß sie zeilenweise "gleich" oder "äquivalent" sind, d.h. das gleiche Datenelement bezeichnen.

Ende des Beispiels

Als Argument gegen $\underset{\sim}{T}_{\underline{\underline{sig}}}$ als abstraktes Software-Modul führen wir also an:

> $T_{\underline{\underline{sig}}}$ enthält zu viele verschiedene Datenelemente bzw. die Operationen in $\underset{\sim}{T}_{\underline{\underline{sig}}}$ haben "keine" Semantik (d.h. keine interessante Semantik), da jede Anwendung einer Operation ein völlig neues Datenelement erzeugt.

Es gibt nun eine Vielzahl von Möglichkeiten, wie man den Operationen in $\underset{\sim}{T}_{\underline{\underline{sig}}}$ eine bessere Semantik geben kann. Vom Standpunkt der Universellen Algebra her erscheint es als das natürlichste, wenn man dazu Gleichungen verwendet. Dies wird im nächsten Kapitel ausgeführt.

Nachdem wir bemerkt haben, daß sich die Elemente von $T_{\underline{\underline{sig}}}$ durchaus als Bezeichnungen für abstrakte Datenelemente eignen (auch wenn man in der Algebra $\underset{\sim}{T}_{\underline{\underline{sig}}}$ nicht rechnen kann), wollen wir noch kurz erwähnen, daß sich die Elemente von $\underset{\sim}{T}_{\underline{\underline{sig}}}(X)$ als Bezeichnungen für bestimmte besonders einfache Operationen auf jeder $\underline{\underline{sig}}$-Algebra eignen.

Dazu legen wir zunächst ein bestimmtes Standardalphabet X von Variablen zur Signatur $\underline{\underline{sig}} = \langle S,\Sigma \rangle$ fest: X enthält für jedes $s \in S$ und jedes $j \in \mathbb{N}$ genau ein Element x_s^j :

1.22 Definition: Sei $\underline{\underline{sig}} = \langle S,\Sigma \rangle$ eine Signatur. Das Standardalphabet von Variablen zur Signatur $\underline{\underline{sig}}$ ist definiert durch

$$X := \{x_j^s \mid s \in S\ ,\ j \in \mathbb{N}\}\ .$$

Für $s \in S$ heißt $X^s := \{x_j^s \mid j \in \mathbb{N}\}$ Menge der Standardvariablen der Sorte s .

1.23 Definition: X bezeichne das Standardalphabet zur Signatur $\underline{\underline{sig}}$. Jedes $w = s_1 \ldots s_n \in S^*$ bestimmt ein endliches, nicht-leeres Teilalphabet

$X_w := \{x_1^{s_1}, x_2^{s_2}, \ldots, x_n^{s_n}\}$. Ein Term $t \in T_{\underline{sig}}(X_w)^s$ heißt <u>(w,s)-stelliges</u> <u>sig-Polynomschema</u>. Definiere $POL_{\underline{sig}}^{(w,s)} := T_{\underline{sig}}(X_w)^s$.

<u>1.24 Bemerkung:</u> a.) Man beachte, daß die Stelligkeit eines Polynomschemas nicht eindeutig ist. Jedes Schema t vom Typ (w,s) ist gleichzeitig auch ein Schema vom Typ (w',s) für jedes $w' \in S^*$, welches die Buchstaben von w in irgendeiner Weise enthält.

b.) Aus der Analysis sind wir es gewohnt, von <u>Polynomen</u> zu sprechen, z.B.

$$p(x,y) = 3x^2 + 7xy^2 + 20y^2 - x - 70 .$$

Dies ist einerseits eine Art <u>Term</u> über der Variablenmenge $\{x,y\}$, andererseits bezeichnet es aber auch eine <u>Operation</u> $p : \mathbb{Z}^2 \to \mathbb{Z}$. Wir haben in 1.23 die Bezeichnung "Polynomschema" gewählt, um klar zwischen dem <u>Term</u> und der durch ihn auf einer Algebra bestimmten <u>Operation</u> (dem Polynom) zu unterscheiden.

Den jetzt folgenden Abschnitt empfehle ich, nicht bloß zu lesen, sondern schrittweise geistig nachzuvollziehen:

Jede Interpretation $f : X_w \to A$ bestimmt einen eindeutigen Homomorphismus $\hat{f} : \underset{\sim}{T}_{\underline{sig}}(X_w) \to \underset{\sim}{A}$. Andererseits kann f als endliche, sortentreue Abbildung auch mit einem Vektor aus A^w identifiziert werden, dessen Komponenten durch $f(x_1),\ldots,f(x_n)$ gegeben sind. Das gilt natürlich auch umgekehrt: Jeder Vektor $\underline{a} = (a_1,\ldots,a_n) \in A^w$ kann als Abbildung $a : X_w \to A$ verstanden werden, indem man definiert $a(x_i) := a_i$.

Dann kann man definieren:

<u>1.25 Definition:</u> Sei $t \in T_{\underline{sig}}(X_w)^s$ ein Polynomschema, $\underset{\sim}{A}$ eine <u>sig</u>-Algebra. Dann definiere

$$POL(t)_{\underset{\sim}{A}} : A^w \to A^s$$

durch $$POL(t)_{\underset{\sim}{A}}(\underline{a}) := \hat{\underline{a}}(t) .$$

$POL(t)_{\underset{\sim}{A}}$ heißt <u>Semantik von t in $\underset{\sim}{A}$</u> bzw. das t zugeordnete <u>Polynom über $\underset{\sim}{A}$</u> oder die t zugeordnete <u>abgeleitete Operation</u> von $\underset{\sim}{A}$.

<u>Bemerkung:</u> Das ist nur von der Schreibweise her etwas kompliziert; intuitiv ist das ein ganz natürliches Verfahren: Das Polynomschema t wird an einer Stelle $\underline{a}$ ausgewertet, indem man die Komponenten von $\underline{a}$ für die entsprechenden Variablen einsetzt

und dann den entstehenden Term ausrechnet. Wir werden später noch häufiger entdecken, daß das "Ausrechnen" von Termen jeweils von einem eindeutigen Homomorphismus besorgt wird.

1.26 Beispiel: Wir beziehen uns auf den vertrauten Fall quadratischer Polynome und führen diesen in der hier verwendeten Terminologie vor:

Sei eine Signatur int gegeben durch

```
int = sorts int;
      operations int = (+(int,int),-(int,int),*(int,int),↑2(int))
      end
```

Eine uns vertraute int-Algebra sind die ganzenZahlen mit der Trägermenge $\mathbb{Z}$ und den Operationen +,-,* und ↑2 ("hoch 2"). Für +,- und * ist die Infix-Schreibweise üblich, für ↑2 die Postfix-Schreibweise. Bei den Standard-Variablen lassen wir den oberen Index, welcher die Sorte angibt, weg, da es hier nur eine Sorte gibt. Ein einfaches int-Polynomschema ist dann etwa

$$t = x_1 * x_2 \uparrow 2 + x_1 * x_2 - x_3 .$$

Unter Berücksichtigung der in der Arithmetik geltenden Prioritätsregeln für die Auswertung von Operationen läßt sich t in der klammerlosen Präfix-Schreibweise so schreiben:

$$t = -+*x_1 \uparrow 2 x_2 * x_1 x_2 x_3 .$$

Dieses Polynomschema über $\mathbb{Z}^3$ wollen wir jetzt an der Stelle $a = (5,-2,3)$ auswerten, d.h. wir wählen

$$a : \{x_1,x_2,x_3\} \rightarrow \mathbb{Z}$$
$$a(x_1) := 5$$
$$a(x_2) := -2$$
$$a(x_3) := 3 .$$

Nach 1.11 bestimmt dies einen eindeutigen Homomorphismus

$$\hat{a}: \underset{\sim}{T}_{\underline{\underline{int}}}(\{x_1,x_2,x_3\}) \rightarrow \underset{\sim}{\mathbb{Z}}$$

und nach 1.25 ist der Wert des Polynoms $POL(t)_{\underset{\sim}{\mathbb{Z}}}$ an der Stelle a gegeben durch $POL(t)_{\underset{\sim}{\mathbb{Z}}}(a) = \hat{a}(t)$. Wir wollen $\hat{a}(t)$ hier einmal getreu den Angaben in 1.11 ausrechnen; dabei verwenden wir zur Kennzeichnung der Operationen von $\underset{\sim}{\mathbb{Z}}$ eine doppelte Unterstreichung, also $\underline{\underline{+}}$, $\underline{\underline{-}}$, $\underline{\underline{*}}$, $\underline{\underline{\uparrow 2}}$.

$$\begin{aligned} POL(t)_{\underset{\sim}{\mathbb{Z}}}(5,-2,3) &= \hat{a}(-+*x_1 \uparrow 2 x_2 * x_1 x_2 x_3) \\ &= \hat{a}(+*x_1 \uparrow 2 x_2 * x_1 x_2) \underline{\underline{-}} \hat{a}(x_3) \\ &= \hat{a}(*x_1 \uparrow 2 x_2) \underline{\underline{+}} \hat{a}(*x_1 x_2) \underline{\underline{-}} a(x_3) \end{aligned}$$

$$= \hat{a}(x_1) \underline{\underline{*}} \hat{a}(\uparrow 2x_2) \underline{\underline{+}} \hat{a}(x_1) \underline{\underline{*}} \hat{a}(x_2) \underline{\underline{-}} 3$$

$$= a(x_1) \underline{\underline{*}} \hat{a}(x_2)\underline{\underline{\uparrow 2}} \underline{\underline{+}} a(x_1) \underline{\underline{*}} a(x_2) \underline{\underline{-}} 3$$

$$= 5 \underline{\underline{*}} a(x_2)\underline{\underline{\uparrow 2}} \underline{\underline{+}} 5 \underline{\underline{*}} (-2) \underline{\underline{-}} 3$$

$$= 5 \underline{\underline{*}} (-2)\underline{\underline{\uparrow 2}} \underline{\underline{+}} (-10) \underline{\underline{-}} 3$$

$$= 5 \underline{\underline{*}} 4 \underline{\underline{-}} 13$$

$$= 20 \underline{\underline{-}} 13$$

$$= 7$$

<u>Ende des Beispiels</u>

2. Gleichungen, Spezifikationen

Gleichungen enthalten normalerweise Variablen; die formale Entwicklung kann etwas vereinfacht werden, wenn man wiederum das Standardalphabet voraussetzt, aus dem die in den Gleichungen verwendeten Variablen entnommen werden. (Bei der praktischen Arbeit mit Spezifikationen machen wir uns von dieser Voraussetzung wieder frei, indem wir die verwendeten Variablen und ihren Typ jeweils deklarieren).

2.1 Definition: Sei sig $= \langle S,\Sigma \rangle$ eine Signatur, X das Standardalphabet $X = \{x_j^s \mid s \in S, j \in \mathbb{N}\}$. Eine Familie $E = (E^s)_{s \in S}$ mit $E^s \subseteq T_{sig}(X)^s \times T_{sig}(X)^s$ heißt sig-Gleichungsmenge, ein Element (t_1,t_2) von E eine sig-Gleichung. Eine sig-Algebra erfüllt die Menge E von sig-Gleichungen, falls für alle $(t_1,t_2) \in E$, alle sortentreuen Abbildungen $f : X \to A$ und die davon erzeugten Homomorphismen $\hat{f} : T_{sig}(X) \to A$ gilt

$$\hat{f}(t_1) = \hat{f}(t_2) \ .$$

Man sagt dann auch: die Gleichungen E sind gültig in A.

2.2 Definition: Eine Gleichungsspezifikation ist gegeben durch

$$spec = \langle sig, E \rangle \ ,$$

wobei sig $= \langle S,\Sigma \rangle$ eine Signatur ist und E eine sig-Gleichungsmenge. spec bestimmt eine Klasse Alg_{spec} von Algebren, welche aus allen sig-Algebren besteht, welche E erfüllen. Diese Algebren heißen dann spec-Algebren oder auch Modelle von spec.

Der bequemen Notation halber erweitern wir unsere "Signatur-Spezifikations-Sprache" S^3 zu einer "Gleichungs-Spezifikations-Sprache" GSS, indem wir in dem Syntax-Diagramm 1.3 das Teildiagramm

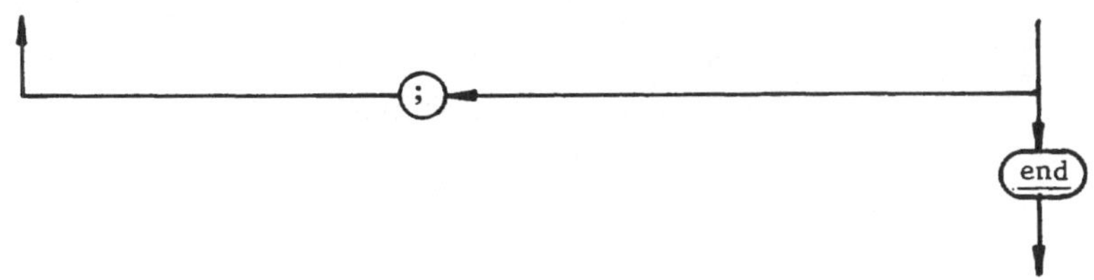

ersetzen durch das folgende Teildiagramm:

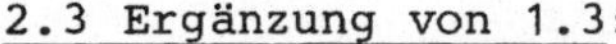

2.3 Ergänzung von 1.3:

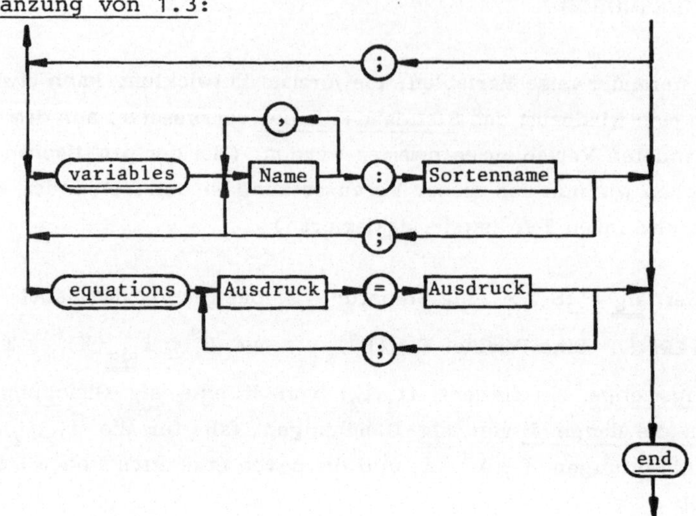

Es muß dann noch erklärt werden, was ein Ausdruck ist; dies hängt natürlich von der verwendeten Termdarstellung ab. Terme in Präfixnotation mit Klammern lassen sich so beschreiben: Ausdruck

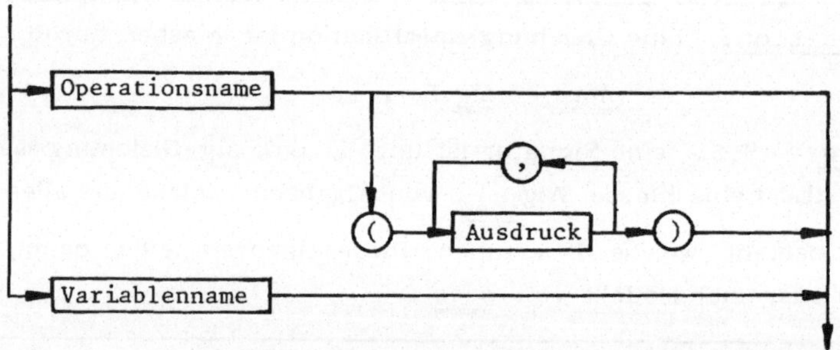

Wir wollen jedoch auch andere Termdarstellungen (speziell die Infixschreibweise) zulassen.

2.4 Beispiele für Gleichungsspezifikationen:

1.) counter = sorts counter;
operations counter = (reset,inc(counter),dec(counter));
variables n:counter;
equations inc(dec(n)) = n;
dec(inc(n)) = n
end

2.) stack = sorts bool,stack,item;
operations bool = (true,false,empty(stack));
item = (top(stack));

```
                 stack = (clear,push(stack,item),pop(stack));
      variables  s:stack;x:item;
      equations  empty(clear) = true;
                 empty(push(s,x)) = false;
                 pop(push(s,x)) = s;
                 top(push(s,x)) = x
      end
```

```
3.) nat     = sorts nat;
      operations nat = (0,suc(nat),+(nat,nat));
      variables n,m:nat;
      equations n + 0 = n;
                n + suc(m) = suc(n+m)
      end
```

Aufgabe 4: Machen Sie sich klar, daß die in Beispiel 1.6 vorgestellten Algebren der Signatur counter auch nach Definition 2.2 counter-Algebren sind. Zeigen Sie, daß es keinen Homomorphismus von ca nach cb1 gibt (vgl. Beispiel 1.13). Gibt es in der Klasse {ca, cb1, cb2, cc} von counter-Algebren initiale Algebren?

Intuitiv ist uns jetzt völlig klar, wie man mit diesen Spezifikationen "rechnet"; z.B. inc(dec(inc(inc(dec(reset))))) = inc(inc(dec(reset))) = inc(reset) oder

suc(suc(0)) + (0+suc(0)) = suc(suc(0)) + suc(0 + 0) =
= suc(suc(0)) + suc(0) = suc(suc(suc(0)) + 0) = suc(suc(suc(0))) .

Um alle Phänomene zu verstehen, ist es jedoch notwendig, den Spezifikationen eine mathematisch präzise Semantik zu geben. Diese Semantik werden wir im folgenden entwickeln, und zwar zunächst unabhängig von dem Begriff des "Rechnens in Gleichungssystemen", den wir im folgenden Kapitel behandeln.

Gegen Ende des vorangegangenen Kapitels hatten wir Überlegungen zur Eignung von initialen Algebren als abstrakten Datentypen untersucht. Diese Überlegungen wollen wir jetzt fortführen, indem wir zunächst die grundlegende Frage stellen:

Gibt es für alle Gleichungsspezifikationen spec eine initiale Algebra in $\mathrm{Alg}_{\mathrm{spec}}$?

Glücklicherweise kann man diese Frage bejahen. Es gibt verschiedene mathematisch elegante Methoden, dies nachzuweisen; da unser Hauptinteresse hier jedoch nicht der Universellen Algebra gilt, sondern den Softwarespezifikationen, wollen wir nur vorführen, wie man einen Repräsentanten der Isomorphieklasse der initialen spec-Algebren konstruiert.

2.5 Definition: Eine $\underset{\approx}{sig}$-Gleichungsmenge E induziert auf jeder $\underset{\approx}{sig}$-Algebra $\underset{\sim}{A}$ eine Relation $E_{\underset{\sim}{A}}$ durch

$$a \; E_{\underset{\sim}{A}} \; b \; :\Longleftrightarrow \; (\exists (t_1,t_2) \in E) \; (\exists \; f : X \to A) \quad a = \hat{f}(t_1) \; \text{ und } \; b = \hat{f}(t_2) \; .$$

Es bezeichne $\sim_{\underset{\sim}{A},E}$ die reflexive, symmetrische und transitive Hülle von $E_{\underset{\sim}{A}}$.

(Das heißt also $a \sim_{\underset{\sim}{A},E} b$ genau dann, wenn mindestens eine der folgenden Bedingungen zutrifft:

1.) $a = b$

2.) $a \; E_{\underset{\sim}{A}} \; b$ oder $b \; E_{\underset{\sim}{A}} \; a$

3.) Es gibt ein $c \in A$, so daß $a \sim_{\underset{\sim}{A},E} c$ und $c \sim_{\underset{\sim}{A},E} b$.)

Relationen, die reflexiv, symmetrisch und transitiv sind, heißen auch Äquivalenzrelationen. Es ist also unmittelbar klar:

2.6 Lemma: $\sim_{\underset{\sim}{A},E}$ ist eine Äquivalenzrelation. Falls $\underset{\sim}{A}$ die Gleichungen E erfüllt, fällt $\sim_{\underset{\sim}{A},E}$ mit der Identität zusammen.

Die Äquivalenzrelation $\sim_{\underset{\sim}{A},E}$ ist von $E_{\underset{\sim}{A}}$ erzeugt. Leider nimmt sie keinerlei Rücksicht auf die algebraische Struktur, das heißt: zwei Elemente einer Algebra, die äquivalent sind und auf die wir dieselbe Operation der Algebra anwenden, müssen nicht unbedingt wieder zwei äquivalente Elemente ergeben. Wir wollen jetzt zeigen, daß dies lästige Auswirkungen hat.

Der Hauptgrund für die Einführung von Äquivalenzrelationen, also zu deutsch: Gleichwertigkeitsbeziehungen, ist die Möglichkeit einer Einteilung (Partition) der Elemente einer Menge in Äquivalenzklassen.

2.7 Definition: Ist $\sim$ eine Äquivalenzrelation auf einer Menge M , so bezeichnet für $m \in M$

$$[m]_{\sim} := \{m' \in M \mid m \sim m'\}$$

die Äquivalenzklasse von m (modulo $\sim$) .
Das Mengensystem

$$M/\!\sim \; := \{[m] \mid m \in M\}$$

heißt System der Äquivalenzklassen von $\sim$.

(Die Bezeichnung $M/\sim$ wird ausgesprochen als "M faktorisiert nach $\sim$".) Aus der Mengenlehre ist bekannt:

2.8 Korollar: Eine Äquivalenzrelation $\sim$ und ein System von Äquivalenzklassen $M/\sim$ auf einer Menge M bestimmen einander eindeutig.

Betrachten wir nun eine sig-Algebra $\underset{\sim}{A}$ mit einer Äquivalenzrelation $\sim$. Dann ist es wünschenswert, nachdem wir die Elemente von $\underset{\sim}{A}$ in Äquivalenzklassen eingeteilt haben, daß wir auf diesen Äquivalenzklassen auch "rechnen" können, d.h. man müßte auf dem System $A/\sim$ der Äquivalenzklassen von $\sim$ die Struktur einer sig-Algebra erklären können. Am elegantesten könnten wir uns dieser Aufgabe entledigen, wenn wir zur Definition etwa von $F_{A/\sim}([a_1]_\sim,\dots,[a_n]_\sim)$ je einen beliebigen Repräsentanten aus jeder der Äquivalenzklassen $[a_1]_\sim,\dots,[a_n]_\sim$ auswählen könnten und dann einfach definieren.

$$F_{A/\sim}([a_1]_\sim,\dots,[a_n]_\sim) := [F_A(a_1,\dots,a_n)]_\sim \quad .$$

Das heißt also, man wählt aus jeder Äquivalenzklasse ein Element aus, wendet darauf die bereits definierte Operation F_A an und geht dann wieder zu der Äquivalenzklasse des Ergebnisses über. Daß dieses Verfahren nicht unbedingt funktioniert, zeigt das folgende Beispiel:

2.9 Beispiel: Sei sig = sorts nat;
operations nat = (0,+(nat,nat),-(nat,nat))
end .

Sei ferner $\underset{\sim}{\mathbb{N}}$ die vertraute sig-Algebra der natürlichen Zahlen und sei eine Relation $\sim$ auf $\mathbb{N}$ definiert durch

$a \sim b \iff$ Entweder $a = b$ und $a \leq 20$
oder a und b sind beide größer als 20.

Trivialerweise ist $\sim$ eine Äquivalenzrelation. Das System $\mathbb{N}/\sim$ der Äquivalenzklassen besteht aus 21 einelementigen Klassen $\{0\}$, $\{1\},\dots,\{20\}$ und einer unendlichen Klasse, die alle Zahlen enthält, welche größer als 20 sind. Wir bezeichnen diese Klasse mit "∞". (Natürlich gilt z.B. $\infty = [21]_\sim = [22]_\sim = [100\,000]_\sim$; alle diese Klassen sind gleich.)

Versuchen wir jetzt die obengenannte Möglichkeit der Fortsetzung der auf $\underset{\sim}{\mathbb{N}}$ erklärten Operationen auf $\underset{\sim}{\mathbb{N}}/\sim$, so entdecken wir, daß das Ergebnis der Operation $-_{\mathbb{N}/\sim}$ leider abhängig davon ist, welche Repräsentanten wir für die Klasse ∞ auswählen:

Einerseits ergibt

$\infty -_{\mathbb{N}/\sim} [8]_\sim = [21]_\sim -_{\mathbb{N}/\sim} [8]_\sim = [21-8]_\sim = [13]_\sim$,

andererseits gilt jedoch

$$\infty -_{\mathbb{N}/\sim} [8]_\sim = [102]_\sim -_{\mathbb{N}/\sim} [8]_\sim = [102\text{-}8]_\sim = [94]_\sim = \infty ,$$

je nachdem, welchen Repräsentanten der Klasse ∞ man auswählt.

Ende des Beispiels

Es ist also sinnvoll, unter den Äquivalenzrelationen solche auszuzeichnen, die mit der algebraischen Struktur verträglich sind:

2.10 Definition: Sei $\underset{\sim}{A}$ eine sig-Algebra, $\sim$ eine Äquivalenzrelation auf A. $\sim$ heißt sig-Kongruenzrelation auf $\underset{\sim}{A}$ $\iff$
Es gilt zusätzlich für alle $F \in \Sigma^{(s_1 \ldots s_n, s)}$ und $a_i, b_i \in A^{s_i}$; $1 \leq i \leq n$: Aus $a_i \sim b_i$ für alle $i \in \{1, \ldots, n\}$ folgt $F_A(a_1, \ldots, a_n) \sim F_A(b_1, \ldots, b_n)$.

Statt sig-Kongruenzrelation sagt man häufig einfach Kongruenzrelation (oder noch kürzer Kongruenz), wenn keine Zweifel darüber bestehen, welches sig gemeint ist.

Aus 2.10 folgt unmittelbar:

2.11 Korollar: Ist $\underset{\sim}{A}$ eine sig-Algebra und $\sim$ eine Kongruenzrelation auf $\underset{\sim}{A}$, so wird das System $A/_\sim$ der Kongruenzklassen selbst zu einer sig-Algebra $\underset{\sim}{A}/_\sim$ durch die Definitionen

$$F_{A/\sim}([a_1]_\sim, \ldots, [a_n]_\sim) := [F_A(a_1, \ldots, a_n)]_\sim$$

für alle $F \in \Sigma^{(s_1 \ldots s_n, s)}$.
$\underset{\sim}{A}/_\sim$ heißt Quotientenalgebra von $\underset{\sim}{A}$ modulo $\sim$.

Kommen wir nun zurück zu unserer Äquivalenzrelation $\sim_{\underset{\sim}{A},E}$, die wir in 2.5 für eine Algebra $\underset{\sim}{A}$ aus einer Gleichungsmenge E abgeleitet haben! Es ist sehr leicht, aus $\sim_{\underset{\sim}{A},E}$ eine Kongruenzrelation zu machen, indem man die Gültigkeit von 2.10 erzwingt:

2.12 Definition: Sei $\underset{\sim}{A}$ eine sig-Algebra E eine sig-Gleichungsmenge, $\sim_{\underset{\sim}{A},E}$ wie in 2.5. Definiere eine Relation $\equiv_{\underset{\sim}{A},E}$ durch

$$a \equiv_{\underset{\sim}{A},E} b \;:\iff\; a \sim_{\underset{\sim}{A},E} b \text{ oder}$$
$$a = F_A(a_1, \ldots, a_n) \text{ und } b = F_A(b_1, \ldots, b_n) \text{ für}$$
$$F \in \Sigma^{(s_1 \ldots s_n, s)},\ a_i, b_i \in A^{s_i} \text{ und } a_i \equiv_{\underset{\sim}{A},E} b_i .$$

$\equiv_{\underset{\sim}{A},E}$ heißt die von E auf $\underset{\sim}{A}$ induzierte Kongruenzrelation.

2.13 Definition: Sei spec = <sig,E> eine Spezifikation, $\equiv_E$ die von E auf T_{sig} induzierte Kongruenzrelation. Dann definiere eine Algebra $T_{spec} := T_{sig}/\equiv_E$. T_{spec} heißt Quotiententermalgebra.

(Genauer: <sig,E>-Quotiententermalgebra.)

Es gilt der Satz:

2.14 Satz: Die Quotiententermalgebra T_{spec} ist die initiale spec-Algebra.

2.15 Definition: Der eindeutige Homomorphismus $h : T_{sig} \rightarrow T_{spec}$ heißt die Semantik von spec . T_{spec} heißt das durch spec definierte abstrakte Softwaremodul bzw. der durch spec gegebene abstrakte Datentyp.

Wegen der Wahl einer initialen Algebra als Semantik von Spezifikationen spricht man hier auch von "initial algebra semantics". Das hier zugrundeliegende Prinzip wird an sehr vielen Stellen innerhalb der Informatik (und auch der Mathematik) verwendet. Es lohnt sich, in diesem Zusammenhang die Arbeit "Initial algebra semantics and continuous algebras" [GTWW 75a] zu lesen.

2.16 Beispiel: Wir greifen noch einmal Beispiel 2.4 auf:

```
nat = sorts nat;
      operations nat = (0,suc(nat),+(nat,nat));
      variables  n,m:nat;
      equations  +(n,0) = n;
                 +(n,suc(m)) = suc(+(n,m))
      end
```

Jede Kongruenzklasse aus T_{nat} ist unendlich; T_{nat} ist isomorph zu der Algebra der natürlichen Zahlen mit 0 als Konstante und den Operationen Nachfolger und Addition. Deshalb können wir jede Kongruenzklasse aus T_{nat} z.B. durch eine natürliche Zahl bezeichnen, also

0 = [0] = {0, +00,++000, +0+00, ..., ...,}

1 = [suc 0] = {suc 0, + suc 00, + 0 suc 0, suc + 00, ..., ...}

2 = [suc suc 0] = {suc suc 0, +suc 0 suc 0, +suc suc 00, ...,}

usf.

Empfehlenswert ist dieses Vorgehen allgemein jedoch nicht, da wir uns damit wieder zu stark in die Abhängigkeit einer bestimmten Darstellung begeben, die möglicherweise unerwünschte Assoziationen mit sich bringt. Zum Beispiel gilt für natürliche Zahlen $2 \times 12 = 24 = kgV(6,8)$, aber diese Gleichungen ergeben in T_{nat} keinen Sinn, da wir hier die Multiplikation und das kleinste gemeinschaftliche Vielfache nicht kennen. Es empfiehlt sich also, als Bezeichnung für eine Äquivalenzklasse einen Term aus T_{sig} zu wählen; in der Tat haben wir dies in der obigen Liste auch alternativ getan. Auch in 2.9 und 2.11 wurden derartige "Repräsentanten" schon verwendet.

Ende des Beispiels

Solche Repräsentanten kann man auf die verschiedensten Arten und Weisen auszeichnen; eine besonders systematische Art wird durch die sogenannten "kanonischen Term-Algebren" formalisiert. (Die Wortwahl ist allerdings etwas unglücklich, da im mathematischen Sinne nichts wirklich kanonisches daran ist. Da sich der Begriff jedoch durchgesetzt hat, wollen wir ihn auch beibehalten.) Zuvor wollen wir jedoch noch eine Notation einführen. Bei einer Spezifikation spec = $\langle S,\Sigma,E\rangle$ hatten wir bereits früher den Signatur-Anteil sig = $\langle S,\Sigma\rangle$ als syntaktischen Teil der Spezifikation bezeichnet; die Gleichungen E stellen dann den semantischen Teil der Spezifikation dar. Bei Beweisen von Eigenschaften von spec benötigt man vielfach auch die Termalgebra $\underset{\sim}{T}_{sig}$ und nicht nur die Semantik $\underset{\sim}{T}_{spec}$. Meist hat die Signatur in spec = $\langle S,\Sigma,E\rangle$ aber keinen eigenen Namen. Um also Bezeichnungsproblemen aus dem Weg zu gehen, definieren wir

> 2.17 Definition: Für eine Spezifikation spec = $\langle$sig$,E\rangle$ heißt die Algebra
>
> $SYN_{spec} := \underset{\sim}{T}_{sig}$ die syntaktische Algebra von spec,
>
> $SEM_{spec} := \underset{\sim}{T}_{spec}$ die semantische Algebra von spec.

Wir kommen jetzt zu den kanonischen Termalgebren:

> 2.18 Definition: Eine sig-Algebra $\underset{\sim}{C}$ heißt kanonische sig-Termalgebra $:\Longleftrightarrow$
>
> 1.) $(\forall s \in S)\ C^s \subseteq T^s_{sig}$
>
> 2a.) $Ft_1 \ldots t_n \in C \Rightarrow$ Für alle $i \in \{1,\ldots,n\}$ $t_i \in C$ und
>
> 2b.) $F_C(t_1,\ldots,t_n) = Ft_1 \ldots t_n$.

Die Bedingung 2a läßt sich sprachlich so formulieren, daß eine kanonische Termalgebra unter Zerlegung abgeschlossen ist. Bedingung 2b nennt man die Darstellungsbedingung (engl. representation condition).

Definition 2.18 alleine sagt noch nicht viel aus; z.B. ist $\underset{\sim}{T}_{sig}$ selbst natürlich eine kanonische sig-Termalgebra und $\{0\}$ allein eine kanonische nat-Termalgebra. Interessant ist in erster Linie das folgende Resultat, das wir jedoch an dieser Stelle nicht beweisen:

2.19 Satz: Für jede Gleichungsspezifikation spec existiert eine kanonische sig-Termalgebra $C_{spec} \cong SEM_{spec}$.

Der allgemeine Beweis ist nicht-konstruktiv.

Nach diesem Satz können wir also annehmen, daß die Semantik einer Spezifikation stets als kanonische Termalgebra gegeben ist.

2.20 Beispiel: (Wir erlauben uns hier die Infix-Schreibweise)

```
integer = sorts int;
          operations int = (0,suc(int),pred(int),+(int,int),-(int,int),*(int,int));
          variables  x,y:int;
          equations  pred(suc(x)) = x;              }
                     suc(pred(x)) = x;              }  (A)
                     x + 0 = x;                     }
                     x + suc(y) = suc(x+y);         }  (B)
                     x + pred(y) = pred(x+y);       }
                     x - 0 = x;                     }
                     x - suc(y) = pred(x-y);        }  (C)
                     x - pred(y) = suc(x-y);        }
                     x * 0 = 0;                     }
                     x * suc(y) = (x*y)+x;          }  (D)
                     x * pred(y) = (x*y)-x          }
          end
```

Diese Gleichungen kann man, wie oben angezeigt, in vier Gruppen einteilen: Gruppe A definiert suc und pred, Gruppe B definiert "+", C definiert "-" und D definiert "*" . Das geht nicht bei allen Spezifikationen derart eindeutig. Die Gleichungen stehen ganz eng im Zusammenhang mit einer bestimmten kanonischen Termalgebra, welche isomorph zu $T_{integer}$ ist:

$$C_{integer} := \{0\} \cup \{suc^n 0 \mid n > 0\} \cup \{pred^n 0 \mid n > 0\} \ .$$

Die kanonische Termalgebra mit Träger $C_{integer}$ hat sozusagen bei der Spezifikation integer Pate gestanden. Liest man die Gleichungen als Zeichenersetzungsregeln (*) von links nach rechts, so können sie dazu benutzt werden, jeden beliebigen

(*) Präzise werden wir diesen Begriff im nächsten Kapitel behandeln.

Term aus $T_{\underline{\underline{integer}}}$ in einen "kanonischen Term" aus $C_{\underline{\underline{integer}}}$ umzuformen.

Dies wollen wir jetzt einmal beweisen.

Beh.: Zu jedem Term $t \in SYN_{\underline{\underline{integer}}}$ existiert ein Term $c \in C_{\underline{\underline{integer}}}$ so daß $t \equiv_E c$.

Beweis: Wir beweisen dies durch Induktion über die Länge von Termen. Sei $t \in SYN_{\underline{\underline{integer}}}$.

lg(t) = 1 : Der einzige Term der Länge 1 ist 0 ; dieser ist auch in C enthalten und es gilt $0 \equiv_E 0$.

Gelte die Behauptung bereits für alle Terme der Länge kleiner als p . Sei lg(t) = p .

Fall 1: $t = suc\ t_1$. Nach Induktionsvoraussetzung kann man annehmen $t_1 \in \{0, suc^n 0, pred^m 0\}$ für gewisse $n,m > 0$. $t_1 = 0$ und $t_1 = suc^n 0$ sind trivial. Im Fall $t_1 = pred^m 0$ folgt (durch die Belegung $f(x) = pred^{n-1} 0)$ unter Benutzung der zweiten Gleichung $t \equiv_E pred^{n-1}\ 0 \in C_{\underline{\underline{integer}}}$.

Fall 2: $t = pred\ t_1$ läuft genauso ab. (Benutzen der ersten Gleichung).

Fall 3: $t = +t_1 t_2$. OBdA $t_1, t_2 \in C_{\underline{\underline{integer}}}$ Nach Gleichung 3 ist der Fall $t_2 = 0$ trivial.

3a: $t_2 = suc^m 0$ für $m > 0$. Unter der Belegung $f(x) = t_1$ und $f(y) = suc^{m-1} 0$ ergibt sich mit Gleichung 4 $t \equiv_E suc\ t_1\ suc^{m-1} 0$. Unter Beachtung der Transitivität von $\equiv_E$ wird der Rest der Behauptung durch Fall 1 erledigt.

3b: $t_2 = pred^m 0$ für $m > 0$ folgt genauso durch Benutzen von Gleichung 5.

Fall 4: $t = -t_1 t_2$ folgt genauso durch die Gleichungen 6-8 .

Fall 5: $t = *t_1 t_2$ folgt genauso durch die Gleichungen 9-11 .

□

Aufgabe 5: Zeigen Sie, daß der Term c in der vorangehenden Behauptung eindeutig bestimmt ist. Zu jedem Term $t \in SYN_{\underline{\underline{integer}}}$ gibt es also eine eindeutige Normalform" $c \in C_{\underline{\underline{integer}}}$.

Gleichzeitig haben wir bewiesen, daß man zu jedem Term t seine "Normalform" c berechnen kann. Das ist nicht selbstverständlich. Wir werden später noch Kriterien entwickeln, wie man dies bereits anhand der Gleichungen überprüfen kann. Natürlich ist $C_{\underline{\underline{integer}}}$ noch keine Algebra. Dazu müssen wir erst noch die Semantik der Operationen definieren, und zwar so, daß die Darstellungsbedingung von 2.18 erfüllt ist. Dies wird im folgenden durch die mit ~~~~~ markierten Definitionen gewährleistet:

$$0_c := 0 \qquad suc_c(0) := suc\ 0 \qquad pred_c(0) := pred\ 0$$

$$suc_c(suc^n 0) := suc^{n+1} 0 \qquad pred_c(suc^n 0) := suc^{n-1} 0$$

$$suc_c(pred^n 0) := pred^{n-1} 0 \qquad pred_c(pred^n 0) := pred^{n+1} 0$$

$$+_c(t,0) := t \quad \text{für alle} \quad t \in C_{\underline{\underline{integer}}}$$

$$+_c(suc^n 0, suc^m 0) := suc^{n+m} 0$$

$$+_c(suc^n 0, pred^m 0) := \begin{cases} suc^{n-m} 0 & \text{falls } n > m \\ 0 & \text{falls } n = m \\ pred^{m-n} & \text{falls } n < m \end{cases}$$

$$+_c(pred^m 0, suc^n 0) := +_c(suc^n 0, pred^m 0)$$

$$+_c(pred^n 0, pred^m 0) := pred^{n+m} 0$$

$$-_c(t,0) := t \quad \text{für alle} \quad t \in C_{\underline{\underline{integer}}}$$

$$-_c(t, suc^m 0) := +_c(t, pred^m 0)$$

$$-_c(t, pred^m 0) := +_c(t, suc^m 0)$$

$$*_c(t,0) := 0 \quad \text{für alle} \quad t \in C_{\underline{\underline{integer}}}$$

$$*_c(suc^n 0, suc^m 0) := suc^{n*m} 0$$

$$*_c(suc^n 0, pred^m 0) := pred^{n*m} 0$$

$$*_c(pred^m 0, suc^n 0) := *_c(suc^n 0, pred^m 0)$$

$$*_c(pred^n 0, pred^m 0) := *_c(suc^n 0, suc^m 0) \quad .$$

Jetzt bliebe noch zu zeigen $\underset{\sim}{C}_{\underline{\underline{integer}}} \cong \underset{\sim}{T}_{\underline{\underline{integer}}}$. Der Isomorphismus $i : C_{\underline{\underline{integer}}} \rightarrow T_{\underline{\underline{integer}}}$ wäre gegeben durch $i(c) := [c]$. Daß diese Abbildung bijektiv ist, ist uns schon bei den eindeutigen Normalformen klargeworden; es bleibt noch zu zeigen, daß i die Homomorphie-Eigenschaft besitzt. Zu zeigen ist also für alle Operationssymbole $F \in \{0, suc, pred, +, -, *\}$ und passende Argumente $t_1, \ldots, t_n$ $(n \in \{0,1,2\})$:

$$i(F_C(t_1, \ldots, t_n)) = F_T(i(t_1), \ldots, i(t_n)) \quad ,$$

wobei F_C, F_T die Interpretationen von F in $\underset{\sim}{C}$ und $\underset{\sim}{T}_{\underline{\underline{integer}}}$ sind. Bedenkt man jetzt, daß gilt

$$i(F_C(t_1, \ldots, t_n)) = [F_C(t_1, \ldots, t_n)]$$

und

$$\begin{aligned} F_T(i(t_1), \ldots, i(t_n)) &= F_T([t_1], \ldots, [t_n]) \\ &= [Ft_1 \ldots t_n] \quad , \end{aligned}$$

so hat man also zu zeigen

$$[F_C(t_1, \ldots, t_n)] = [Ft_1 \ldots t_n]$$

bzw. $F_C(t_1, \ldots, t_n) \equiv_E Ft_1 \ldots t_n$.

Das heißt, man muß zeigen, daß $\underset{\sim}{C}$ die Gleichungen E erfüllt.

Aufgabe 6: Zeigen Sie, daß $\underset{\sim}{C}$ die Gleichungen E erfüllt.

Wir machen folgende Beobachtung: In den Termen der kanonischen Termalgebra tauchen nicht alle Operationen der Signatur auf. Mit einer gewissen Berechtigung können wir die in den Termen von $C_{\underline{\underline{integer}}}$ vorkommenden Operationen die erzeugenden Operationen von $C_{\underline{\underline{integer}}}$ nennen und die übrigen Operationen die definierten Operationen.

In unserem Beispiel sind 0, suc und pred die erzeugenden Operationen, während +, - und * definierte Operationen sind. Diese Unterscheidung bezieht sich jedoch auf die hier angegebene kanonische Termalgebra $C_{\underline{\underline{integer}}}$, nicht auf die Spezifikation $\underline{\underline{integer}}$. Unsere Spezifikationen machen keinen Unterschied zwischen erzeugenden und definierten Operationen; hier sind alle Operationen gleichberechtigt. Deshalb kann man nicht allgemein von den erzeugenden oder definierten Operationen einer Spezifikation sprechen, da es im allgemeinen verschiedene kanonische Termalgebren zu einer Spezifikation gibt. Darunter sind sogar einige "kanonischer" als andere; ein weiteres Indiz dafür, daß die Bezeichnung "kanonisch" hier nicht ganz angebracht ist. Unsere angegebene Algebra $C_{\underline{\underline{integer}}}$ hat die angenehme Eigenschaft, daß wir unter Benutzung der Gleichungen jede Operation mit Argumenten aus $C_{\underline{\underline{integer}}}$ schrittweise berechnen können, ohne diese Algebra zu verlassen, z.B.:

(0*2 = 0)

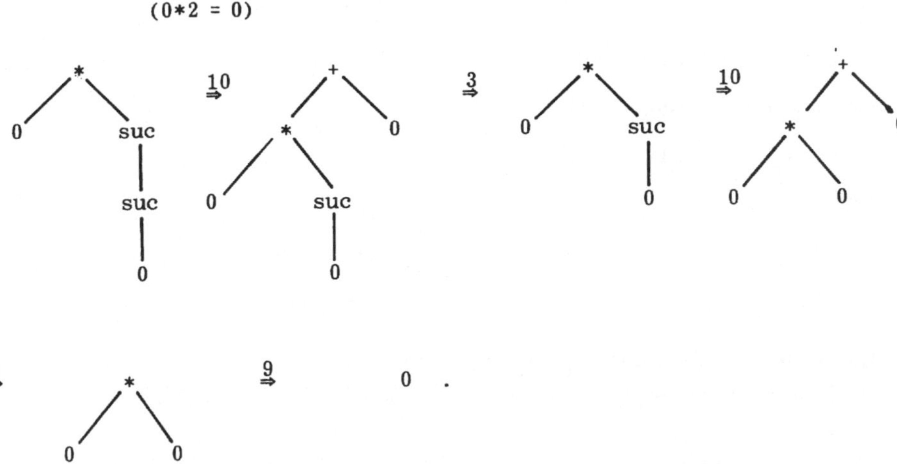

Die rechten Argumente aller Operationen sind immer in $C_{\underline{\underline{integer}}}$; es kann jeweils eine Gleichung sofort angewendet werden.

Betrachten wir jetzt eine andere kanonische Termalgebra, welche zu $\underset{\sim}{T}_{\underline{\underline{integer}}}$ isomorph ist:

Definiere Terme $P^n, S^n \in T_{\underline{\underline{int}}}$ für $n \geq 1$ induktiv durch

$$P^1 := \text{pred } 0 \qquad\qquad S^1 := \text{suc } 0$$

$$P^{n+1} := + \text{ pred } 0\; P^n = +\, P^1 P^n \qquad S^{n+1} := + \text{ suc } 0\; S^n = +\, S^1 S^n$$

Dann sei $C'_{\underline{\underline{integer}}} := \{0\} \cup \{P^n \mid n \geq 1\} \cup \{S^n \mid n \geq 1\}$.

Eine bijektive Abbildung $i : C_{\underline{\underline{integer}}} \rightarrow C'_{\underline{\underline{integer}}}$ ist durch

$$i(0) := 0$$

$$i(\text{suc}^n 0) := S^n$$

$$i(\text{pred}^n 0) := P^n$$

gegeben. Zur Definition der algebraischen Struktur auf $C'_{\underline{\underline{integer}}}$ bedienen wir uns eines häufig angewendeten Tricks:
Wir "transportieren" durch die Abbildung i die auf $\underset{\sim}{C}_{\underline{\underline{integer}}}$ vorhandene algebraische Struktur nach $C'_{\underline{\underline{integer}}}$. Beachte, daß i dadurch automatisch ein Homomorphismus wird. (Sogar ein Isomorphismus!)

Sei i^{-1} die Umkehrabbildung von i .
Definiere

$$0_{C'} := 0$$
$$suc_{C'}(t) := i(suc_{C}(i^{-1}(t)))$$
$$pred_{C'}(t) := i(pred_{C}(i^{-1}(t)))$$
$$+_{C'}(t_1,t_2) := i(+_{C}(i^{-1}(t_1),i^{-1}(t_2)))$$
usf.

Damit wissen wir: $\underset{\sim}{C}'_{\underline{\underline{integer}}}$ ist isomorph zu $\underset{\sim}{T}_{\underline{\underline{integer}}}$ und unter Zerlegung abgeschlossen. (Eigenschaft 2a der kan. Termalgebra). Zu zeigen bleibt aber noch

$$+_{C'}(S^1,S^n) = S^{n+1} \quad \text{und} \quad +_{C'}(P^1,P^n) = P^{n+1} \quad .$$

Mit den obigen Definitionen läßt sich das leicht beweisen.

Die Algebra $\underset{\sim}{C}'_{\underline{\underline{integer}}}$ ist nicht so "kanonisch" wie $\underset{\sim}{C}_{\underline{\underline{integer}}}$, denn die Gleichungen lassen sich hier nicht unmittelbar als Rechenregeln interpretieren; vielmehr müssen wir zur Anwendung der Gleichungen die Algebra verlassen:

Wir berechnen wieder $0*2 = 0$:

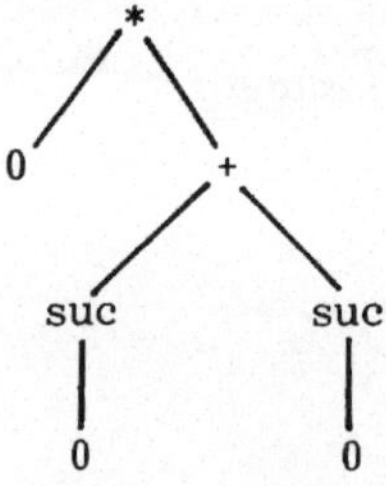

Im Gegensatz zum Beispiel von eben können wir die äußere Operation $*$ nicht sofort auswerten, obwohl beide Argumente aus der kanonischen Termalgebra sind.

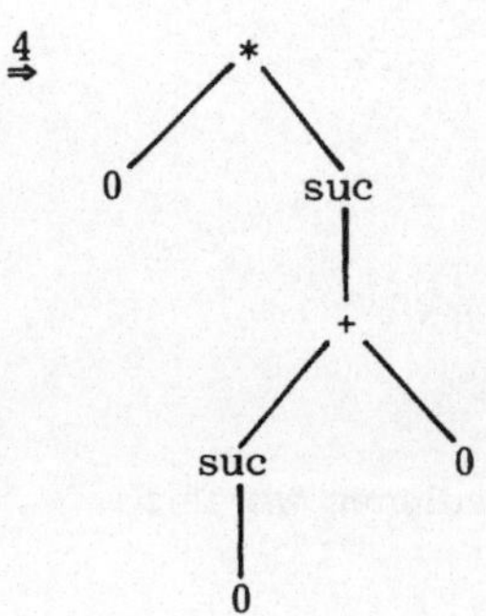

Das rechte Argument von $*$ ist nicht mehr in $C'_{\underline{\underline{integer}}}$ enthalten.

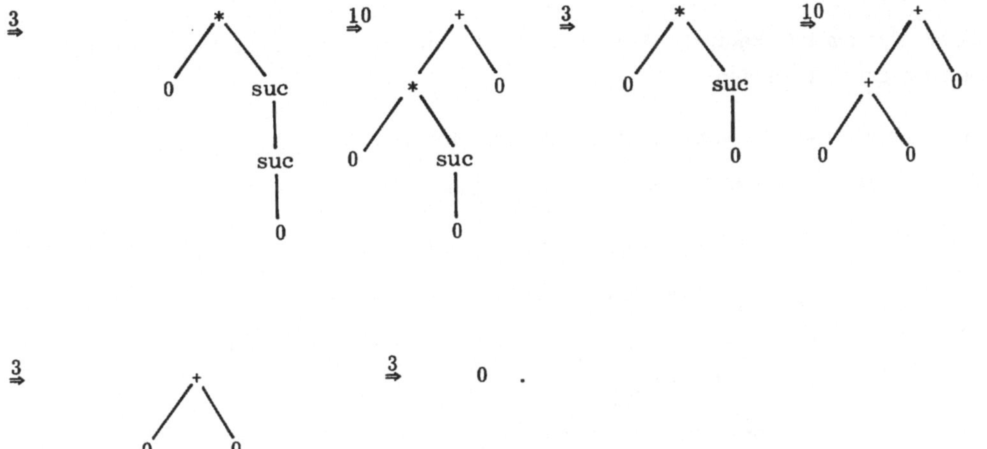

Ende des Beispiels 2.20

2.21 Zusammenfassung:

Als Lehren aus diesem langen Beispiel halten wir fest:

1.) Kanonische Term-Algebren sind gar nicht "kanonisch" ; zu einer Spezifikation existieren im allgemeinen verschiedene kanonische Term-Algebren, von denen einige sogar "kanonischer" als die anderen sind. (Wir kommen darauf noch im nächsten Kapitel zurück; siehe speziell 3.16 und 3.17.)

2.) Man kann in einer kanonischen Term-Algebra zwischen erzeugenden und definierten Operationen unterscheiden; diese Unterscheidung beruht jedoch auf der speziellen Algebra und wird im allgemeinen nicht durch die Spezifikation impliziert.

3.) Der Vorteil von kanonischen Termalgebren liegt darin, daß man hierin Beweise durch Induktion über den Termaufbau führen kann.

4.) Ein häufiger Anwendungsfall der "initial algebra semantics" ist der Transport der algebraischen Struktur von der initialen Algebra auf eine Menge mit Hilfe einer Abbildung, die dadurch automatisch zum Homomorphismus wird.

5.) Für eine gegebene Spezifikation $\underline{\underline{spec}} = \langle \underline{\underline{sig}}, E \rangle$ und eine Menge C, von der man vermutet, daß sie der Träger einer zu $SEM_{\underline{\underline{spec}}}$ isomorphen kanonischen

Term-Algebra ist, kann der Beweis dieser Vermutung etwa nach dem folgenden Schema geführt werden:

(i) Zeige, daß C unter Zerlegung abgeschlossen ist.

(ii) Zeige, daß es zu jedem $t \in SYN_{\underline{\underline{spec}}}$ genau ein $c \in C$ gibt mit $t \equiv_E c$.

(iii) Definiere auf C eine algebraische Struktur, so daß

$$Ft_1 \ldots t_n \in C \Rightarrow F_C(t_1, \ldots, t_n) = Ft_1 \ldots t_n \quad .$$

(iv) Zeige, daß die Abbildung

$$i : C \rightarrow SEM_{\underline{\underline{spec}}}$$

$$i(c) := [c] \quad ,$$

die nach (ii) eine Bijektion ist, auch die Homomorphieeigenschaft besitzt. Dazu genügt es zu zeigen, daß $\underset{\sim}{C}$ die Gleichungen E erfüllt.

3. Rechnungen in Gleichungssystemen

Der Begriff des "Rechnens in Gleichungssystemen" ist in den vorangegangenen Kapiteln an verschiedenen Stellen aufgetaucht und in seiner intuitiven Bedeutung verwendet worden. An dieser Stelle wollen wir einige Hinweise dazu geben, wie dieser Begriff auf einen präzise gefaßten Formalismus gegründet werden kann. Dabei wird sich auch eine weitere Daseinsberechtigung für die kanonischen Termalgebren ergeben, die zunächst nur mit dem Ziel eingeführt worden waren, induktive Beweise zu ermöglichen: Die Menge aller "Normalformen", die sich bei Rechnungen in einem Gleichungssystem ergeben, bildet eine kanonische Termalgebra, welche isomorph ist zur semantischen Algebra des Gleichungssystems.

Wir können das Thema dieses Kapitels hier unmöglich erschöpfend behandeln, da dies eine ganz selbständige Theorie ist mit zahlreichen Querbezügen etwa zur Theorie der Berechenbarkeit (Entscheidbarkeit). Weiterführende Hinweise können etwa dem Buch von O'Donnell [OD 77] entnommen werden, wo der Stoff relativ geschlossen dargestellt wird, oder dem Übersichtsartikel von Huet und Oppen [HO80].

Das Rechnen in Gleichungssystemen ist uns z.B. aus der Alltagsarithmetik vertraut: das kleine Einmaleins ist nichts anderes als eine Sammlung von Gleichungen; ebenso haben wir stets eine Sammlung von Gleichungen im Kopf, welche die ziffernweise Addition und Subtraktion beschreiben. Wir sind es gewöhnt, daß Terme wie etwa 3*(13+28)-23 als Bezeichnungen für Zahlen dienen und daß wir solche Terme umformen können, indem wir Teilterme davon durch andere Terme mit derselben Bedeutung ersetzen. Bei dieser Ersetzung bzw. der Entscheidung der Frage, ob zwei Terme dieselbe Bedeutung haben, benutzen wir die der Arithmetik zugrundeliegenden Gleichungen. Die Addition 13+28 führt man getreu der Schulweisheit etwa folgendermaßen aus:

```
13 + 28 = (1*10+3*1) + (2*10+8*1)      (Dezimaldarstellung)
        = (1+2)*10 + (3+8)*1           ("Untereinanderschreiben")
        = (1+2)*10 + 11*1              (Gleichung 3+8 = 11)
        = (1+2+1)*10 + 1*1             ("Eins hin, Eins im Sinn")
        = (3+1)*10 + 1*1               (Gleichung 1+2 = 3)
        = 4*10 + 1*1                   (Gleichung 3+1 = 4)
        = 41                           (Dezimaldarstellung)
```

Sobald man einen Term hat, der nur noch aus einer Zahl besteht, ist die Rechnung zu Ende: die Zahlen sind die Normalformen im System der Alltagsarithmetik.

Betrachten wir nun den allgemeinen Fall einer Gleichungsspezifikation spec für einen abstrakten Datentyp:
Die Terme in der syntaktischen Algebra SYN_{spec} dienen als Bezeichnungen für ab-

strakte Datenelemente aus der semantischen Algebra $SEM_{\underline{\underline{spec}}}$; der eindeutige Homomorphismus $h : SYN_{\underline{\underline{spec}}} \rightarrow SEM_{\underline{\underline{spec}}}$, der durch $h(t) := [t]_{\equiv_E}$ gegeben ist, rechnet zu jedem Term t seinen Wert in einem einzigen Schritt aus. Leider hilft uns das sehr wenig, wenn wir etwa entscheiden wollen, ob zwei Terme $t_1, t_2 \in SYN_{\underline{\underline{spec}}}$ dasselbe abstrakte Datenelement bezeichnen: denn $SYN_{\underline{\underline{spec}}}$ ist (außer im Trivialfall) eine unendliche Menge und somit h eine unendliche Abbildung. Wir bekommen also h nicht in den Griff, da wir eine unendliche Tabelle zur vollständigen Beschreibung von h haben müßten.

Das soeben angesprochene Problem, für beliebige $t_1, t_2 \in SYN_{\underline{\underline{spec}}}$ zu entscheiden, ob

$$h(t_1) = h(t_2) \qquad \text{bzw.} \quad [t_1]_{\equiv_E} = [t_2]_{\equiv_E}$$

$$\text{bzw.} \quad t_1 \equiv_E t_2 \ \text{gilt,}$$

nennt man das <u>Wortproblem</u> für $SEM_{\underline{\underline{spec}}}$ (bzw. $\underline{\underline{spec}}$) .

Im Zusammenhang mit Wortproblemen bei Halbgruppen führte A. Thue 1914 die später sogenannten <u>Thue-Systeme</u> ein, die als Grundlage für die im folgenden beschriebenen <u>Termersetzungssysteme</u>, aber auch für Chomsky-Grammatiken dienen. Im allgemeinen sind diese Wortprobleme unentscheidbar. Schulz [Sz 81] zeigt z.B., daß man zu jeder Turingmaschine T eine Gleichungsspezifikation konstruieren kann, so daß für jede Konfiguration K_1 der Turingmaschine alle Folgekonfigurationen bzgl. der angegebenen Gleichungen äquivalent zu K_1 sind. Die Entscheidung des Halteproblems für T bei einer Anfangskonfiguration A kann dann auf die Frage zurückgeführt werden, ob A zu einer Endkonfiguration E äquivalent ist. Die Entscheidbarkeit des Wortproblems würde daher die Entscheidbarkeit des Halteproblems mit sich bringen.

Für die formale Behandlung brauchen wir einige wenige Vorbereitungen:

<u>3.1 Definition</u>: Sei $\underline{\underline{sig}}$ eine Signatur, X eine $\underline{\underline{sig}}$-Variablenmenge (wie in 1.7). Auf $T_{\underline{\underline{sig}}}(X)$ definieren wir die folgenden Abbildungen:

(1) $K : T_{\underline{\underline{sig}}}(X) \rightarrow \mathbb{N}$ (<u>Komplexität</u>, <u>Länge</u>)

$$K(t) := \begin{cases} 1 & \text{für } t \in (\Sigma^{(\varepsilon,s)} \cup X),\ s \in S \\ 1 + \sum_{i=1}^{n} K(t_i) & \text{für } t = Ft_1 \dots t_n \end{cases}$$

(2) $\underline{var} : T_{\underline{\underline{sig}}}(X) \rightarrow \mathcal{P}(X)$ (<u>Menge der Variablen</u>)

$$\underline{var}(t) := \begin{cases} \{t\} & \text{für } t \in X \\ \emptyset & \text{für } t \in \Sigma^{(\varepsilon,s)}, \; s \in S \\ \bigcup_{i=1}^{n} \underline{var}(t_i) & \text{für } t = Ft_1 \ldots t_n \end{cases}$$

(3) $\underline{adr} : T_{\underline{\underline{sig}}}(X) \to P(\mathbb{N}^*)$ (Menge der Adressen)

$$\underline{adr}(t) := \begin{cases} \{\varepsilon\} \quad \text{für} \quad t \in (\Sigma^{(\varepsilon,s)} \cup X), \; s \in S \\ \{\varepsilon\} \cup \{i.u \mid 1 \leq i \leq n, \; u \in \underline{adr}(t_i)\} \quad \text{für} \quad t = Ft_1 \ldots t_n \end{cases}$$

($\mathbb{N}^*$ ist die Menge aller Wörter über natürlichen Zahlen; der Punkt in i.u dient dazu, die einzelnen Zahlen gegeneinander abzugrenzen.)

Die Adressen werden wir dazu verwenden, bestimmte Teilterme eines Terms auszuwählen:

3.2 Definition: Für $t \in T_{\underline{\underline{sig}}}(X)$, $u \in \underline{adr}(t)$, ist der Teilterm von t mit der Adresse u, bezeichnet durch t/u, definiert durch

$$t/\varepsilon := t \quad \text{für alle } t \in T_{\underline{\underline{sig}}}(X)$$

$$Ft_1 \ldots t_n / i.u := t_i/u \; .$$

u heißt dann ein Vorkommen von t/u in t.

Für $t, t' \in T_{\underline{\underline{sig}}}(X)$ und $u \in \underline{adr}(t)$ definiere die Einsetzung von t' an der Adresse u in t, bezeichnet durch $t[u \leftarrow t']$, durch

$$t[\varepsilon \leftarrow t'] := t'$$

$$(Ft_1 \ldots t_n)[i.u \leftarrow t'] :=$$

$$Ft_1 \ldots t_{i-1}(t_i[u \leftarrow t'])t_{i+1} \ldots t_n \; .$$

(Die Definition der Menge der Adressen garantiert, daß diese Definitionen stets sinnvoll sind.)

3.3 Beispiel: Betrachte die Signatur der Spezifikation $\underline{\underline{integer}}$ aus Beispiel 2.20.

Sei $X = \{x^{int}, y^{int}, z^{int}\}$.

Für den Term

$t = (suc(0)+x)*suc((y-suc(x)) *x)$

ergibt sich:

K(t) = 12

<u>var</u>(t) = {x,y}

<u>adr</u>(t) = {ε, 1, 2, 1.1, 1.2, 2.1, 1.1.1, 2.1.1, 2.1.2,
2.1.1.1, 2.1.1.2, 2.1.1.2.1}

Die Adressen können als <u>Zugriffspfade</u> für Teilterme interpretiert werden, was sich besonders deutlich zeigt, wenn man Terme in Form von <u>Bäumen</u> notiert. Für den obigen Beispielterm t ergibt sich etwa der Baum

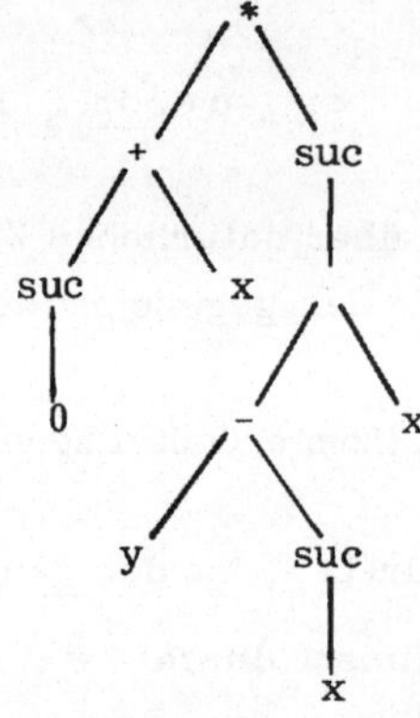

Ersetzen wir jeden Knoten in diesem Baum durch "seine" Adresse, so ergibt sich

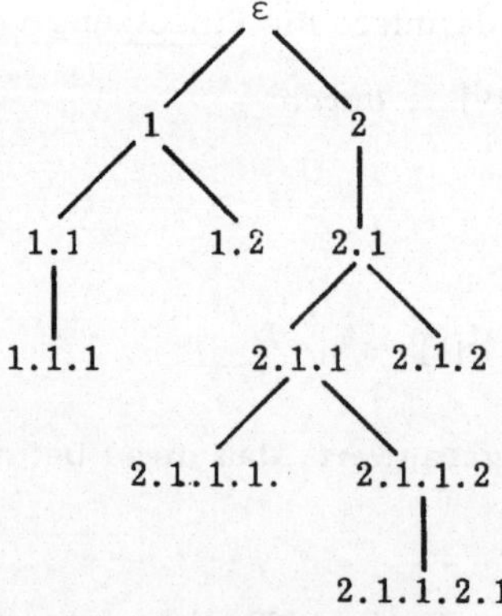

Vielfach benutzt man die kombinierte Darstellung

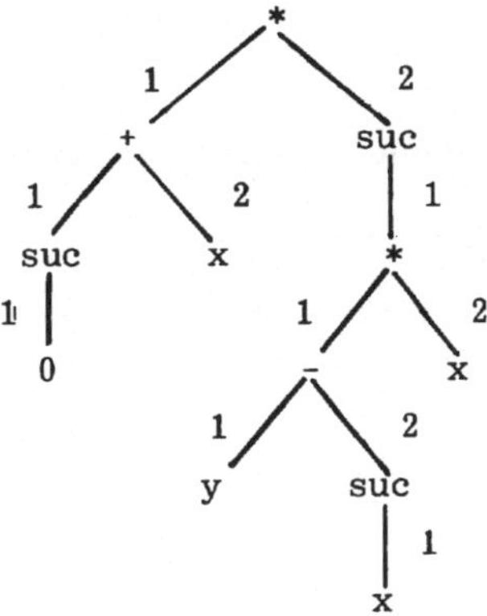

Die Adresse eines bestimmten Teilterms kann dann gefunden werden, indem man in der Baumdarstellung von der "Wurzel" (*) entlang der vorgezeichneten Pfade bis zu dem gewünschten Teilbaum fortschreitet und dabei alle Beschriftungen der Pfade hintereinander aufschreibt, jeweils durch Punkte getrennt. Umgekehrt kann zu einer vorgelegten Adresse der Teilterm mit dieser Adresse gefunden werden, indem man wiederum in der Baumdarstellung des Terms von der Wurzel aus fortschreitet, wobei man jeweils den Pfad beschreitet, dessen Beschriftung mit der jeweils nächsten Zahl in der Adresse übereinstimmt. Wenn die gesamte Adresse so verbraucht wurde, ist der Teilterm gefunden.

Auf diese Weise ist es leicht festzustellen, daß etwa gilt

t/2.1 = (y-suc(x))*x

t/1.1.1 = 0

t/2.1.1.2 = suc(x) .

Wir haben dann

t[2.1.1.2.1 ⟵ z] = (suc(0)+x)*suc((y-suc(z))*x)

t[2.1.2. ⟵ t/1.1] = t[2.1.2 ⟵ suc(0)] =

= (suc(0)+x)*suc((y-suc(x))*suc(0))

t[2.1 ⟵ t/1] = t[2.1 ⟵ suc(0)+x] =

= (suc(0)+x)*suc(suc(0)+x).

Es gibt drei Vorkommen von x in t , nämlich 1.2, 2.1.1.2.1 und 2.1.2. Es gibt nur ein Vorkommen von suc(0) in t , nämlich 1.1.

Wie man sieht, lassen sich auf diese Weise gewisse Eigenschaften von Termen und Manipulationen an Termen recht bequem auf eindeutige Weise benennen.

(*) Bei diesen Bäumen ist üblicherweise die Wurzel oben und die Blätter unten.

Ende des Beispiels

Aufgabe 7: Es sei $\underline{\underline{stack}}$ die Signatur des Kellerspeichers aus Beispiel 1.4. Sei $X = \{x^{item}, y^{item}\}$. Berechnen Sie für den Term

$$t = pop(push(pop(push(pop(push(pop(clear),x)),y)),top(push(clear,x))))$$

a.) die Menge $\underline{adr}(t)$ der Adressen,

b.) die Komplexität $K(t)$,

c.) die Menge der Vorkommen von x ,

d.) die Terme $t_1 = t[1.1 \leftarrow t/1.2.1]$,

$t_2 = t[1.1.1.1 \leftarrow clear]$ und

$t_3 = t[1.1.1.2 \leftarrow t/1.2]$.

Die folgenden beiden Definitionen soll der Leser unbedingt mit den Definitionen 2.1 und 2.2 vergleichen.

3.4 Definition: Sei $\underline{\underline{sig}} = \langle S,\Sigma \rangle$ eine Signatur, X ein abzählbares Standardalphabet $X = \{x_j^s \mid s \in S, j \in \mathbb{N}\}$. Eine Familie $R = (R^s)_{s \in S}$ mit $R^s \subseteq T_{\underline{\underline{sig}}}(X)^s \times T_{\underline{\underline{sig}}}(X)^s$ heißt $\underline{\underline{sig}}$-Regelmenge, ein Element (t_1,t_2) von R eine $\underline{\underline{sig}}$-Regel. Statt $(t_1,t_2) \in R$ schreiben wir $t_1 \rightarrow t_2$. Eine $\underline{\underline{sig}}$-Regelmenge induziert eine Ableitungsrelation (Reduktionsrelation) $\Rightarrow \subseteq T_{\underline{\underline{sig}}}(X) \times T_{\underline{\underline{sig}}}(X)$ durch die Definition

$t_1 \Rightarrow t_2$ genau dann, wenn mindestens eine der folgenden Bedingungen zutrifft:

a.) Es gibt eine sortentreue Abbildung $f : X \rightarrow T_{\underline{\underline{sig}}}(X)$ und eine Regel $w_1 \rightarrow w_2$ in R , so daß $\hat{f}(w_1) = t_1$ und $\hat{f}(w_2) = t_2$ für den von f erzeugten Homomorphismus $\hat{f} : \underset{\sim}{T}_{\underline{\underline{sig}}}(X) \rightarrow \underset{\sim}{T}_{\underline{\underline{sig}}}(X)$.

b.) Es gibt Terme t,u,v und ein $a \in \underline{adr}(t)$, so daß gilt

$$t[a \leftarrow u] = t_1 , \quad t[a \leftarrow v] = t_2$$

und $u \Rightarrow v$.

(Bemerkung: a.) beinhaltet den Fall, daß bereits $t_1 \rightarrow t_2$ eine Regel in R ist.)

3.5 Definition: Ein Termersetzungssystem (Reduktionssystem) ist gegeben durch

red = <sig,R> ,

wobei sig = <S,Σ> eine Signatur ist und R eine sig-Regelmenge. Die von R induzierte Reduktionsrelation "⇒" heißt Semantik von red .

Analog zur Gleichungsspezifikationssprache GSS aus Kapitel 2 können wir eine Reduktionsspezifikationssprache RSS einführen, indem wir das Schlüsselwort "equations" durch "rules" (Regeln) und das Gleichheitszeichen "=" bei den Gleichungen durch den Pfeil "→" ersetzen. Die verwendeten Variablen werden wiederum deklariert.

Die Reduktionsrelation ⇒ beschreibt Rechenprozesse. Allerdings stellen wir fest, daß im allgemeinen Rechnungen nicht abbrechen müssen und kein eindeutiges Ergebnis liefern müssen, falls sie abbrechen. (Beide Eigenschaften sind wir von der Alltagsarithmetik gewöhnt.)

3.6 Beispiel: (Rechnungen müssen nicht abbrechen)

Betrachte das folgende Termersetzungssystem:

```
nat+ = sorts       nat;
       operations  nat = (0,suc(nat),f(nat,nat));
       variables   n,m:nat;
       rules       f(n,0)  →  f(0,suc(n));
                   f(n,suc(m))  →  f(m,n)
       end
```

Versuchen wir nun, f(suc(0),suc(0)) "auszurechnen":

Es ergibt sich

```
f(suc(0),suc(0)) ⇒ f(0,suc(0))  nach der zweiten Regel
                 ⇒ f(0,0)       nach der zweiten Regel
                 ⇒ f(0,suc(0))  nach der ersten Regel
                 ⇒ f(0,0)       nach der zweiten Regel
                 ⇒ ...       (usf.)
```

3.7 Beispiel: (Rechnungen müssen kein eindeutiges Ergebnis liefern)

Sei nat + wie zuvor, jedoch mit den Regeln

```
rules  f(n,0) → 0;
       f(n,suc(m)) → m;
       f(n,suc(suc(m))) → f(n,m)
end       .
```

Wertet man nun f(0,suc(suc(0))) aus, so sind zwei Ergebnisse möglich:

a.) f(0,suc(suc(0))) ⇒ suc(0) nach der zweiten Regel

b.) f(0,suc(suc(0))) ⇒ f(0,0) nach der dritten Regel

⇒ 0 nach der ersten Regel .

Ende des Beispiels

Bevor wir diese Phänomene näher beleuchten, wollen wir zunächst noch einen naheliegenden Zusammenhang zwischen Gleichungsspezifikationen und Termersetzungssystemen erörtern: (Vgl. 2.1 und 3.4):

Eine Gleichungsspezifikation ist

$$\underline{\underline{spec}} = <\underline{\underline{sig}},E> \text{ mit } E = (E^s)_{s\in S} \text{ , } E^s \subseteq T_{\underline{\underline{sig}}}(X)^s \times T_{\underline{\underline{sig}}}(X)^s \text{ ;}$$

ein Termersetzungssystem ist

$$\underline{\underline{red}} = <\underline{\underline{sig}},R> \text{ mit } R = (R^s)_{s\in S} \text{ , } R^s \subseteq T_{\underline{\underline{sig}}}(X)^s \times T_{\underline{\underline{sig}}}(X)^s \text{ ,}$$

das heißt, auf dieser (mathematischen) Stufe gibt es zunächst keinen Unterschied zwischen dem äußeren Erscheinungsbild einer Gleichungsspezifikation und eines Termersetzungssystems.(*) Der Unterschied entsteht erst durch die Semantik: bei der Gleichungsspezifikation ist es (im wesentlichen) die Kongruenzrelation $\equiv_E$, beim Termersetzungssystem die Ableitungsrelation ⇒ .

Wegen der gemeinsamen "Unterlage" für die beiden Konzepte erlaubt man sich jedoch häufig, eine Gleichungsspezifikation als Termersetzungssystem zu betrachten und umgekehrt. Will man dabei ganz formal vorgehen, so ordnet man einer Gleichungsspezifikation $\underline{\underline{spec}} = <\underline{\underline{sig}},E>$ ein Reduktionssystem $RED(\underline{\underline{spec}}) = <\underline{\underline{sig}},R>$ mit $R := E$ zu und umgekehrt einem $\underline{\underline{red}} = <\underline{\underline{sig}},R>$ ein $SPEC(\underline{\underline{red}}) = <\underline{\underline{sig}},E>$ mit $E := R$.

Wir wollen hier nicht so pedantisch sein; den Unterschied machen wir nur deutlich, indem wir die einem Gleichungssystem E unterlegte Reduktionsrelation mit $\Rightarrow_E$ und die einem Regelsystem R unterlegte Kongruenz mit $\equiv_R$ bezeichnen.

Interessant ist nun, daß gilt

3.8 Lemma: Sei $\underline{\underline{spec}} = <\underline{\underline{sig}},E>$ eine Gleichungsspezifikation. $\overset{*}{\Leftrightarrow}_E$ bezeichne die reflexive, symmetrische und transitive Hülle von $\Rightarrow_E$. (Vgl. 2.5)

(*) In den Sprachen GSS bzw. RSS wird der Unterschied sichtbar durch

"equations" ⟷ "rules" und

"=" ⟷ "→" .

Dann gilt für alle $t,t' \in T_{\underline{\underline{sig}}}$:

$t \equiv_E t'$ genau dann wenn $t \overset{*}{\Leftrightarrow}_E t'$.

Dies gibt uns eine Methode an die Hand, wie wir das Wortproblem in den Fällen angreifen können, wo es lösbar ist: Wir können dann die Frage $[t]_{\equiv_E} \overset{?}{=} [t']_{\equiv_E}$ durch Rechnungen im Gleichungssystem untersuchen. Wie man an der Verwendung von $\overset{*}{\Leftrightarrow}_E$ sieht, kann es dabei häufiger notwendig sein, die Rechnungsrichtung zu wechseln, d.h. Gleichungen abwechselnd als Ersetzungsregeln von links nach rechts und von rechts nach links zu verwenden. Ein Beweis, daß $t \equiv_E t'$ ist, könnte etwa so aussehen:

$$t = t_0 \Rightarrow_E t_1 \Rightarrow_E t_2 \Leftarrow_E t_3 \Rightarrow_E t_4 \Leftarrow_E t_5 \Leftarrow_E t_6 \Rightarrow_E t_7 \Rightarrow_E t_8 = t' ,$$

oder, um den Wechsel der Rechnungsrichtung graphisch noch etwas hervorzuheben:

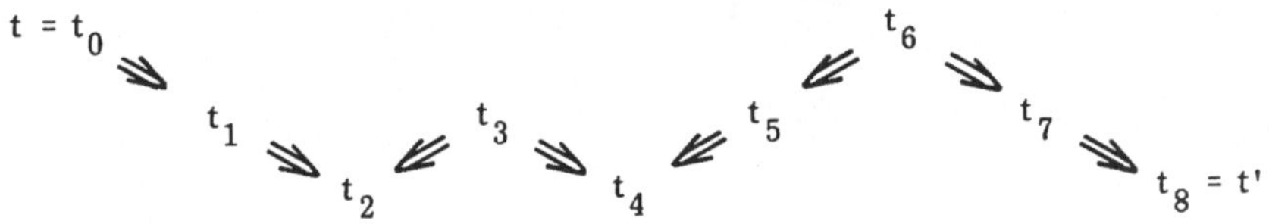

$$t = t_0 \searrow t_1 \searrow t_2 \swarrow t_3 \searrow t_4 \swarrow t_5 \swarrow t_6 \searrow t_7 \searrow t_8 = t'$$

Beschränkt man sich auf Vorwärtsrechnungen unter Verwendung von $\Rightarrow_E$, so zerfällt dieser Beweis in 5 Stücke:

1.) $t_0 \Rightarrow_E t_1 \Rightarrow_E t_2$ (impliziert $t_0 \equiv_E t_2$)

2.) $t_3 \Rightarrow_E t_2$ (impliziert $t_3 \equiv_E t_2$)

3.) $t_3 \Rightarrow_E t_4$ (impliziert $t_4 \equiv_E t_2 \equiv_E t_0$)

4.) $t_6 \Rightarrow_E t_5 \Rightarrow_E t_4$ (impliziert $t_6 \equiv_E t_4 \equiv_E t_0$)

5.) $t_6 \Rightarrow_E t_7 \Rightarrow_E t_8 = t'$ (impliziert $t' \equiv_E t_6 \equiv_E t_0$) .

Das wirkt sehr unzusammenhängend und man fragt sich, ob man nicht von t aus vorwärtsrechnen kann zu einem t'' und von t' ebenfalls vorwärts zu demselben t'' und auf diese Weise zeigen, daß $t \equiv_E t'$ ist. Leider ist dies nicht immer möglich. Die folgende Definition führt eine Bezeichnung für Reduktionssysteme ein, welche diese Eigenschaft besitzen. Nach den zuvor über SPEC(red) gemachten Bemerkungen kann man diese Bezeichnung auch auf Gleichungsspezifikationen übertragen.

3.9 Definition: Sei red = <sig,R> ein Reduktionssystem. red hat die Church-Rosser-Eigenschaft $:\Leftrightarrow$

Für alle $t,t' \in T_{\underline{\underline{sig}}}(X)$ gilt

$t \equiv_R t'$ genau dann, wenn es ein $t'' \in T_{\underline{\underline{sig}}}(X)$ gibt mit $t \overset{*}{\Rightarrow} t''$ und $t' \overset{*}{\Rightarrow} t''$.

(Dabei bezeichnet $\overset{*}{\Rightarrow}$ die reflexive und transitive Hülle von $\Rightarrow$) .

Eine scheinbar etwas schwächere Eigenschaft ist die folgende:

3.10 Definition: Ein Reduktionssystem red = <sig, R> heißt konfluent $:\Longleftrightarrow$
Für alle $t, t', t'' \in T_{\underline{\underline{sig}}}(X)$ mit $t \overset{*}{\Rightarrow} t'$ und $t \overset{*}{\Rightarrow} t''$ gibt es ein $\bar{t} \in T_{\underline{\underline{sig}}}(X)$, so daß $t' \overset{*}{\Rightarrow} \bar{t}$ und $t'' \overset{*}{\Rightarrow} \bar{t}$.

Das heißt, jedes Diagramm

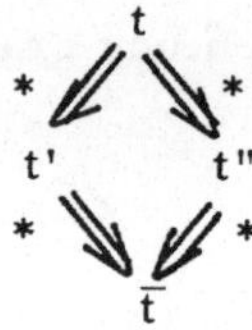

kann ergänzt werden zu

$$
\begin{array}{ccc} & t & \\ {}^{*}\swarrow & & \searrow^{*} \\ t' & & t'' \\ {}^{*}\searrow & & \swarrow^{*} \\ & \bar{t} & \end{array}
$$

Es gilt nun

3.11 Satz: Ein Reduktionssystem hat die Church-Rosser-Eigenschaft genau dann, wenn es konfluent ist.

Den Satz beweisen wir hier nicht, führen jedoch an der oben erwähnten Beispiel-Rechnung vor, wie die Konfluenz zur Church-Rosser-Eigenschaft führt.

Unter der Annahme, daß E konfluent ist, existieren zunächst Terme $\bar{t}_3$ und $\bar{t}_6$ so daß

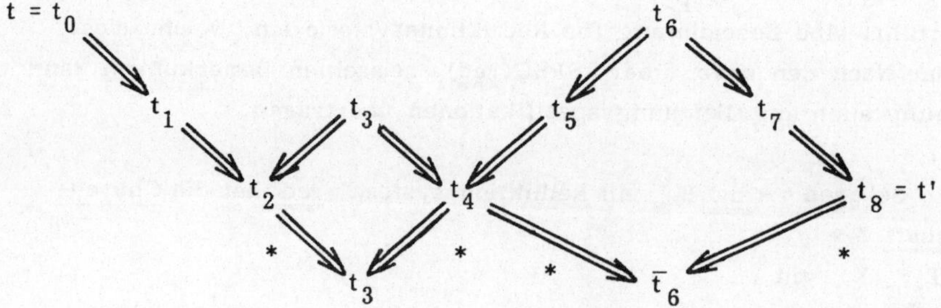

Daraus folgt in einem weiteren Schritt die Existenz eines $\bar{t}_4$ mit

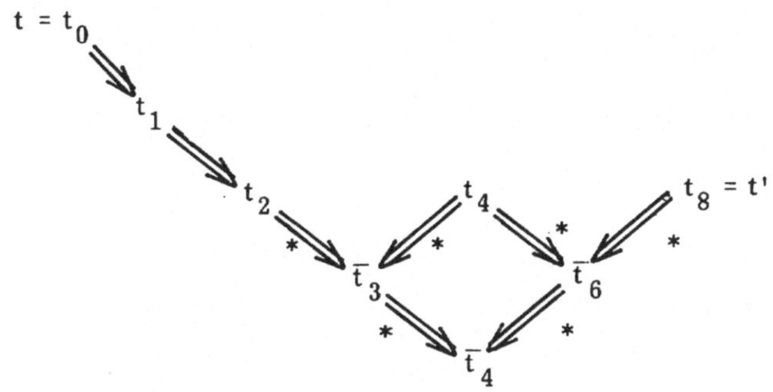

(Dabei haben wir die nicht mehr benötigten Rechnungen weggelassen.) Der Beweis $t \equiv_E t'$ läßt sich also, wie gewünscht, jetzt in zwei Teilen aufschreiben:

1.) $t = t_0 \Rightarrow_E t_1 \Rightarrow_E t_2 \overset{*}{\Rightarrow}_E \bar{t}_3 \overset{*}{\Rightarrow}_E \bar{t}_4$

2.) $t' = t_8 \overset{*}{\Rightarrow}_E \bar{t}_6 \overset{*}{\Rightarrow}_E \bar{t}_4$.

Gleichungsspezifikationen mit der Church-Rosser-Eigenschaft erlauben es, als Alternative zu der <u>initialen Semantik</u> $h : SYN_{\underline{spec}} \rightarrow SEM_{\underline{spec}}$ eine (zumindest partielle) <u>operationelle Semantik</u> zu definieren. Dies geschieht mit Hilfe der bereits häufiger erwähnten <u>Normalformen</u>:

<u>3.12 Definition</u>: Sei $\underline{red} = <\underline{sig}, R>$ Reduktionssystem. Ein Term $t \in T_{\underline{sig}}(X)$ heißt <u>irreduzibel</u> oder eine <u>Normalform</u> $:\Longleftrightarrow$ Es gibt <u>kein</u> $t' \in T_{\underline{sig}}(X)$ mit $t \Rightarrow t'$. Falls $t \equiv_R t'$ und t' irreduzibel ist, so heißt t' eine <u>Normalform von t</u> .

Man sieht leicht ein:

<u>3.13 Lemma und Definition</u>: Falls $\underline{red} = <\underline{sig}, R>$ konfluent ist und t' , t'' Normalformen von $t \in T_{\underline{sig}}(X)$ sind, so gilt $t' = t''$. Normalformen sind also eindeutig, wenn sie existieren. Deshalb können wir eine partielle Abbildung $NF : T_{\underline{sig}}(X) \dashrightarrow T_{\underline{sig}}(X)$ definieren, so daß $NF(t)$ die Normalform von t bezeichnet, falls sie existiert.

Manche Leute verwenden den Begriff <u>kanonische Form</u> statt Normalform. Das ist vermutlich der Grund für die Namenswahl bei den kanonischen Termalgebren, denn es gilt der Satz:

<u>3.14 Satz</u>: Sei $\underline{spec} = <\underline{sig}, E>$ eine Gleichungsspezifikation mit der Church-Rosser-

Eigenschaft, so daß zu jedem $t \in T_{\underline{\underline{sig}}}$ die Normalform $NF(t)$ existiert. Dann kann die Menge

$$C := \{NF(t) \mid t \in T_{\underline{\underline{sig}}}\}$$

der Normalformen zu einer kanonischen $\underline{\underline{sig}}$-Termalgebra $\underset{\sim}{C}$ gemacht werden, welche isomorph zu $SEM_{\underline{\underline{spec}}}$ ist.

Beweis: Zuerst überlegen wir uns, daß C unter Zerlegung abgeschlossen ist: Wenn $Ft_1 \ldots t_n$ irreduzibel ist, dann müssen auch alle t_i für $i \in \{1,\ldots,n\}$ irreduzibel sein. Wir definieren jetzt auf C für alle $F \in \Sigma$

$$F_C(t_1,\ldots,t_n) := NF(Ft_1 \ldots t_n) \quad .$$

Dann ist $\underset{\sim}{C}$ eine $\underline{\underline{sig}}$-Algebra, welche außerdem die Darstellungsbedingung (2.18) erfüllt, also eine kanonische Termalgebra. Denn wenn $Ft_1 \ldots t_n \in C$ ist, also eine Normalform, dann gilt natürlich

$$F_C(t_1,\ldots,t_n) = NF(Ft_1 \ldots t_n) = Ft_1 \ldots t_n \quad .$$

Wir zeigen nun, daß

$$h : C \to SEM_{\underline{\underline{spec}}}$$
$$h(t) := [t]_{\equiv_E}$$

ein Homomorphismus ist: Für $F \in \Sigma^{(s_1 \ldots s_n, s)}$, $t_i \in C^{s_i}$, $i \in \{1,\ldots,n\}$ gilt

$$\begin{aligned}
h(F_C(t_1,\ldots,t_n)) &= [F_C(t_1,\ldots,t_n)]_{\equiv_E} \\
&= [NF(Ft_1 \ldots t_n)]_{\equiv_E} && \text{(nach Definition von } \underset{\sim}{C}\text{)} \\
&= [Ft_1 \ldots t_n]_{\equiv_E} && \text{(nach 3.12)} \\
&= F_{T_{\underline{\underline{sig}}}/\equiv_E}([t_1]_{\equiv_E},\ldots,[t_n]_{\equiv_E}) && \text{(nach 2.11, 2.13, 2.17)} \\
&= F_{SEM_{\underline{\underline{spec}}}}(h(t_1),\ldots,h(t_n)) \quad .
\end{aligned}$$

h ist aber auch injektiv, denn es gilt

$$\begin{aligned}
h(t) = h(t') &\iff [t]_{\equiv_E} = [t']_{\equiv_E} \\
&\iff t \equiv_E t' \\
&\iff t \overset{*}{\Leftrightarrow}_E t' && \text{(nach 3.8)} \\
&\iff NF(t) = NF(t') && \text{(wegen der Church-Rosser-Eigenschaft)} \\
&\iff t = t' && \text{(nach Definition von } C\text{)} \quad .
\end{aligned}$$

Da weiterhin für alle $t \in T_{\underline{sig}}$ $NF(t)$ existiert und $t \equiv_E NF(t)$ gilt, ist h auch surjektiv, also ein Isomomorphismus.

Betrachtet man Normalformen als Ergebnisse von Rechnungen, so sind diese also eindeutig, falls die Rechnung abbricht. Es muß aber nicht jede Rechnung abbrechen. Reduktionssysteme mit nur abbrechenden Rechnungen nennt man noethersch:

3.15 Definition: red = <sig,R> heißt noethersch, falls es keine unendlich langen Ableitungsfolgen $t_0 \Rightarrow t_1 \Rightarrow t_2 \Rightarrow \dots$ gibt.

Es folgt:

3.16 Satz : Sei spec = <sig,E> eine konfluente und noethersche Gleichungsspezifikation, $\underset{\sim}{C}$ die (kanonische Term-, Normalform-) Algebra nach Konstruktion von 3.14. Dann stimmt die

initiale Semantik $h : SYN_{\underline{spec}} \to \underset{\sim}{C}$ $(\cong SEM_{\underline{spec}})$ von spec

mit der

Reduktionssemantik $NF : SYN_{\underline{spec}} \to \underset{\sim}{C}$ von spec

überein.

Außerdem ist das Wortproblem für spec lösbar.

3.17 Bemerkung:

Jetzt können wir auch verstehen, wieso die kanonische Termalgebra $\underset{\sim}{C}'$ in Beispiel 2.20 "nicht so kanonisch" wie die dort vorgestellte Algebra $\underset{\sim}{C}$ ist bzw. warum die Algebra $\underset{\sim}{C}$ die "richtige" kanonische Termalgebra ist: Die Elemente von C sind Normalformen bzgl. der angegebenen Gleichungen, während die Elemente von C' nicht irreduzibel sind.

3.18 Bemerkung: Die Reduktionssemantik NF besitzt einen gewissen Grad von Nichtdeterminismus, da zur Berechnung von NF(t) im allgemeinen viele verschiedene Rechungen führen können, je nachdem, welche Regeln man zuerst anwendet und nach welchem System man Teilterme von t für eine eventuelle Regelanwendung auswählt. Durch Vorgabe einer bestimmten Strategie, das heißt, einer allgemeinen Vorschrift, in welcher Reihenfolge Teilterme von t ausgewählt werden und in welcher Reihenfolge man versucht, darauf Regeln anzuwenden, entsteht eine deterministische operationelle Semantik.

Leider gibt es kein allgemeines Verfahren, welches zu einer beliebigen Spezifikation spec entscheidet, ob sie noethersch oder konfluent ist. Man kann also höchstens gewisse hinreichende Bedingungen für diese Eigenschaften angeben. Eine Übersicht dazu findet sich etwa in [HO80] . Wir wollen dieses Thema hier nicht weiter vertiefen.

4. Erweiterungen von Gleichungsspezifikationen

Der Einfachheit halber wollen wir an dieser Stelle einmal annehmen, daß es sinnvoll ist, abstrakte Datentypen durch Gleichungsspezifikationen zu beschreiben. An Semantiken hierzu stehen uns bis jetzt nach Wahl die initiale Semantik oder, falls die Spezifikation konfluent und noethersch ist, die Reduktionssemantik zur Verfügung. Eine andere Semantik (finale Semantik) wird im nächsten Kapitel vorgestellt; eine Motivation hierfür wird sich in diesem Kapitel ergeben.

Bis jetzt haben wir stets vorausgesetzt, daß Spezifikationen spec = $<S,\Sigma,E>$ in einem gewissen Sinne "vollständig" sind; sie enthalten alle Sorten, die für die Operationen aus Σ relevant sind, außerdem alle Operationssymbole, die in den Gleichungen vorkommen und deren jeweilige Definition durch entsprechende Gleichungen, sofern ihre Eigenschaften relevant für die Spezifikation sind.

Vom praktischen Standpunkt her ist dies sowohl unrealistisch als auch unbefriedigend: einerseits gibt es gewisse Standard-Datentypen wie etwa boolean und integer, die man überall verwenden darf, ohne sie jeweils ausführlich spezifizieren zu müssen. Andererseits möchte man auch, wenn man schon einmal einen eigenen abstrakten Datentyp mühsam spezifiziert hat, sich darauf beziehen können, ohne jedesmal die komplette Definition abschreiben zu müssen, wenn man diesen Datentyp braucht.

Als Hilfsmittel für die Beschreibung führen wir also zunächst Kombinationen von Spezifikationen ein:

4.1 Definition: Seien spec = $<S,\Sigma,E>$ und spec' = $<S',\Sigma',E'>$ Spezifikationen. Dann ist spec + spec' := $<S \dot{\cup} S', \Sigma \dot{\cup} \Sigma', E \dot{\cup} E'>$ eine Spezifikation, die sogenannte Kombination von spec und spec' .

Der Einheitlichkeit halber schreibt man statt $\dot{\cup}$ ebenfalls + .

Es stellt sich heraus, daß Kombinationen spec + spec' auch dann sinnvoll sein können, wenn spec' keine echte (vollständige) Spezifikation ist: Σ' dürfte auch eine Menge von Operationssymbolen über $S+S'$ sein und E' eine Menge von $(\Sigma+\Sigma')$-Gleichungen. spec + spec' ist dann jedenfalls wieder eine vollständige Spezifikation. Wir werden hier Kombinationen stets in diesem erweiterten Sinne verstehen.

Zumindest in dem Fall, wo wir uns auf Standard-Datentypen beziehen, sollten wir erwarten, daß diese durch die (neue) Spezifikation nicht verändert werden. Also soll es nicht vorkommen, daß etwa durch die Verwendung von integer in einer Spezifikation spec plötzlich ganz neue Zahlen zu integer hinzukommen oder daß verschiedene Zahlen plötzlich identifiziert werden oder sich die Eigenschaften der Operationen +,-,*,/ von integer ändern.

Leider offenbart die INITIALE SEMANTIK hier einige TÜCKEN, denn Veränderungen kommen sehr wohl vor!

4.2 Definition: Sei $\mathit{spec} = \langle S,\Sigma,E\rangle$, $\mathit{spec}_0 = \mathit{spec} + \langle S_0,\Sigma_0,E_0\rangle$. Das spec-Redukt $(T_{\mathit{spec}_0})_{\mathit{spec}}$ von T_{spec_0} ist definiert durch die Trägermenge

$(T_{\mathit{spec}_0})_{\mathit{spec}} := \bigcup_{s \in S} T^s_{\mathit{spec}_0}$ und die Operationen $F_{T_{\mathit{spec}_0}}$ für $F \in \Sigma$.

(D.h. $(T_{\mathit{spec}_0})_{\mathit{spec}}$ ist nur noch eine $\langle S,\Sigma\rangle$-Algebra.)

spec_0 heißt Erweiterung von spec $:\Leftrightarrow (T_{\mathit{spec}_0})_{\mathit{spec}} \cong T_{\mathit{spec}}$.

Um diese Definition etwas näher zu erklären und um insbesondere klarzumachen, daß der Begriff der Erweiterung wirklich nicht-trivial ist, bringen wir zunächst Beispiele:

4.3 Beispiel:

a.) Der Standard-Datentyp boolean sei etwa wie folgt spezifiziert:

```
boolean = sorts bool;
          operations bool = (true,false,not(bool),and(bool,bool),
                             or (bool,bool),implies(bool,bool));
          variables  x,y:bool;
          equations  not(true) = false;
                     not(not(x)) = x;
                     and(true,x) = x;
                     and(false,x) = false;
                     and(x,y) = and(y,x);
                     or(x,y) = not(and(not(x),not(y)));
                     implies(x,y) = or(not(x),y)
          end
```

Wir spezifizieren auf dieser Basis

```
ternary = boolean +
          operations  bool = (maybe);
          equations   not(maybe) = maybe;
                      and(true,maybe) = maybe;
                      and(false,maybe) = false;
                      or(true,maybe) = true
end
```

Es ist ganz klar, daß es sich hier nicht um eine Erweiterung im Sinne von Definition 4.2 handeln kann, denn zu den zwei Kongruenzklassen [true] und [false] von T_{boolean} kommt bei T_{ternary} noch ein drittes Element [maybe] hinzu. Das ist aber noch nicht alles: da wir vergessen haben, eine Gleichung für or(false,maybe) anzugeben (sinnvoll wäre etwa or(false,maybe) = maybe), kommt noch eine unendliche Menge von Kongruenzklassen hinzu, nämlich [or(false,maybe)], [or(false, or(false,maybe))], [or(false,or(false,or(false,maybe)))] usw. Selbst wenn man also beabsichtigt hat, daß ein neues Element [maybe] zu den booleschen Werten [true] und [false] hinzukommt, spielt uns die initiale Semantik hier einen Streich, indem sie noch unendlich viele nicht beabsichtigte neue boolesche Werte erzeugt.

b.) Es sei nat etwa die Spezifikation aus Beispiel 2.16; dann spezifizieren wir:

```
order = boolean + nat +
        operations bool = (le(nat,nat));    (* le : less or equal *)
        variables  x,y:nat;
        equations  0 le x = true;
                   suc(x) le 0 = false;
                   suc(x) le suc(y) = x le y
        end
```

order ist eine Erweiterung von boolean + nat, denn es werden in $(T_{\text{order}})_{\text{boolean + nat}}$ zunächst einmal die "Zahlen" $suc^n\ 0$ nicht verändert. Da die für die Operation le angegebenen Gleichungen es erlauben, jeden Term t_1 le t_2 entweder auf true oder auf false zu reduzieren, kommen auch zur Sorte bool keine neuen Datenelemente hinzu, wie dies in a.) geschehen ist.

c.)

```
newbool = boolean +
          equations implies(true,false) = true
          end
```

newbool ist wiederum keine Erweiterung von boolean, denn wie man durch eine kurze Rechnung nachweist, gilt in T_{newbool} [true] = [false].

Ende des Beispiels

Die Definition der Erweiterung benutzt eine semantische Bedingung; es sollte daher klar sein, daß sich die Eigenschaft einer Erweiterung zunächst einmal nicht auf der syntaktischen Ebene, d.h. also unter Benutzung der Spezifikationen selbst, überprüfen läßt. In der Tat ist die Frage, ob spec' eine Erweiterung von spec ist, im allgemeinen unentscheidbar.

Wir können also bestenfalls erhoffen, irgendwelche hinreichenden Bedingungen aufzufinden. Dazu teilen wir die Aufgabe zunächst in zwei Teile:

4.4 Definition: (Relative Konsistenz, relative Vollständigkeit)

Sei $spec_1 = spec_0 + <S,\Sigma,E>$ und h der eindeutige Homomorphismus

$h: SEM_{spec_0} \rightarrow (SEM_{spec_1})_{spec_0}$.

Dann heißt $spec_1$

- vollständig bzgl. $spec_0$:⟺ h ist surjektiv und
- konsistent bzgl. $spec_0$:⟺ h ist injektiv.

Eine triviale Folgerung daraus ist:

4.5 Korollar: $spec_1$ ist eine Erweiterung von $spec_0$ ⟺ $spec_1$ ist vollständig und konsistent bzgl. $spec_0$.

4.6 Beispiel: Beispiel 4.3.a zeigt eine unvollständige Kombination, 4.3.c eine inkonsistente. Da diese Beispiele etwas konstruiert wirken, möchten wir hier noch einmal an einem anderen Beispiel klarmachen, daß inkonsistente (oder auch unvollständige) Kombinationen relativ leicht bei Spezifikations-Entwicklungsprozessen auftreten können:

```
set(nat) = nat +                                      ( nat  wie in 2.16 )
           sorts set;
           operations set = (create, insert(set,nat));
           variables  s : set;n,m : nat;
           equations  insert(insert(s,n),n) = insert(s,n);                  (1)
                      insert(insert(s,n),m) = insert(insert(s,m),n)         (2)
           end
```

Im Grunde genommen handelt es sich hierbei um eine "Implementierung" von Mengen durch Listen. Da Listen nicht die Eigenschaften von Mengen haben, sind zwei Axiome erforderlich; das erste kann man so verstehen, daß das mehrfache Einfügen eines Elements in eine Menge keine weitere Wirkung mehr hat; das zweite sagt, daß die

Reihenfolge der Einfügungen unerheblich ist. Hier tritt ein (im wesentlichen psychologisches) Problem auf: Beim Aufschreiben und Interpretieren der Gleichung insert(insert(s,n),n) = insert(s,n) denkt man unwillkürlich "von links nach rechts" bzw. "vom komplizierten zum einfachen". Eine Operation remove , welche ein Element aus einer Menge entfernt, könnte man unter heimlicher Zugrundelegung der Reduktionssemantik (3.16) etwa durch folgende "Erweiterung" von set(nat) spezifizieren:

```
newset(nat) = set(nat) +
              operations  set = remove(set,nat));
              variables   s:set; n:nat;
              equations   remove(create,n) = create;          (3)
                          remove(insert(s,n),n) = s           (4)
              end
```

Leider deckt sich die suggestive Interpretation der Gleichungen jedoch nicht mit der initialen Semantik, denn wir können jetzt beweisen

$$\text{create} \overset{(4)}{\equiv} \text{remove(insert(create,0),0)} \overset{(1)}{\equiv} \text{remove(insert(insert(create,0),0),0)}$$

$$\overset{(4)}{\equiv} \text{insert(create,0)} \quad ,$$

d.h. die Operation insert hat keine Wirkung mehr. newset(nat) ist inkonsistent bzgl. set(nat) , da in $SEM_{newset(nat)}$ die Sorte set nur aus der Kongruenzklasse der leeren Menge besteht.

Ende des Beispiels

Bevor wir uns näher mit Vollständigkeit und Konsistenz beschäftigen, zunächst zwei Vorbemerkungen:

1.) Falls $spec_1 = spec_0 + <S,\emptyset,\emptyset>$, so ist $spec_1$ trivialerweise eine Erweiterung von $spec_0$.

2.) Falls $spec_1$ Erweiterung von $spec_0$ ist und $spec_2$ Erweiterung von $spec_1$, so ist $spec_2$ Erweiterung von $spec_0$.

Wir können uns also auf einen Spezialfall der Erweiterung beschränken: die sogenannte Anreicherung ("enrichment") $spec_1 = spec_0 + <\emptyset,\Sigma,E>$.

4.7 Lemma: Sei $\underline{\underline{spec}}_1 = \underline{\underline{spec}}_0 + <\emptyset, \Sigma, E>$. (*) Dann ist $\underline{\underline{spec}}_1$

- vollständig (bzgl. $\underline{\underline{spec}}_0$) $\Longleftrightarrow$

(A) $(\forall t_1 \in SYN_{\underline{\underline{spec}}_1})(\exists t_0 \in SYN_{\underline{\underline{spec}}_0})\; t_1 \equiv_{E_1} t_0$ und

- konsistent (bzgl. $\underline{\underline{spec}}_0$) $\Longleftrightarrow$

(B) $(\forall t,t' \in SYN_{\underline{\underline{spec}}_0})\quad t \equiv_{E_1} t' \Rightarrow t \equiv_{E_0} t'$.

Beweis: (Wir erlauben uns von jetzt ab, den Zusatz "bzgl. $\underline{\underline{spec}}_0$ " stets wegzulassen, wenn klar ist, um welche Spezifikation es sich dabei handelt.)

Betrachte das folgende Diagramm:

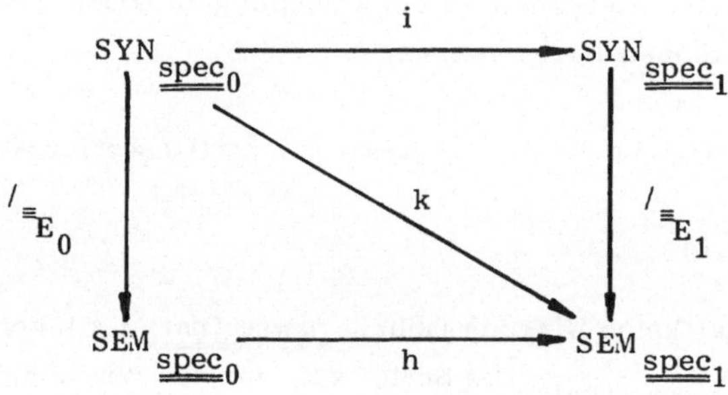

Dabei sind i,h,k die eindeutigen Homomorphismen (zu h vgl. 4.4) ; i ist im übrigen die mengentheoretische Inklusion.

Aus der Eindeutigkeit von k folgt auch

(C) $h([t]_{E_0}) = [t]_{E_1}$ für alle $t \in SYN_{\underline{\underline{spec}}_0}$.

Wir zeigen jetzt: (i) h injektiv $\Longleftrightarrow$ (B)

(ii) h surjektiv $\Longleftrightarrow$ (A) . .

(i) h injektiv $\Longleftrightarrow$ $\left[(\forall t,t' \in SYN_{\underline{\underline{spec}}_0})\; h([t]_{E_0}) = h([t']_{E_0}) \Rightarrow [t]_{E_0} = [t']_{E_0}\right]$

(*) Also $S_1 = S_0$, $\Sigma_1 = \Sigma_0 \dot{\cup} \Sigma$, $E_1 = E_0 \dot{\cup} E$.

(C)

$\iff$ $[[t]_{E_1} = [t']_{E_1} \Rightarrow [t]_{E_0} = [t']_{E_0}]$

$\iff$ $[t \equiv_{E_1} t' \Rightarrow t \equiv_{E_0} t']$

$\iff$ (B)

(ii) h surjektiv $\iff$

$$(\forall [t_1] \in SEM_{\underline{\underline{spec}}_1})(\exists [t_0] \in SEM_{\underline{\underline{spec}}_0})[t_1]_{E_1} = h([t_0]_{E_0})$$

(C)

$$= [t_0]_{E_1} \iff (\forall t_1 \in SYN_{\underline{\underline{spec}}_1})(\exists t_0 \in SYN_{\underline{\underline{spec}}_0})\ t_1 \equiv_{E_1} t_0 \quad .$$

□

Die Bedingung für die Vollständigkeit läßt sich noch etwas verschärfen: man braucht nur solche Terme aus $SYN_{\underline{\underline{spec}}_1}$ zu betrachten, bei denen die "neuen" Operationenssymbole nur an der Wurzel auftreten:

4.8 Definition: Sei $\underline{\underline{spec}}_1 = \underline{\underline{spec}}_0 + <\emptyset,\Sigma,E>$. Ein Term $t \in SYN_{\underline{\underline{spec}}_1}$ heißt ein Σ-Term $:\iff$ $t = Ft_1 \ldots t_n$ für ein $F \in \Sigma$. Ein Σ-Term $Ft_1 \ldots t_n$ heißt Σ-normaler Term $:\iff$ $t_i \in SYN_{\underline{\underline{spec}}_0}$ für alle $i \in \{1,\ldots,n\}$.

4.9 Lemma: Unter den Voraussetzungen von 4.8 (bzw. 4.7) ist $\underline{\underline{spec}}_1$ vollständig $\iff$ Für alle Σ-normalen Terme $t_1 \in SYN_{\underline{\underline{spec}}_1}$ gibt es $t_0 \in SYN_{\underline{\underline{spec}}_0}$ mit $t_1 \equiv_{E_1} t_0$.

Beweis: Die Richtung "⇒" ist trivial. Wir beweisen "⇐" durch Induktion über die Anzahl der Vorkommen von $F \in \Sigma$ in $t_1 \in SYN_{\underline{\underline{spec}}_1}$:

1.) t_1 enthält kein Vorkommen eines $F \in \Sigma$: trivial.

2.) Gelte die Behauptung bereits für alle $t'_i \in SYN_{\underline{\underline{spec}}_1}$, die weniger als n Vorkommen von Operationen aus Σ besitzen. (n > 0) . t_1 enthalte genau n Vorkommen von Operationen aus Σ . Wir suchen den innersten Σ-normalen Teilterm $Ft'_1 \ldots t'_m$ auf. Zu diesem gibt es nach Voraussetzung einen Term $t_0 \in SYN_{\underline{\underline{spec}}_0}$ mit $t_0 \equiv_{E_1} Ft'_1 \ldots t'_m$. Ersetzt man in t_1 nun $Ft'_1 \ldots t'_m$ durch t_0 , so erhält man einen Term $t''_1 \equiv_{E_1} t_1$, der nur noch n Vorkommen von Operationen aus Σ enthält. Nach Induktionsvoraussetzung existiert dann

$t_0 \in SYN_{\underline{\underline{spec}}_0}$ mit $t_0 \equiv_{E_1} t''_1 \equiv_{E_1} t_1$, was zu zeigen war.

An dieser Stelle wollen wir nochmals ganz deutlich festhalten, daß die bis jetzt vorgestellten Bedingungen für die Vollständigkeit und Konsistenz beide die Entscheidung der Äquivalenz von Termen bezüglich eines Gleichungssystems verlangen, daß heißt also die Lösung des Wortproblems. Wir wissen bereits, daß dieses im allgemeinen unlösbar ist, außer wenn das Gleichungssystem konfluent und noethersch ist. Wir können also wiederum nur auf gewisse hinreichende Bedingungen hoffen.

Wir wollen jetzt hinreichende Bedingungen dafür angeben, daß $\underline{\underline{spec}}_1$ vollständig bzgl. $\underline{\underline{spec}}_0$ ist (Vgl. 4.9). Wir müssen also zu jedem Σ-normalen Term $Ft_1 \ldots t_n \in SYN_{\underline{\underline{spec}}_1}$ die Existenz eines E_1-äquivalenten Terms $t_0 \in SYN_{\underline{\underline{spec}}_0}$ garantieren. In der Terminologie des Ableitungsbegriffes heißt dies, daß wir

$$Ft_1 \ldots t_n \overset{*}{\Longleftrightarrow}_{E_1} t_0$$

nachweisen müssen. Der Einfachheit halber verlangen wir gleich, daß in den "neuen" Gleichungen E nur vorwärts, d.h. also von links nach rechts gerechnet wird. Daher werden wir zunächst einmal verlangen, daß es für jeden Σ-normalen Term $Ft_1 \ldots t_n$ zu jedem t_i einen E_0-äquivalenten Term $t'_i \in SYN_{\underline{\underline{spec}}_0}$ gibt, so daß auf $Ft'_1 \ldots t'_n$ die linke Seite einer Gleichung aus E paßt. Dann können wir jedenfalls in einem weiteren Ableitungsschritt die Operation F "auswerten" und sind damit dem Ziel vielleicht einen Schritt näher gekommen. Jetzt muß man aber zusätzlich garantieren, daß letzten Endes die Anzahl der Vorkommen von Operationen aus Σ bei diesem Ableitungsprozeß immer kleiner wird. Nur so können wir garantieren, schließlich einen Term aus $SYN_{\underline{\underline{spec}}_0}$ zu erhalten.

Das führt zu folgender Definition:

4.10 Definition: Sei $\underline{\underline{spec}}_1 = \underline{\underline{spec}}_0 + \langle \emptyset, \Sigma, E \rangle$. $\underline{\underline{spec}}_1$ heißt

- erzeugend (bzgl. $\underline{\underline{spec}}_0$) $\Longleftrightarrow$ Für alle Σ-normalen Terme $Ft_1 \ldots t_n$ gibt es Terme $t'_i \in SYN_{\underline{\underline{spec}}_0}$, $i = 1, \ldots, n$, mit $t_i \equiv_{E_0} t'_i$, so daß

  (i) $Ft'_1 \ldots t'_n = \hat{f}(L)$ für eine Gleichung $(L,R) \in E$ und eine Variablenbelegung $f : \underline{var}(L) \rightarrow T_{\underline{\underline{spec}}_1}$ und

  (2) $K(Ft'_1 \ldots t'_n) \leq K(Ft_1 \ldots t_n)$;

- von abnehmender Komplexität (bzgl. $\underline{\underline{spec}}_0$) , falls es eine Abbildung $Grad : \Sigma \rightarrow \mathbb{N}$ gibt, so daß jede Gleichung $(L,R) \in E$ die folgenden

Bedingungen erfüllt:

(i) var R $\subseteq$ var L

(ii) Falls F die Wurzel von L ist (*) ,dann gilt für jeden Σ-Teilterm R_G von R mit Wurzel G entweder

(iia) Grad(G) < Grad(F)

oder

(iib) Grad(G) = Grad(F) und R_G ist Σ-normal und die Anzahl von Vorkommen einer Variablen $x \in X$ in R_G ist kleiner oder gleich der Anzahl der Vorkommen von x in L .

Es gilt dann:

4.11 Lemma: Wenn $spec_1$ erzeugend und von abnehmender Komplexität ist, dann ist $spec_1$ vollständig bzgl. $spec_0$.

Für den Beweis verweisen wir auf [EKP80a] , woher dieses Resultat stammt.

Es ist relativ einfach an den Gleichungen abzulesen, ob sie erzeugend sind, wenn man eine kanonische Termalgebra für $spec_0$ kennt und wenn die Gleichungen E auf diese kanonische Termalgebra zugeschnitten sind, d.h. wenn für alle erzeugenden Operationen der kanonischen Termalgebra eine entsprechende Gleichung angegeben ist. Das einzige, was dann noch beachtet werden muß, ist die Komplexitätsbedingung $K(Ft'_1 \ldots t'_n) \leq K(Ft_1 \ldots t_n)$, auf die man nicht verzichten kann, wie das folgende Beispiel zeigt: (vgl. hierzu 4.6)

4.12 Beispiel:

```
newset(nat) = set(nat) +
              operations  set = (f(set));
              variables   s:set;n,m:nat;
              equations   f(create) = create;
                          f(insert(insert(s,n),m)) = f(insert(s,n))
              end
```

Ohne die Komplexitätsbedingung wäre newset(nat) erzeugend bzgl. set(nat) und damit müßte newset(nat) , da außerdem die Bedingungen für die abnehmende Komplexität erfüllt sind, eine Anreicherung von set(nat) sein. Das ist jedoch nicht

---

(*) In der Baumnotation für L ! In der sonst verwendeten klammerlosen Präfixnotation müßte man sagen: "das erste Symbol von L" oder "das am weitesten links stehende Symbol".

der Fall, denn es gibt zu f(insert(create,0)) keinen äquivalenten set(nat)-Term, da die entsprechende Ableitung nicht terminiert.

Auch die hier angegebenen Bedingungen für die abnehmende Komplexität lassen sich anhand der Gleichungen leicht überprüfen. Wir zitieren hierzu ein Beispiel aus [EKP80a]; dabei ergibt sich außerdem ein intuitives Verständnis für die in 4.10 erwähnte Grad-Abbildung.

4.13 Beispiel: Sei nat_0 = sorts nat;

```
        operations nat = (0,suc(nat))
        end
```

und

```
nat1 = nat0 +
        operations nat = pred(nat),+(nat,nat),∸(nat,nat),
                         *(nat,nat),exp(nat,nat));
        variables   n,m:nat;
        equations   pred(0) = 0;
                    pred(suc(n)) = n;
                    n + 0 = n;
                    n + suc(m) = suc(n+m);
                    n ∸ 0 = n;
                    n ∸ suc(m) = pred(n ∸ m);
                    n * 0 = 0;
                    n * suc(m) = (n * m) + n;
                    exp(n,0) = suc(0);
                    exp(n,suc(m)) = exp(n,m) * n
        end
```

Trivialerweise ist nat_1 erzeugend bzgl. nat_0. Zum Beweis, daß nat_1 auch von abnehmender Komplexität ist, definieren wir eine Grad-Abbildung durch

Grad(pred) := 0	(pred und + hängen von keiner anderen
Grad(+) := 0	Operation aus Σ ab),
Grad(∸) := 1	(∸ und * hängen je von einer Operation
Grad(*) := 1	aus Σ vom Grad 0 ab),
Grad(exp) := 2	(exp hängt von * ab, * ist vom Grad 1).

Man sieht sofort, daß Bedingung (i) erfüllt ist. Die übrigen Bedingungen gehen wir für jede Operation einzeln durch:

Für pred ist nichts mehr zu zeigen, da die rechten Seiten keine Σ-Teilterme besitzen. Für + haben wir einen Σ-Teilterm n + m auf der rechten Seite; dieser ist Σ-normal und enthält die Variablen n und m jeweils einmal, wie auch die linke Seite. Also ist (iib) erfüllt. Für $\dot{-}$ haben wir zwei Σ-normale Teilterme auf der rechten Seite, pred(n$\dot{-}$m) und n$\dot{-}$m . Für pred(n$\dot{-}$m) ist Bedingung (iia) erfüllt, somit braucht nichts weiter beachtet zu werden. Für n$\dot{-}$m folgt wie bei + die Gültigkeit von Bedingung (iib). Ähnliches gilt für * und exp ; hier ist jeweils für die äußeren Σ-normalen Teilterme (n*m)+n bzw. exp(n,m)*n Bedingung (iia) erfüllt. Beachte, daß die Bedingung über die Anzahl von Variablenvorkommen aus (iib) in diesen beiden Fällen nicht erfüllt ist (und auch nicht erfüllt zu sein braucht).

Ein merkwürdiges Phänomen bei diesem Beispiel ist, daß es mit den Bedingungen aus 4.10 nicht gelungen wäre, die Anreicherungseigenschaft für

$\underline{\underline{nat'}}_1$ = $\underline{\underline{nat'}}_0$ +
    <u>operations</u> nat = (exp(nat,nat));
    <u>variables</u> ...
    <u>equations</u> ...
    <u>end</u>

zu zeigen, wenn $\underline{\underline{nat'}}_0$ bereits die Operationen suc,pred,+,$\dot{-}$ und * enthält. In diesem Fall wären die Gleichungen für exp nicht erzeugend gewesen, denn es gibt dann Σ-normale Terme

$$exp(t, suc^m(0)*suc^n(0)) \quad , \quad (n,m \geq 1)$$

auf die zunächst keine linke Seite der exp-Gleichungen paßt. Vielmehr müssen wir zuerst entsprechend den E_0-Gleichungen umformen

$$\begin{aligned} suc^m(0)*suc^n(0) &\Rightarrow (suc^m(0)*suc^{n-1}(0))+suc^m(0) \\ &\Rightarrow suc((suc^m(0)*suc^{n-1}(0))+suc^{m-1}(0)) \quad , \end{aligned}$$

um auf eine linke Seite von E zu kommen. Leider gilt aber

$$K(suc((suc^m(0)*suc^{n-1}(0))+suc^{m-1}(0))) =$$

$$1+m+1+1+n-1+1+1+m-1+1 = 2m+n+4$$

und

$$K(suc^m(0)*suc^n(0)) = m+1+1+n+1 = m+n+3$$

und

$$2m+n+4 \nleq m+n+3 \quad .$$

Dieses Phänomen deutet bereits an, daß auf diesem Sektor die notwendigen Arbeiten noch nicht abgeschlossen sind.

Ende des Beispiels

Was nun die Konsistenz von $\underline{\underline{spec}}_1$ bzgl. $\underline{\underline{spec}}_0$ angeht (vgl. 4.4), so muß man leider feststellen, daß ähnlich einfache und leicht nachprüfbare Bedingungen wie die in 4.10 für die Vollständigkeit formulierten hinreichenden Bedingungen derzeit noch fehlen. Wir verzichten deshalb hier auf eine Behandlung der Konsistenz und weisen lediglich darauf hin, daß es durchaus gangbare Wege gibt (vgl. etwa [EKP78, Pa80, HO80]) , auch wenn die Kriterien dazu nicht so leicht zu formulieren und nachzuprüfen sind. Man muß in diesem Zusammenhang natürlich auch auf die mögliche (und vielleicht notwendige) Rechner-Unterstützung bei der Überprüfung solcher Kriterien denken.

Es sollte auch noch bemerkt werden, daß man angesichts der prinzipiellen Unentscheidbarkeit von Konsistenz und Vollständigkeit nicht damit rechnen kann, daß je ein Satz von hinreichenden Bedingungen entwickelt werden kann, der alle praktisch relevanten Fälle abdeckt; vielmehr werden wohl verschiedene Sätze von Kriterien gebraucht, so daß man hoffen kann, daß jede Spezifikation aus der Praxis wenigstens einem dieser Kriterien genügt, auch wenn sie die anderen vielleicht verletzt. So haben wir etwa bereits im Beispiel 4.13 die Grenzen der Möglichkeiten mit den Kriterien aus 4.10 aufgezeigt.

5. Finale Semantik

Im vergangenen Kapitel haben wir einige Tücken der initialen Semantik im Zusammenhang mit Erweiterungen abstrakter Datentypen bemerkt. Die Konsequenzen davon sind weitreichend, wenn man etwa daran denkt, daß eine <u>abstrakte Software-Spezifikation</u> aus Spezifikationen für abstrakte Datentypen und Spezifikationen für Operationen darüber besteht. Benutzt man für die Spezifikation der definierten Operationen eines Software-Moduls ebenfalls Gleichungen, so lassen sich abstrakte Software-Spezifikationen als Erweiterungen von Spezifikationen für abstrakte Datentypen beschreiben.

Es ist daher durchaus notwendig, sich nach Alternativen für die Semantikdefinition umzusehen. Viele Wege führen dabei zur finalen Semantik; dabei reichen die Motivationen von der Theorie (Beweistheorie, Modelltheorie, Kategorientheorie) zu der Praxis des Rechnens in Gleichungssystemen (Termersetzungssysteme) bis weiter zu noch stärker praktischen Motivationen ("beobachtbares Verhalten eines Datentyps").

Wir werden die finale Semantik hier nicht so ausführlich behandeln wie die initiale, aber wir wollen wenigstens eingehend die Motivation dafür angeben und einige Grundlagen und Hintergrundinformationen diskutieren sowie Hinweise auf die entsprechende Literatur geben.

Erinnern wir uns zunächst noch einmal an die wichtigsten Eigenschaften der initialen Semantik:

<u>5.1</u>: Sei $\underline{\underline{spec}} = \langle \underline{\underline{sig}}, E \rangle$ eine Gleichungsspezifikation, $h : SYN_{\underline{\underline{spec}}} \rightarrow SEM_{\underline{\underline{spec}}}$ ihre initiale Semantik. Für den Beweis, daß eine $\underline{\underline{sig}}$-Algebra $\underset{\sim}{A}$ mit der initialen Semantik übereinstimmt, d.h. $\underset{\sim}{A} \cong SEM_{\underline{\underline{spec}}} = h(SYN_{\underline{\underline{spec}}})$, stehen im wesentlichen zwei Methoden zur Verfügung:

1.) Zeige, daß $\underset{\sim}{A}$ eine $\underline{\underline{spec}}$-Algebra ist, d.h. die Gleichungen E erfüllt und daß es zu jeder $\underline{\underline{spec}}$-Algebra $\underset{\sim}{B}$ genau einen Homomorphismus $h : \underset{\sim}{A} \rightarrow \underset{\sim}{B}$ gibt.

2.) Zeige, daß der eindeutige Homomorphismus $h_{\underset{\sim}{A}} : SEM_{\underline{\underline{spec}}} \rightarrow \underset{\sim}{A}$ bijektiv ist. Dies kann in Spezialfällen erleichtert werden:

2a.) Falls alle Operationen von $\underset{\sim}{A}$ injektiv sind, dann ist $SEM_{\underline{\underline{spec}}}$ isomorph zu seinem Bild in $\underset{\sim}{A}$ unter $h_{\underset{\sim}{A}}$. (D.h. $h_{\underset{\sim}{A}}$ ist injektiv.) Es genügt dann zu zeigen, daß $h_{\underset{\sim}{A}}$ surjektiv ist.

2b.) Falls $\underset{\sim}{A}$ von $\emptyset$ erzeugt ist und die Gleichungen E erfüllt, dann ist $h_{\underset{\sim}{A}}$

> surjektiv. Es genügt dann zu zeigen, daß $h_{\underset{\sim}{A}}$ injektiv ist, d.h. also daß verschiedene Kongruenzklassen in $SEM_{\underline{\underline{spec}}}$ durch $h_{\underset{\sim}{A}}$ auf verschiedende Elemente von $\underset{\sim}{A}$ abgebildet werden.

Methode 1 könnte man die "abstrakte Methode" nennen, da sie unser Standard-Modell $SEM_{\underline{\underline{spec}}}$ der semantischen Algebra gar nicht benützt, sondern direkt zu zeigen versucht, daß $\underset{\sim}{A}$ initial in $Alg_{\underline{\underline{spec}}}$ ist. Unter Benutzung von Satz 1.18 folgt damit indirekt, daß $\underset{\sim}{A} \cong SEM_{\underline{\underline{spec}}}$ gilt, da $SEM_{\underline{\underline{spec}}}$ initial in $Alg_{\underline{\underline{spec}}}$ ist und es bis auf Isomorphie nur eine initiale Algebra in $Alg_{\underline{\underline{spec}}}$ gibt. Dies ist ein Argument aus der Kategorientheorie; man könnte die abstrakte Methode also auch die "kategorientheoretische Methode" nennen, aber das ist etwas hochgestochen.

Methode 2 ist die "konkrete Methode" zum Beweis der Isomorphie mit $SEM_{\underline{\underline{spec}}}$. Die semantische Algebra $SEM_{\underline{\underline{spec}}}$ haben wir als Faktorisierung von $SYN_{\underline{\underline{spec}}}$ nach einer bestimmten Kongruenzrelation $\equiv_E$ gewonnen, die wir aus der Gleichungsmenge E abgeleitet haben. Die Art, wie wir $\equiv_E$ erzeugt haben, legt uns Methoden an die Hand, wie wir $t_1 \equiv_E t_2$ für $t_1, t_2 \in SYN_{\underline{\underline{spec}}}$ beweisen können, nämlich mit den Instanzen von Gleichungen (Relation $E_{\underset{\sim}{A}}$ in 2.5) als Axiomen eines logischen Systems mit speziellen Schlußregeln für die Reflexivität, Symmetrie, Transitivität (2.5) und Substitutivität (2.10). Man könnte die konkrete Methode deshalb auch (wiederum etwas hochgestochen) die "beweistheoretische Methode" nennen.

Wir haben gezeigt, daß $SEM_{\underline{\underline{spec}}}$ initial in $Alg_{\underline{\underline{spec}}}$ ist, d.h. die abstrakte und konkrete Methode liefern das gleiche Ergebnis.

Ist nun $\underset{\sim}{A}$ ein beliebiges Modell von $\underline{\underline{spec}}$, d.h. also irgendeine $\underline{\underline{spec}}$-Algebra, so gibt es einen eindeutigen Homomorphismus $h^{sem}_{\underset{\sim}{A}} : SEM_{\underline{\underline{spec}}} \to \underset{\sim}{A}$, da $SEM_{\underline{\underline{spec}}}$ initial in $Alg_{\underline{\underline{spec}}}$ ist. Andererseits gibt es auch einen eindeutigen Homomorphismus $h^{syn}_{\underset{\sim}{A}} : SYN_{\underline{\underline{spec}}} \to \underset{\sim}{A}$. Zusammen mit der initialen Semantik $h : SYN_{\underline{\underline{spec}}} \to SEM_{\underline{\underline{spec}}}$ ergibt sich dann folgendes Bild:

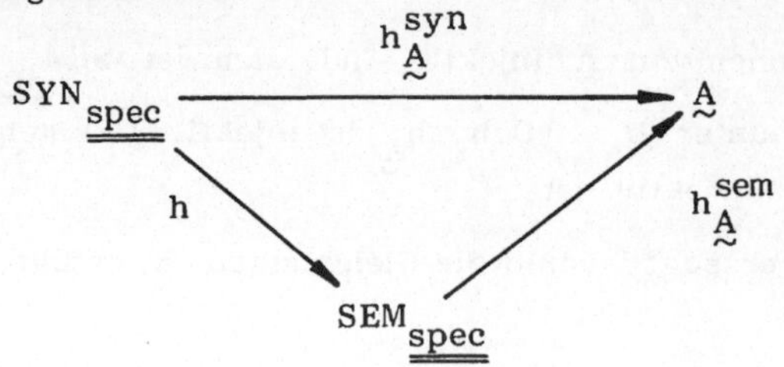

Aus der Eindeutigkeit von $h^{syn}_{\underset{\sim}{A}}$ folgt, daß $h^{syn}_{\underset{\sim}{A}} = h^{sem}_{\underset{\sim}{A}} \circ h$ gelten muß. ("Das Diagramm kommutiert.") Dies gilt unabhängig davon, welche Algebra $\underset{\sim}{A}$ wir ausgewählt haben.

Seien jetzt t_1 und t_2 zwei Terme aus $SYN_{\underline{\underline{spec}}}$. Wenn es irgendeine spec-Algebra $\underset{\sim}{A}$ gibt, in der t_1 und t_2 verschiedene Werte haben, d.h. also $h^{syn}_{\underset{\sim}{A}}(t_1) \neq h^{syn}_{\underset{\sim}{A}}(t_2)$, dann müssen t_1 und t_2 auch in $SEM_{\underline{\underline{spec}}}$ verschiedene Werte haben, also $h(t_1) \neq h(t_2)$ bzw. $[t_1]_E \neq [t_2]_E$ oder $t_1 \not\equiv_E t_2$. Anderenfalls könnte die Kommutativität des obigen Diagramms nicht gelten. In $SEM_{\underline{\underline{spec}}}$ haben also t_1 und t_2 verschiedene Werte, wenn sie überhaupt in irgendeinem Modell von spec verschiedene Werte haben. Umgekehrt haben sie nur dann den gleichen Wert, wenn sie in allen Modellen den gleichen Wert haben.

Unter denjenigen Algebren in $Alg_{\underline{\underline{spec}}}$, die von der leeren Menge erzeugt werden - sie heißen auch die minimalen Algebren von $Alg_{\underline{\underline{spec}}}$ - ist $SEM_{\underline{\underline{spec}}}$ also eine möglichst große Algebra. In Beispiel 4.3.a haben wir schon gesehen, daß $SEM_{\underline{\underline{spec}}}$ manchmal zu groß ist. Hierfür bringen wir jetzt noch ein Beispiel, das uns auch auf den Begriff des beobachtbaren Verhaltens bringt:

5.2 Beispiel: Wir greifen nochmals die endlichen Mengen natürlicher Zahlen auf, die bereits im Beispiel 4.6 erwähnt wurden. Es sei nat die Spezifikation aus 2.16, boolean wie in 4.3. Dann spezifizieren wir zunächst

```
nat + = boolean + nat +
        operations   bool = (equal(nat,nat));
        variables    n,m:nat;
        equations    0 equal 0 = true;
                     0 equal suc(m) = false;
                     suc(n) equal 0 = false;
                     suc(n) equal suc(m) = n equal m
        end
```

nat + ist eine Erweiterung von nat ; darüber hinaus haben alle Gleichungen von nat + (inklusive der beiden von nat übernommenen Gleichungen) die noethersche und die Church-Rosser-Eigenschaft, d.h. wir dürfen für nat + ohne weiteres die Reduktionssemantik benutzen.

Betrachte jetzt

```
set(nat) = nat + +
        sorts  set;
        operations  set = (create,insert(set,nat),remove(set,nat),
                          if-then-else(bool,set,set));
                    bool = (member-of(nat,set),equals(set,set),subset(set,set));
                    nat  = (card(set));
        variables   s,t:set;n,m:nat;
        equations   if true then s else t = s;
                    if false then s else t = t;
                    n member-of create = false;
                    n member-of insert(s,m) = if (n equal m) then true
                                                    else n member-of s;

                    card(create) = 0;
                    card(insert(s,n)) = if(n member-of s)  then card(s)
                                                        else suc(card(s));

                    remove(create,m) = create;
                    remove(insert(s,n),m) = if (n equal m) then remove(s,m)
                                                  else insert(remove(s,m),n);

                    create subset  create = true;
                    create subset  insert(s,n) = true;
                    insert(s,n) subset t = (n member-of t) and (s subset t);

                    s equals t = (s subset t) and (t subset s);

        end
```

Betrachten wir jetzt $SEM_{\underline{set(nat)}}$! Hierzu gibt es eine isomorphe kanonische Termalgebra mit den erzeugenden Operationen true, false, 0, suc, create, insert. Anders als in Beispiel 4.6 gilt hier jedoch z.B.

$$[insert(insert(create,0),0)]_E \neq [insert(create,0)]_E$$

und

$$[insert(insert(create,0),suc(0))]_E \neq [insert(insert(create,suc(0)),0)]_E ,$$

d.h. die initiale Semantik unterscheidet verschiedene Darstellungen für "dieselbe" Menge. Wir machen aber eine ganz ähnliche Beobachtung wie bei der denotationellen Spezifikation des Kellerspeichers in der Einleitung: Wenn wir nur die erlaubten Operationen von set(nat) verwenden, können wir diese verschiedenen Darstellungen nicht mehr unterscheiden! Etwas präziser ausgedrückt gilt:

set(nat) ist eine Erweiterung von nat+ und hat die noethersche und die Church-Rosser-Eigenschaft. Darüber hinaus gilt: Wenn man die Operationen member-of, card und equals für verschiedene Darstellungen derselben Menge, aber sonst gleiche Argumente auswertet, so ergeben sich dieselben Resultate.

Aufgabe 8: Beweisen Sie das!

Speziell gilt

$$[\text{equals}(\text{insert}(\text{insert}(\text{create},0),0),\text{insert}(\text{create},0))]_E = [\text{true}]_E \quad .$$

Stellt man sich auf den Standpunkt, daß man nur Elemente der "alten" bzw. "primitiven" Sorten nat und bool beobachten kann, daß jedoch Elemente von der "neuen" oder "konstruierten" Sorte set "unsichtbar" sind bzw. wir nur durch die Resultate der Operationen member-of, card und equals etwas über sie erfahren können, so kann man sagen:

Das beobachtbare Verhalten der verschiedenen Darstellungen für dieselbe Menge ist gleich.

Mit anderen Worten: Für jemand, der nur am beobachtbaren Verhalten interessiert ist, ist SEM_{spec} zu groß ; es werden hier unnötige Unterscheidungen gemacht. Natürlich wissen wir, wie man dem unter Beibehaltung der initialen Semantik abhelfen kann: Wir brauchen "nur" analog zu 4.6 überzugehen zu

```
newset(nat) = set(nat) +
              variables s:set; n,m:nat;
              equations insert(insert(s,n),n) = insert(s,n);
                        insert(insert(s,n),m) = insert(insert(s,m),n)
              end   .
```

Durch die zweite Gleichung wird aber die noethersche Eigenschaft zerstört, wir haben jetzt unendliche Berechnungen, so daß wir die Reduktionssemantik nicht mehr benutzen können.

Darüber hinaus wissen wir schon, daß mit jedem Hinzufügen von Gleichungen die Gefahr wächst, daß die neue Spezifikation inkonsistent bzgl. der alten wird.

Ende des Beispiels

Das wirft natürlich die Frage auf, ob es nicht eine andere Möglichkeit für die Definition der semantischen Algebra gibt, so daß sich eine möglichst kleine von der leeren Menge erzeugte Algebra ergibt. Zum Beispiel könnte man verlangen, daß zwei Terme in der neuen semantischen Algebra nur dann verschiedene Werte haben, wenn sie in allen Modellen verschiedene Werte haben. Leider geht es aber nicht so einfach, denn es gibt viel zu kleine Modelle von Gleichungsspezifikationen:

5.3 Definition: Sei sig = <S,Σ> eine Signatur. Die einpunktige sig-Algebra ist definiert durch die Trägermenge

$$SIG := S$$

mit $SIG^s := \{s\}$ für alle $s \in S$ und die Operationsdefinitionen

$$F_{SIG}(s_1,\ldots,s_n) := s$$

für alle $F \in \Sigma^{(s_1,\ldots,s_n,s)}$.

Die Algebra SIG sorgt dafür, daß die soeben vorgeschlagene alternative Definition der semantischen Algebra sinnlos wird: In SIG haben alle Terme gleicher Sorte den gleichen Wert.

Die Algebra SEM_{spec} hatten wir durch den Begriff der Initialität definiert; in der Kategorientheorie heißt der dazu duale ("entgegengesetze") Begriff final oder terminal:

5.4 Definition: Sei sig eine Signatur, $K \subseteq Alg_{sig}$ eine Klasse von Algebren. Dann heißt eine Algebra $A \in K$ final in K oder terminal in K, falls es für jede Algebra $B \in K$ genau einen Homomorphismus $h^{fin}_B : B \to A$ gibt.

Wie im Fall der initialen Algebra zeigt man auch hier ganz rasch, daß es in jeder Klasse von Algebren bis auf Isomorphie höchstens eine finale Algebra gibt.

Nehmen wir jetzt einmal an, daß man eine finale Semantik in völliger Analogie zur initialen Semantik definieren würde. Das setzt zunächst einmal voraus, daß es eine finale Algebra FIN_{spec} in Alg_{spec} gibt. Dann definiert man die finale Semantik als den eindeutigen Homomorphismus $h : SYN_{spec} \to FIN_{spec}$ (wobei es unerheblich ist, ob h wegen der Initialität von SYN_{spec} oder der Finalität von FIN_{spec} eindeutig existiert). Für jede spec-Algebra A gibt es dann einen eindeutigen Homomorphismus $h^{fin}_A : A \to FIN_{spec}$, so daß folgendes Bild entsteht:

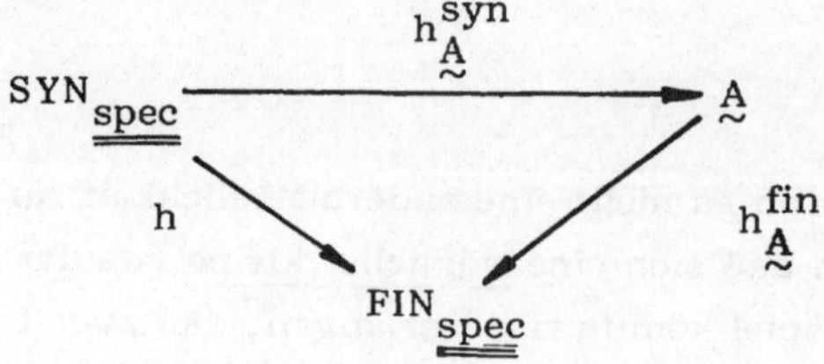

wobei wiederum alle Homomorphismen eindeutig sind. Daraus folgt für zwei Terme $t_1, t_2 \in SYN_{\underline{spec}}$, daß sie in $FIN_{\underline{spec}}$ den gleichen Wert haben, wenn es überhaupt irgendein Modell $\underset{\sim}{A}$ gibt, so daß t_1 und t_2 in $\underset{\sim}{A}$ den gleichen Wert haben. Umgekehrt haben t_1 und t_2 in $FIN_{\underline{spec}}$ nur dann verschiedene Werte, wenn sie in allen Modellen von spec verschiedene Werte haben. Jetzt stellen wir fest, daß wir $FIN_{\underline{spec}}$ schon kennen und daß es eine höchst uninteressante Algebra ist:

5.5 Korollar: Für eine Gleichungsspezifikation spec = <sig,E> gibt es stets eine finale Algebra $FIN_{\underline{spec}}$ in $\underline{Alg}_{\underline{spec}}$. Unabhängig von der Gleichungsmenge E gilt stets $FIN_{\underline{spec}} \cong SIG$.

Auf der Suche nach einer sinnvollen finalen Semantik können wir in Analogie zu den obigen Bemerkungen wieder auf zwei Arten vorgehen:

1.) Abstrakte Methode: Zeichne eine echte Unterklasse $MOD \subset \underline{Alg}_{\underline{spec}}$ von "zulässigen" Modellen von spec aus. Falls es in MOD eine finale Algebra $\underset{\sim}{F}$ gibt, definiere die finale Semantik von spec als den eindeutigen Homomorphismus $h^{fin} : SYN_{\underline{spec}} \rightarrow \underset{\sim}{F}$.

2.) Konkrete Methode: Definiere auf der Basis der Gleichungsmenge E eine Kongruenzrelation $\approx_E$ und setze $FIN_{\underline{spec}} := SYN_{\underline{spec}}/\approx_E$. Zeige, daß $FIN_{\underline{spec}}$ final in einer bestimmten Klasse $MOD \subset \underline{Alg}_{\underline{spec}}$ ist .

Es leuchtet ein, daß für beide Methoden verschiedene Möglichkeiten offenstehen. Während initiale "Semantik" ein feststehender Begriff ist, muß man bei der Verwendung des Wortes "finale Semantik" jeweils klarstellen, auf welche Klasse $MOD \subset \underline{Alg}_{\underline{spec}}$ man sich dabei bezieht bzw. wie man die Kongruenz $\approx_E$ beschreibt. Die Situation wird außerdem noch dadurch erschwert, daß eine bestimmte Klasse MOD nicht unbedingt überhaupt eine finale Algebra besitzt. Die bis jetzt erforschten Möglichkeiten der finalen Semantik-Definition wollen wir jetzt kurz betrachten.

Die erste Arbeit zur finalen Algebra-Semantik stammt von M.Wand [Wa77] und beschäftigt sich ausschließlich mit Erweiterungen von abstrakten Datentypen. (*) Wir wiederholen kurz die Definition der Erweiterung (4.2) mit einer leichten Änderung der Bezeichnungen:

(*) Wands Arbeit ist kategorientheoretisch formuliert; wir haben sie hier in die "normale" algebraische Sprache übersetzt.

Sei $\underline{\underline{bspec}} = \langle bS, b\Sigma, bE \rangle$ eine Spezifikation; dann heißt $\underline{\underline{espec}} = \underline{\underline{bspec}} + \langle eS, e\Sigma, eE \rangle$ eine Erweiterung von $\underline{\underline{bspec}}$ $\Leftrightarrow$ $(T_{\underset{\sim}{\underline{\underline{espec}}}})_{\underline{\underline{bspec}}} \cong T_{\underset{\sim}{\underline{\underline{bspec}}}}$ $\Leftrightarrow$ $\underline{\underline{espec}}$ ist vollständig und konsistent relativ zu $\underline{\underline{bspec}}$. Wir nennen $\underline{\underline{bspec}}$ die Basis-Spezifikation mit den Basis-Sorten bS etc. und $\underline{\underline{espec}}$ die Erweiterungs-Spezifikation mit den Erweiterungssorten eS etc.

Wie wir oben gesehen haben, müssen wir bei der Definition der zulässigen Modellklasse verhindern, daß zu kleine Modelle auftreten. Das kann man mit Hilfe der Basis-Spezifikation stets erreichen:

5.6 Definition und Satz: ([Wa77])

Sei $\underline{\underline{espec}} = \underline{\underline{bspec}} + \langle eS, e\Sigma, eE \rangle$ eine Erweiterung. Definiere eine Klasse $EMOD \subset \underline{Alg}_{\underline{\underline{espec}}}$ von zulässigen Modellen von $\underline{\underline{espec}}$ durch

$\underset{\sim}{A} \in EMOD \Leftrightarrow \underset{\sim}{A}$ ist von $\emptyset$ erzeugt und der eindeutige Homomorphismus $h_{\underset{\sim}{A}} : SEM_{\underline{\underline{bspec}}} \to (\underset{\sim}{A})_{\underline{\underline{bspec}}}$ ist injektiv.

Dann gilt:

1.) EMOD ist nicht leer.

2.) Es gibt eine finale Algebra FIN_{EMOD} in EMOD.

3.) Falls $SEM_{\underline{\underline{bspec}}}$ nicht isomorph zur einpunktigen Algebra ist, ist auch FIN_{EMOD} nicht isomorph dazu.

Wir definieren die finale Semantik von $\underline{\underline{espec}}$ als den eindeutigen Homomorphismus

$$h : SYN_{\underline{\underline{espec}}} \to FIN_{EMOD} .$$

Beweis: Behauptung 1 ist trivial, denn es gilt mindestens $SEM_{\underline{\underline{espec}}} \in EMOD$. Nach Definition ist $h : SEM_{\underline{\underline{bspec}}} \to (SEM_{\underline{\underline{espec}}})_{\underline{\underline{bspec}}}$ sogar bijektiv. Ebenso trivial ist Behauptung 3, denn die Definition von EMOD beinhaltet, daß jede Algebra $\underset{\sim}{A} \in EMOD$ mindestens soviele Elemente wie $SEM_{\underline{\underline{bspec}}}$ hat. Zum Beweis von Behauptung 2 definiert Wand eine spezielle Kongruenzrelation Q und zeigt, daß $FIN_{EMOD} := SEM_{\underline{\underline{espec}}}/_Q$ final in EMOD ist. Wir gehen hier nicht näher darauf ein, zumal wir ähnliche Gedanken noch in 5.7, 5.9 vorstellen werden.

Praktisch genauso geht die Münchener CIP-Gruppe (Broy, Pepper, Wirsing und andere) vor. ([BDal79], [BW80e], [WB80]) Ihr Konzept ist nicht so stark an die Syntax einer Datentyp-Erweiterung im Sinne von 4.2 gebunden. Statt der in 5.6 vorkommenden Basis-Spezifikation erlauben sie, daß in einer Datentyp-Spezifikation gewisse Sorten und Operationen als "primitiv" gekennzeichnet werden. Ob diese primitiven Typen ihrerseits wiederum als die Semantik abstrakter Spezifikationen gegeben sind oder ganz konkret durch Angabe fester Algebren, spielt dabei keine Rolle. Über den primitiven Typen wird ein neuer Datentyp spezifiziert. Dieser kann dann wiederum in anderen Spezifikationen als primitiv vorausgesetzt werden, so daß hierarchische Typen bzw. Spezifikationen entstehen. Die Klasse der zulässigen Modelle schränkt man ein, indem man eine Hierarchie-Konsistenz [BW80e] fordert: Jedes Modell eines Datentyps muß die darin enthaltenen primitiven Typen respektieren. Falls man für die primitiven Typen eine Basis-Spezifikation $\underline{\underline{bspec}}$ annimmt, ist dies genau die in 5.6 erwähnte Bedingung für EMOD.

Es muß an dieser Stelle einmal gesagt werden, daß der Begriff der Datentyp-Erweiterung sowie auch der relativen Vollständigkeit ("sufficient completeness ") und relativen Konsistenz im Prinzip auf Guttags Dissertation [Gu75] zurückgehen. Die Arbeit ist sehr wenig formalisiert, so daß schwer zu ergründen ist, welches die Semantik von Guttags Spezifikationen sein soll. Man darf aber wohl zu Recht vermuten, daß er die finale Semantik im Sinne von 5.6 gemeint hat.

Die Arbeit [WB80] zeigt auf, daß zwischen der initialen und der finalen Semantik im allgemeinen noch eine unendliche Vielzahl anderer sinnvoller Semantiken liegt.

Ganz verwandte Ideen verwendet auch Kamin [Kn80a,b], der hauptsächlich daran interessiert ist, eine konkrete Darstellung für FIN_{EMOD} zu finden, um die praktische Verwendung von Spezifikationen mit finaler Semantik zu erleichtern.

Der Einfachheit halber führen wir Kamins Ansatz auf die in 5.6 geschilderte Situation zurück, obwohl er eher (wie die CIP-Gruppe) allgemeinere primitive Typen voraussetzt.

5.7 Definition und Satz: Sei $\underline{\underline{espec}} = \underline{\underline{bspec}} + \langle eS, e\Sigma, eE\rangle$ eine Erweiterung, $\underline{\underline{bspec}} = \langle bS, b\Sigma, bE\rangle$.

Für ein Modell $\underset{\sim}{A} \in \underline{Alg}_{\underline{\underline{espec}}}$, welches von $\emptyset$ erzeugt ist, definiere eine Relation $\equiv_{\underset{\sim}{A}}$ auf A durch

$a \equiv_{\underset{\sim}{A}} b :\Longleftrightarrow$ Entweder haben a und b die gleiche Sorte $bs \in bS$ und es gilt $a = b$

oder

a und b haben die gleiche Sorte $es \in eS$ und für alle Polynomschemata $t \in POL_{\underline{\underline{sig}}}^{(es,bs)}$ für $bs \in bS$ gilt

$$POL(t)_{\underset{\sim}{A}}(a) = POL(t)_{\underset{\sim}{A}}(b) \quad .$$

Falls $a \equiv_{\underset{\sim}{A}} b$ gilt, so sagt man: a und b sind in $\underset{\sim}{A}$ abstrakt gleich. Es gilt dann für jede minimale espec-Algebra $\underset{\sim}{A}$:

$\equiv_{\underset{\sim}{A}}$ ist eine Kongruenzrelation auf $\underset{\sim}{A}$.

Aufgabe 9: Beweisen Sie das!

Kamins Ansatz ist stark durch das in Beispiel 5.2 bereits erwähnte beobachtbare Verhalten motiviert; in der Tat ist die Relation "abstrakt gleich" eine Formalisierung dieses Begriffs. Dem gleichen Ziel dient die folgende Definition:

5.8 Definition: Sei espec = bspec + <eS,eΣ,eE> eine Erweiterung. Zwei minimale espec-Algebren $\underset{\sim}{A}$ und $\underset{\sim}{B}$ heißen austauschbar $\Longleftrightarrow$

1.) $(\underset{\sim}{A})_{bspec} \cong (\underset{\sim}{B})_{bspec}$

("Primitive Typen sind gleich")

2.) Für die eindeutigen Homomorphismen $h_{\underset{\sim}{A}} : SYN_{espec} \to \underset{\sim}{A}$ und $h_{\underset{\sim}{B}} : SYN_{espec} \to \underset{\sim}{B}$, den Isomorphismus $i : (\underset{\sim}{A})_{bspec} \to (\underset{\sim}{B})_{bspec}$ und jeden Term $t \in SYN_{espec}$ mit einer Sorte $bs \in bS$ gilt

$$h_{\underset{\sim}{B}}(t) = i(h_{\underset{\sim}{A}}(t))$$

("Das beobachtbare Verhalten ist gleich").

Dementsprechend definieren wir jetzt auch eine Modellklasse VMOD : Sie enthält SEM_{espec} und alle Modelle, die damit austauschbar sind. (*)

5.9 Definition und Satz: ([Kn80b])

Sei espec = bspec + <eS,eΣ,eE> eine Erweiterung. Definiere eine Klasse $VMOD \subset Alg_{espec}$ von zulässigen Modellen von espec durch

1.) $SEM_{espec} \in VMOD$.

2.) Wenn $\underset{\sim}{A} \in VMOD$ gilt und $\underset{\sim}{A}$ und $\underset{\sim}{B}$ austauschbar sind, dann gilt $\underset{\sim}{B} \in VMOD$.

(*) Kamin beginnt nicht unbedingt mit SEM_{espec} , sondern einer beliebigen minimalen espec-Algebra. Das spielt jedoch für das weitere keine Rolle.

Dann gilt: Es gibt eine finale Algebra FIN_{VMOD} in VMOD . FIN_{VMOD} ist genau dann isomorph zur einpunktigen Algebra, wenn dies auch für $SEM_{\underline{\underline{bspec}}}$ gilt.

Wir definieren die finale Semantik von espec als den eindeutigen Homomorphismus $h : SYN_{\underline{\underline{espec}}} \rightarrow FIN_{VMOD}$.

Beweis: Sei $\underset{\sim}{A} \in VMOD$ ein beliebiges Modell (*) , $\equiv_{\underset{\sim}{A}}$ die in 5.7 erwähnte Relation "abstrakt gleich". Unsere Behauptung ist, daß $\underset{\sim}{A}/\equiv_{\underset{\sim}{A}}$ final in VMOD ist. Zunächst einmal müssen wir zeigen, daß überhaupt $\underset{\sim}{A}/_{\equiv_{\underset{\sim}{A}}} \in VMOD$ gilt. Hierzu zeigt man, daß $\underset{\sim}{A}$ und $\underset{\sim}{A}/_{\equiv_{\underset{\sim}{A}}}$ austauschbar sind. (Das ist nahezu trivial.)

Sei nun $\underset{\sim}{B}$ ein beliebiges Modell in VMOD. Wir müssen zeigen, daß es genau einen Homomorphismus von $\underset{\sim}{B}$ nach $\underset{\sim}{A}/_{\equiv_{\underset{\sim}{A}}}$ gibt.

Definiere

$$\underline{abs}_{\underset{\sim}{B}} : B \rightarrow A/_{\equiv_{\underset{\sim}{A}}}$$

$$\underline{abs}_{\underset{\sim}{B}}(b) := [h_{\underset{\sim}{A}}(t)]_{\equiv_{\underset{\sim}{A}}}$$, wobei $t \in SYN_{\underline{\underline{espec}}}$ ein beliebiger Term mit $h_{\underset{\sim}{B}}(t)=b$ ist. (Solch ein Term muß existieren, weil $\underset{\sim}{B}$ minimal ist (d.h. von $\emptyset$ erzeugt)).

Der Beweis wird dann abgeschlossen durch

Aufgabe 10: Beweisen Sie, daß

1.) $\underline{abs}_{\underset{\sim}{B}}(b)$ unabhängig ist von der Auswahl des Repräsentanten bzgl. $\equiv_{\underset{\sim}{A}}$,
2.) $\underline{abs}_{\underset{\sim}{B}}$ ein Homomorphismus ist,
3.) jeder andere Homomorphismus $f : \underset{\sim}{B} \rightarrow \underset{\sim}{A}/_{\equiv_{\underset{\sim}{A}}}$ mit $\underline{abs}_{\underset{\sim}{B}}$ zusammenfällt.

Die Abbildung $\underline{abs}_{B}$ in Beweis von 5.9 heißt Abstraktionsfunktion, weil sie uns zu jedem Element b eines Modells $\underset{\sim}{B}$ dasjenige "abstrakte Element" a in der finalen semanti-

(*) Es spricht an sich nichts dagegen, $\underset{\sim}{A} = SEM_{\underline{\underline{spec}}}$ zu wählen, aber notwendig ist das nicht.

schen Algebra liefert, welches durch b bzgl. der finalen Semantik "dargestellt" wird. Solche Abstraktionsfunktionen werden uns noch im Zusammenhang mit Implementierungen beschäftigen. (Kap. 7)

Eine Folgerung aus 5.9 ist noch

5.10 Korollar: In der finalen semantischen Algebra FIN_{VMOD} gilt für je zwei Elemente a,b einer Erweiterungssorte es ∈ eS:

$$a \equiv_{FIN_{VMOD}} b \Rightarrow a = b ,$$

d.h. keine zwei verschiedenen Elemente sind abstrakt gleich.

Wiederum ein anderer Ansatz zur finalen Semantik stammt von Hornung und Raulefs [HR80a, HR81]. Sie verzichten auf Basis-Spezifikationen bzw. primitive Typen und verlangen noch einfacher, daß jede Spezifikation (im Prinzip) die boolesche Sorte bool mit den konstanten Operationen true und false enthält. Als zulässige Modellklasse definieren sie die Klasse aller Algebren $\underset{\sim}{A}$, in denen $h_A(\text{true}) \neq h_A(\text{false})$ gilt. Die Resultate dieser Forschungsgruppe sind im Hinblick auf eine praktische Anwendung im Zusammenhang mit sog. "Expertensystemen" zur "automatischen Implementierung" von Spezifikationen durchaus erfolgversprechend; wir werden darauf noch später (Kap. 11) eingehen.

Von diesem Ansatz ist nur noch ein kleiner Schritt zu der Definition von Bergstra und Tucker [BT80d], die wir im folgenden noch vorstellen. Hornung und Raulefs schließen zu kleine Modelle aus, indem sie sozusagen implizit zu den Gleichungen eine einzige Ungleichung true ≠ false hinzunehmen. Es ist ja auch klar, daß man über Modelle, wo true = false gilt, überhaupt nichts aussagen kann: die ganze Logik bricht hier zusammen, weil jede mögliche Aussage zugleich wahr und falsch ist. In der Modelltheorie heißen Axiomensysteme, aufgrund deren man wahr = falsch beweisen kann, inkonsistent oder widerspruchsvoll.

5.11 Definition: Sei spec = <sig,E> eine Spezifikation.

E heißt inkonsistent oder widerspruchsvoll :⟺

$$SEM_{\underline{spec}} \cong SIG .$$

E heißt konsistent, falls E nicht widerspruchsvoll ist.

spec heißt (in)konsistent ⟺ E ist (in)konsistent.

Beachte, daß aus der Inkonsistenz von spec folgt, daß jedes Modell von spec isomorph zur einpunktigen Algebra ist. Formal muß man den hier definierten Begriff der Konsistenz von der in 4.4 definierten relativen Konsistenz unterscheiden, obwohl es auf der intuitiven

Ebene durchaus ähnliche Begriffe sind. Die ersten drei Ansätze zur finalen Semantik (Wand, CIP, Kamin) bauen auf der relativen Konsistenz auf, während die anderen beiden (Hornung/Raulefs, Bergstra/Tucker) auf der Konsistenz aufbauen. Noch einfacher als Hornung und Raulefs kann man vorgehen, indem man einfach die einpunktige Algebra von der zulässigen Modellklasse ausschließt:

5.12 Definition und Satz: ([BT80d])

Sei spec = <sig,E> eine Spezifikation. Definiere eine Klasse $ZMOD \subset \mathrm{Alg}_{spec}$ von zulässigen Modellen von spec durch

$$ZMOD := \mathrm{Alg}_{spec} \setminus \{ A \mid A \cong SIG \} \quad .$$

Dann gilt:

1.) spec konsistent $\Leftrightarrow$ Es gibt eine initiale Algebra INI_{ZMOD} .

2.) Falls INI_{ZMOD} existiert, gilt $INI_{ZMOD} \cong SEM_{spec}$.

Der Beweis hierzu ist trivial. Bevor wir zur finalen Semantik unter Benutzung von ZMOD übergehen, müssen wir zunächst einige Grundkenntnisse über Kongruenzrelationen nachholen:

5.13 Satz und Definition: Sei A eine sig-Algebra, $C(A) \subseteq A \times A$ die Menge aller Kongruenzrelationen auf A . $C(A)$ bildet bezüglich der mengentheoretischen Inklusion einen vollständigen Verband, d.h. für jede Menge $K \subseteq C(A)$ von Kongruenzrelationen gibt es eine

kleinste obere Schranke $\sup(K) \in C(A)$ und eine
größte untere Schranke $\inf(K) \in C(A)$.

Die kleinste Kongruenz $\Delta_A := \sup(\emptyset) = \{(x,x) \in A \times A\}$ heißt Diagonale, die größte Kongruenz $1_A := \inf(\emptyset) = A \times A$ heißt Einheitskongruenz . Für eine beliebige Relation $R \subseteq A \times A$ heißt

$$\hat{R} := \inf(\{K \in C(A) \mid R \subseteq K\})$$

die von R erzeugte Kongruenzrelation.

Aufgabe 11: Beweisen Sie die in 5.13 enthaltene Behauptung!

In 2.12 haben wir von einer "induzierten Kongruenzrelation" einer Gleichungsmenge gesprochen; hier gilt:

5.14 Korollar: Für eine sig-Algebra A und eine Gleichungsmenge E gilt

$$\equiv_{A,E} = \hat{E}_A = \inf(\{K \in C(A) \mid E_A \subseteq K\}) ,$$

d.h. die von E induzierte Kongruenzrelation auf $\underset{\sim}{A}$ ist die von $E_{\underset{\sim}{A}}$ erzeugte Kongruenzrelation.

Im Falle von $\underset{\sim}{A} = \underset{\sim}{T}_{\underline{\underline{sig}}}$ haben wir für $\equiv_{\underset{\sim}{A},E}$ einfacher $\equiv_E$ geschrieben. Aus der Definition von $\equiv_E$ als größte untere Schranke folgt, daß in $\equiv_E$ möglichst wenig Elemente identifiziert werden. Wir definieren jetzt dual dazu eine Kongruenzrelation, die möglichst viele Elemente identifiziert aber, wenn irgend möglich, nicht die Einheitskongruenz ist.

5.15 Definition und Satz: ([BT80d])

Sei $\underline{\underline{spec}} = \langle \underline{\underline{sig}}, E \rangle$. Definiere eine Kongruenzrelation $\approx_E$ auf $\underset{\sim}{T}_{\underline{\underline{sig}}}$ durch

$$\approx_E := \sup(\{ K \in C(\underset{\sim}{T}_{\underline{\underline{sig}}}) \mid K \neq 1_{\underset{\sim}{T}_{\underline{\underline{sig}}}} ,\ E_{\underset{\sim}{T}_{\underline{\underline{sig}}}} \subseteq K \}) .$$

Dann gilt:

Falls $FIN_{ZMOD} := SYN_{\underline{\underline{spec}}/\approx_E} \in ZMOD$ gilt, so ist FIN_{ZMOD} final in ZMOD.

Wir definieren die finale Semantik von $\underline{\underline{spec}}$ als den eindeutigen Homomorphismus

$$h : SYN_{\underline{\underline{spec}}} \rightarrow FIN_{ZMOD} ,$$

falls FIN_{ZMOD} nicht isomorph zur einpunktigen Algebra ist.

Der Beweis verläuft nach dem gleichen Schema wie der von 5.9 (Aufgabe 10). Wir bemerken, daß $FIN_{ZMOD} \cong SIG \Leftrightarrow \approx_E = 1_{\underset{\sim}{T}_{\underline{\underline{sig}}}}$ gilt.

Wir wollen an dieser Stelle die Betrachtungen über die finale Semantik abschließen, indem wir kurz noch einmal die Beobachtungen aus diesem Kapitel sowie einige wichtige Aussagen aus den zitierten Arbeiten zusammenfassen:

5.16 Zusammenfassung:

1.) Im Gegensatz zur initialen Semantik gibt es mehrere verschiedene Möglichkeiten, finale Semantik sinnvoll zu definieren, je nachdem, welche Modellklasse man zuläßt.

2.) Finale Semantik ist kein Ersatz für die initiale Semantik ebenso wie initiale Semantik kein Ersatz für die finale Semantik ist, sondern beide ergänzen einander gegenseitig. ([Wa 77])

3.) Finale Semantik und initiale Semantik sind zwar besonders ausgezeichnet, aber keineswegs die einzigen sinnvollen Semantikdefinitionen ([Wa77,WB80]).

4.) Bei Benutzung der initialen Semantik ist das Wortproblem (S. 52) rekursiv aufzählbar, d.h. es gibt einen Algorithmus, welcher nacheinander alle Paare $(t,t') \in T^2_{\underline{\underline{sig}}}$ erzeugt, so daß $h(t) = h(t')$ für die initiale Semantik h. Bei der finalen Semantik ist das Komplement des Wortproblems rekursiv aufzählbar, d.h. man kann alle Paare (t,t') mit $h(t) \neq h(t')$ für die finale Semantik h algorithmisch aufzählen. ([BT80e]) .

5.) "Berechenbare" Datentypen können durch initiale Semantik und finale Semantik gleichermaßen gut spezifiziert werden. ([BT80e])

6.) Bei der initialen Semantik werden möglichst wenige, bei der finalen Semantik möglichst viele Elemente identifiziert. Finale Semantik bei Datentyp-Erweiterungen bzw. hierarchischen Datentypen kann als Formalisierung des "beobachtbaren Verhaltens" dienen.

Randbemerkung zu Punkt 2: Bezüglich der Anhänger von initialer Semantik und finaler Semantik paßt das Zitat von R. Descartes aus dem "Discours de la Méthode", I.2:

"Die Verschiedenheit unserer Ansichten rührt nicht daher, daß die einen vernünftiger sind als die anderen, sondern lediglich daher, daß wir unsere Gedanken auf verschiedenen Bahnen lenken und nicht dieselben Probleme betrachten."

6. Behandlung von Ausnahmezuständen

Die Spezifikationen, die wir bis jetzt betrachtet haben, haben noch einen krassen Mangel, der sie für die praktische Verwendung bei abstrakten Datentypen disqualifiziert: Es kommt relativ häufig vor, daß Operationen in abstrakten Datentypen nicht für alle möglichen Argumente definiert sind, z.B. ist in einer Spezifikation für die Arithmetik die Division durch Null nicht erklärt. Ein anderes Beispiel findet sich in 2.4.2: Beim Kellerspeicher ist die Spitze des leeren Kellers top(clear) nicht definiert. Dementsprechend haben wir auch keine Gleichung mit linker Seite top(clear) eingeführt.

Es ist verschiedentlich in der Literatur argumentiert worden, daß die Division und z.B. die Operation top des Kellerspeichers ebenso wie viele andere Operationen eben partielle Operationen sind und daß wir die algebraischen Spezifikationstechniken deshalb auf partielle Algebren gründen müssen. Das widerspricht aber der in der Einleitung erwähnten Forderung nach Robustheit. Wir wären sicher nicht zufrieden mit einem Taschenrechner, der bei einer Division durch Null einfach "steckenbleibt", ohne uns anzuzeigen, daß wir etwas falsch gemacht haben bzw. was wir falsch gemacht haben. Gleichermaßen unglücklich wären wir mit einem Compiler, der bei Eingabe eines syntaktisch inkorrekten Programms keinerlei Ausgabe erzeugt, oder mit einem Lohnbuchhaltungsprogramm, welches bei Eingabe eines falschen Angestellten-Namens einfach stehenbleibt. Es hat sich statt dessen eingebürgert, in solchen Fällen

Fehlermeldungen

herauszugeben bzw. spezielle Fehleranzeiger ("error flags") zu setzen und statt der "normalen" Behandlung eine spezielle Fehlerbehandlung oder Ausnahmebehandlung durchzuführen. Während es einerseits zutrifft, daß Fehlermeldungen keine Datenelemente sind, ist doch andererseits eine Fehlermeldung eine wohldefinierte Antwort, so daß wir nicht wirklich von einer partiellen Operation sprechen können, die an dieser Stelle überhaupt nicht definiert ist.

Vielfach wurden in der Vergangenheit Fehlermeldungen sowie Fehlerbehandlung als letztes Glied in der Kette der Implementierung von den implementierenden Programmierern oder gar erst nach und nach während der Wartung des fertigen Systems hinzugefügt. Betrachtet man die moderne Software-Entwicklung unter Befolgung eines Software-Lebenslaufs (s. Einleitung), so stellt man fest, daß dies geradezu eine T o d s ü n d e ist. Bereits die (für den Auftraggeber noch lesbare) Problem-Spezifikation (Anforderungsdefinition, Pflichtenheft) sollte möglichst reichhaltige Hinweise auf denkbare Fehlersituationen enthalten und darauf, wie in diesen Fällen zu verfahren ist. Anderenfalls besteht die große Gefahr, daß später Fehlermeldungen entstehen, mit denen der Benutzer nichts anfangen kann, weil sie auf seiner gedanklichen Ebene (der Problemspezifikation) nicht interpretierbar sind. (*)

Es ist also notwendig, daß eine formale Spezifikation (spätestens die Systemspezifikation, s. Abb. 1) auch die möglichen "Fehler" exakt spezifiziert sowie die Bedingungen, unter denen sie zustande kommen, wie danach weiter verfahren werden soll und wie sie gegebenenfalls wieder behoben werden können.

Bevor wir auf die Schwierigkeiten eingehen, die bei der Fehlerbehandlung durch die initiale Semantik entstehen und wie man diese Probleme lösen kann, möchten wir zunächst die Terminologie ändern: Statt "Fehler" verwenden wir lieber den Begriff "Ausnahme" bzw. "Ausnahmezustand". Der Grund hierfür ist, daß die Formulierung "eine Spezifikation mit Fehlern" doppeldeutig ist: das kann einerseits heißen, daß hier mögliche Fehlerfälle und ihre Behandlung eingeschlossen sind, andererseits kann es auch bedeuten, daß an der Spezifikation etwas falsch ist.

6.1 Definition: Eine Ausnahmesignatur ist ein Tripel $\underline{asig} = \langle S, \Sigma, A \rangle$, wobei $\underline{sig} = \langle S, \Sigma \rangle$ eine Signatur ist und $A \subseteq \Sigma$ eine Menge von Ausnahmen. Alle $F \in A$ haben den Typ $F^{(\varepsilon, s)}$ für ein $s \in S$. Eine Ausnahmespezifikation ist eine Gleichungsspezifikation $\underline{aspec} = \langle \underline{asig}, E \rangle$, wobei $\underline{asig}$ eine Ausnahmesignatur ist. Die syntaktische Algebra $SYN_{\underline{aspec}}$ und die semantische Algebra $SEM_{\underline{aspec}}$ werden gebildet, als ob $\underline{asig}$ eine gewöhnliche Signatur wäre.

$$h : SYN_{\underline{aspec}} \to SEM_{\underline{aspec}}$$

ist die initiale Semantik von $\underline{aspec}$.

Ein Term $t \in SYN_{\underline{aspec}}$ heißt echter Ausnahmeterm $\Leftrightarrow$ t enthält ein Vorkommen einer Ausnahme $F \in A$. t heißt abgeleiteter Ausnahmeterm $\Leftrightarrow$ t ist kein echter Ausnahmeterm, aber es gibt es Ausnahme $F \in A$ mit $t \overset{*}{\Rightarrow}_E F$. Ein Ausnahmeterm ist ein echter oder abgeleiteter Ausnahmeterm.

Eine Ausnahmesignatur bzw. -spezifikation kennzeichnet also einige Konstanten ausdrücklich als Ausnahmen bzw. Fehler. Ausnahmen sind keine Datenelemente; andererseits muß unsere syntaktische Algebra auch Bezeichnungen für mögliche Fehlersituationen anbieten,

---

(*) Ein authentisches Beispiel ist etwa die Meldung
IHC201I PROGRAM INTERRUPT - OLD PSW IS FF150001 4006F16C .
Hier weiß man nur eins mit Sicherheit: Irgendetwas ist falsch gelaufen. Wie es dazu gekommen ist, das kann man nicht einmal ahnen.

damit wir damit formal argumentieren können. Deshalb wird bei der Konstruktion von $SYN_{\underline{\underline{aspec}}}$ keine Rücksicht auf die besondere Rolle der Ausnahmen genommen. Alle Terme in $SYN_{\underline{\underline{aspec}}}$, die keine Ausnahmeterme sind, bezeichnen echte Datenelemente.

Wie sich anhand des folgenden Beispiels herausstellen wird, ist die Definition von $SEM_{\underline{\underline{aspec}}}$ in 6.1 unglücklich gewählt, da uns die initiale Semantik hier wiederum einen Streich spielt: Die Hinzunahme einer einzigen Ausnahme zu einer Spezifikation erzeugt ein ganzes Universum von Ausnahmetermen. Versucht man, diese alle auf die eine Ausnahme zurückzuführen, so entstehen häufig inkonsistente Spezifikationen.

6.2 Beispiel: (Vgl. 2.4.1)

Betrachte die Spezifikation

```
counter = sorts       counter;
          operations  counter = (reset,inc(counter),dec(counter));
          variables   n:counter;
          equations   inc(dec(n)) = n;
                      dec(inc(n)) = n
end
```

Der Träger einer zu $SEM_{\underline{\underline{counter}}}$ isomorphen kanonischen Termalgebra ist

$$C = \{reset\} \cup \{inc^n\ reset \mid n \geq 1\} \cup \{dec^n reset \mid n \geq 1\} .$$

Wir haben also einen Zähler spezifiziert, dessen Werte den positiven und negativen ganzen Zahlen entsprechen. Nehmen wir jetzt an, wir sollten einen positiven Zähler spezifizieren, dessen Werte nur positive Zahlen sind. Die Operation dec , angewendet auf reset, soll einen Fehler mit dem Namen underflow erzeugen:

```
pcounter = sorts  counter;
           operations  counter = (reset,inc(counter),dec(counter));
           exceptions  counter = (underflow);
           variables   n:counter;
           equations   inc(dec(inc(n)) = inc(n);
                       dec(inc(n)) = n;
                       dec(reset) = underflow
           end
```

(Die ursprüngliche Gleichung inc(dec(n)) = n haben wir modifiziert, weil sich sonst zusammen mit dec(reset) = underflow sofort Widersprüche ergäben.)

Der Träger einer zu $SEM_{\underline{\underline{pcounter}}}$ isomorphen kanonischen Termalgebra ist nun

$$P = \{reset\} \cup \{inc^n\ reset \mid n \geq 1\} \cup \{underflow\} \cup \{inc^n\ underflow \mid n \geq 1\} \cup \{dec^n\ underflow \mid n \geq 1\}$$

Wider Erwarten (?) können wir jetzt also auch noch alle positiven und regativen "Ausnahmezahlen" auf der Basis von underflow erzeugen. Vernachlässigt man alle Ausnahmeterme und konzentriert sich auf Terme, die echte Datenelemente beschreiben, so spielt das weiter keine Rolle. Denkt man jedoch an Rechnungen in dem Gleichungssystem von pcounter , so scheint es vernünftig, zu verlangen, daß jede Rechnung als Ergebnis entweder eine positive Zahl $inc^n reset$ $(n \geq 0)$ oder die Fehlermeldung "underflow" ergibt. Dieses Erfordernis ist offensichtlich nicht erfüllt. Das hängt damit zusammen, daß wir nicht spezifiziert haben, wie nach dem Auftreten des Ausnahmezustands underflow weiter verfahren werden soll. Wir holen dies jetzt nach in

```
pcounter 2 = pcounter +
             equations  inc(underflow) = reset;
                        dec(underflow) = underflow
             end
```

Ein einmal aufgetretener Fehlerzustand bleibt also erhalten, bis er durch einmalige Anwendung der Operation inc (oder durch eine "Normierung" reset) wieder behoben wird. (*)

Leider ist aber pcounter 2 inkonsistent, denn es gilt

$$underflow \equiv_E inc(dec(inc(underflow))) \equiv_E inc(dec(reset))$$
$$\equiv_E inc(underflow) \equiv_E reset$$

und damit auch

$$inc(reset) \equiv_E inc(underflow) \equiv_E reset \quad .$$

$SEM_{pcounter\ 2}$ ist die einpunktige Algebra!

Ende des Beispiels

Eine Möglichkeit, den in diesem Beispiel angesprochenen Schwierigkeiten aus dem Weg zu gehen, kennen wir aus dem vergangenen Kapitel: Man benutze für pcounter 2 einfach eine finale Semantik.

Die initiale Semantik besitzt jedoch genug positive Eigenschaften, um die Frage zu rechtfertigen, wie sich die Behandlung von Ausnahmezuständen innerhalb des initialen Ansatzes durchführen läßt.

(*) Das ist natürlich eine willkürliche Festsetzung, die nicht den Anspruch erhebt, in irgendeinem Sinne "richtig" zu sein. Andere Festsetzungen führen übrigens zu ähnlichen Widersprüchen wie den hier aufgezeigten.

Die ersten beiden Lösungsvorschläge erwähnen wir nur des "historischen" Interesses wegen: In [GTW76] werden sogenannte "bedingte Fehler-Axiome" (conditional error axioms) eingeführt; im Prinzip werden dabei bestimmte Teste auf das Vorliegen eines Ausnahmeterms als Operationen innerhalb der Spezifikation definiert und alle Gleichungen, die nichts mit Ausnahmen zu tun haben (wie z.B. unsere Gleichung inc(dec(inc(n))) = inc(n)) unter die explizit spezifizierte Bedingung gestellt, daß hier nur Terme eingesetzt werden dürfen, die keine Ausnahmeterme sind. Bei Befolgung dieser Technik entsteht jedoch sehr schnell eine unerträgliche Menge von Gleichungen zur Definition der oben genannten "OK-Prädikate", zur Fehlerfortpflanzung und zur OK-Fortpflanzung.

Dies wird in [Go77] durch die Einführung sogenannter "Fehler-Algebren" (error algebras) vermieden, wo oberhalb der sowieso schon bestehenden Mehrsortigkeit noch eine zusätzliche Zweisortigkeit eingeführt wird, indem zwischen Fehlersorten und OK-Sorten und Fehleroperationen und OK-Operationen unterschieden wird. In einer Spezifikation werden dann zusätzlich Fehlergleichungen und OK-Gleichungen unterschieden. Dieser Ansatz erfordert jedoch ein völlig neues Überdenken der theoretischen Grundlagen, da natürlich auch Homomorphismen und damit Konzepte wie z.B. Initialität auf die erwähnte aufgesetzte Zweisortigkeit Rücksicht nehmen müssen.

Diese beiden Ansätze haben die Eigenschaft, daß eine Aufhebung von Ausnahmezuständen, wie in Beispiel 6.2 durch inc(underflow) = reset spezifiziert, nicht möglich ist. Der erste befriedigende Vorschlag zur Behandlung von Ausnahmezuständen findet sich in [Go78c], wo sogenannte "Algebren mit geordneten Sorten" ("order sorted algebras") eingeführt werden. Aus methodischen Gründen schildern wir diesen Ansatz nicht, sondern bemerken lediglich, daß er außer einer einleuchtenden Behandlung von Ausnahmezuständen (inklusive Aufhebung von Ausnahmezuständen) auch noch implizite Typenkonversionen ("coercions") und gewisse polymorphe Operationen ("overloaded operations") zuläßt.

Der Ansatz von Ehrich u.a. [GDEL82], den wir im folgenden schildern, weil er sich ohne viel zusätzlichen Aufwand in den hier vorgegebenen Rahmen einfügt, geht auf den gemeinsamen Motivationspunkt von [GTW76, Go77, Go78c] zurück:

Man muß einfach verhindern, daß eine Gleichung, die für "gute" Elemente aufgestellt wurde, auch für Ausnahmeelemente zutrifft.

Im Beispiel 6.2 haben wir z.B. die Inkonsistenz dadurch nachgewiesen, daß wir in die Gleichung

inc(dec(inc(n))) = inc(n)

den Ausnahmeterm underflow eingesetzt haben.

6.3 Definition: Sei aspec = <asig,E> eine Ausnahmespezifikation, asig = <S,Σ,A>. Ein Operationssymbol $F \in \Sigma$ heißt unsicher :⟺

$F \in A$

oder es gibt Terme $t_1,\ldots,t_n$, die keine echten Ausnahmeterme sind, so daß $Ft_1\ldots t_n$ ein (abgeleiteter) Ausnahmeterm ist.

$F \in \Sigma$ heißt sicher ⟺ F ist nicht unsicher.

In Beispiel 6.2 sind etwa underflow und dec unsichere Operationen, reset und inc sind sicher.

Bemerkung: In der Originalarbeit [GDEL82] werden bereits in der Signatur asig die Operationssymbole als sicher bzw. unsicher gekennzeichnet. Sicherheit ist dort ein Grundkonzept, während es bei uns ein abgeleitetes, auf eine bestimmte Gleichungsmenge bezogenes Konzept ist.

Wir schränken jetzt die zulässige Modellklasse ein, indem wir nur noch sichere Algebren zusammen mit sicheren Homomorphismen betrachten. (Technisch bedeutet dies, daß wir eine neue Kategorie von Algebren definieren.)

6.4 Definition: Sei aspec = <asig,E> eine Ausnahmespezifikation. Eine sichere asig-Algebra ist eine Algebra $\underset{\sim}{A} \in \underline{Alg}_{asig}$ zusammen mit einer Abbildung

$$OK_{\underset{\sim}{A}} : A \to \{true, false\}$$

so daß für jedes sichere Operationssymbol $F \in \Sigma^{(s_1\ldots s_n,s)}$ und $a_i \in A^{s_i}$ $(1 \leq i \leq n)$ gilt:

$$(\forall i \in \{1,\ldots,n\})\ OK_{\underset{\sim}{A}}(a_i) = true \Rightarrow OK_{\underset{\sim}{A}}(F_A(a_1,\ldots,a_n)) = true.$$

Seien $\underset{\sim}{A},\underset{\sim}{B}$ sichere asig-Algebren, $f : \underset{\sim}{A} \to \underset{\sim}{B}$ ein Homomorphismus. f heißt sicherer Homomorphismus ⟺ Für alle $a \in A$ gilt

$$OK_{\underset{\sim}{A}}(a) = true \Rightarrow OK_{\underset{\sim}{B}}(f(a)) = true\ .$$

Bemerkungen: Beachte, daß in einer sicheren Algebra $\underset{\sim}{A}$ für jedes konstante Operationssymbol $F \notin A$ gelten muß $OK_{\underset{\sim}{A}}(F_A) = true$. Diejenigen Elemenge $a \in A$ mit $OK_{\underset{\sim}{A}}(a) = true$ sollen die echten Datenelemente darstellen, während die anderen die Ausnahmezustände darstellen. Die aufgestellte Bedingung besagt, daß eine sichere Operation, angewandt auf echte Datenelemente, wiederum Datenelemente liefert. Es ist nichts darüber gesagt, was eine sichere Operation, angewandt auf Ausnahmeelemente tun soll: also können wir die Ausnahme sowohl fortpflanzen als auch beheben. Über das Verhalten der unsicheren Operationen werden gar keine Voraussetzungen gemacht.

Ähnliches gilt für die Homomorphismen: Sie müssen Datenelemente in Datenelemente überführen, dürfen aber Ausnahmeelemente sowohl in Ausnahmeelemente als auch in Datenelemente überführen.

Als nächstes machen wir uns klar, daß man die syntaktische Algebra $SYN_{\underline{\underline{aspec}}} = \underset{\sim}{T}_{\underline{\underline{asig}}}$ als die initiale sichere $\underline{\underline{asig}}$-Algebra bzgl. sicherer Homomorphismen betrachten kann:

6.5 Satz: Definiere eine Abbildung

$$OK_{\underset{\sim}{T}_{\underline{\underline{asig}}}} : SYN_{\underline{\underline{aspec}}} \to \{true, false\}$$

durch $OK_{\underset{\sim}{T}_{\underline{\underline{asig}}}}(t) = false :\Longleftrightarrow$ t ist Ausnahmeterm.

Die Algebra $SYN_{\underline{\underline{aspec}}}$ zusammen mit dieser Abbildung bezeichnen wir durch $ASYN_{\underline{\underline{aspec}}}$. Dann gibt es für jede sichere $\underline{\underline{asig}}$-Algebra $\underset{\sim}{A}$ genau einen sicheren Homomorphismus

$$h_{\underset{\sim}{A}} : ASYN_{\underline{\underline{aspec}}} \to \underset{\sim}{A} \quad .$$

Aufgabe 12: Beweisen Sie dies!

Das einzige, was uns jetzt noch fehlt, ist eine Einteilung der in den Gleichungen verwendeten Variablen in sichere und unsichere Variablen. Bei der Definition einer Variablenbelegung $f : X \to A$ für eine sichere Algebra $\underset{\sim}{A}$ achtet man dann darauf, daß eine sichere Variable nur mit Datenelementen belegt werden kann, eine unsichere Variable dagegen sowohl mit Datenelementen als auch Ausnahmeelementen. Eine derartige Variablenbelegung erzeugt dann einen eindeutigen sicheren Homomorphismus $\hat{f}$, mit dem man dann alle weiteren Konzepte (wie z.B. die durch E auf $\underset{\sim}{A}$ induzierte Kongruenzrelation) genau wie in Kapitel 2 durchziehen kann.

6.6 Definition und Satz: Sei $\underline{\underline{aspec}} = \langle \underline{\underline{asig}}.E \rangle$ eine Ausnahmespezifikation, X die Menge der in E vorkommenden Variablen, $OK : X \to \{true, false\}$ eine Abbildung. Eine Abbildung $f : X \to A$ für eine sichere $\underline{\underline{asig}}$-Algebra $\underset{\sim}{A}$ heißt sichere Variablenbelegung $:\Longleftrightarrow OK(x) = true \Rightarrow OK_{\underset{\sim}{A}}(f(x)) = true$. Eine sichere Variablenbelegung f induziert einen eindeutigen sicheren Homomorphismus $\hat{f} : ASYN_{\underline{\underline{aspec}}}(X) \to \underset{\sim}{A}$.

Die auf $\underset{\sim}{A}$ durch E induzierte Kongruenzrelation sei mit Hilfe von $\hat{f}$ wie in Kapitel 2 definiert; $\approx_E$ bezeichne die durch E auf $ASYN_{\underline{\underline{aspec}}}$ induzierte Kongruenzrelation.

Dann ist $ASEM_{\underline{\underline{aspec}}} := ASYN_{\underline{\underline{aspec}}}/\approx_E$ die initiale sichere aspec-Algebra (bzgl. sicherer Homomorphismen).

$ASEM_{\underline{\underline{aspec}}}$ heißt semantische Algebra der Ausnahmespezifikation aspec und der eindeutige Homomorphismus

$$h : ASYN_{\underline{\underline{aspec}}} \to ASEM_{\underline{\underline{aspec}}}$$

die initiale Semantik von aspec .

Notation: In unserer Gleichungsspezifikationssprache GSS notieren wir diejenigen Variablen x mit OK(x) = true hinter dem Schlüsselwort safe variables , die anderen einfach hinter variables.

6.7 Beispiel: Wir greifen wieder Beispiel 6.2 auf.

```
pcounter2 = sorts counter;
            operations  counter = (reset,inc(counter),dec(counter));
            exceptions  counter = (underflow);
            safe variables  n : counter;
            equations  inc(dec(inc(n))) = inc(n);
                       dec(inc(n)) = n;
                       dec(reset) = underflow;
                       inc(underflow) = reset;
                       dec(underflow) = underflow
            end
```

Im Gegensatz zu 6.2 können wir hier mit der ersten Gleichung keine Inkonsistenz hervorrufen, da die Belegung f(n) = underflow nicht sicher ist. pcounter2 hat wirklich die erwünschte Semantik.

Wir haben hier keine unsicheren Variablen benutzt. Wozu man diese benötigen kann, zeigt das folgende Beispiel:

```
pcounter3 = pcounter2 + bool +
            operations  counter = (if-then-else(bool,counter,counter));
            variables   x,y:counter;
            equations   if true then x else y = x;
                        if false then x else y = y
            end
```

Es ist nun klar, daß ein Term

if true then reset else dec(reset)

kein Ausnahmeterm sein sollte, denn die Ausnahme, die in dem nicht erreichbaren else-Zweig erzeugt wird, spielt keine Rolle.

Durch die Wahl von y als unsichere Variable können wir unter Benutzung der ersten Gleichung diesen Term zu reset reduzieren, also die Ausnahme beheben. Wäre y als sichere Variable deklariert, so könnten wir diese Reduktion nicht durchführen; die Ausnahme ließe sich dann nicht beheben.

Ende des Beispiels

Eine angenehme Eigenschaft dieses Ansatzes ist es, daß wir das Analogon zu Satz 3.16 hier auch beweisen können (siehe [GDEL82]), d.h. unter günstigen Umständen stimmen Reduktionssemantik (operationelle Semantik) und initiale Semantik überein.

7. Implementierungen von Gleichungsspezifikationen

Das Wort "Implementierung" hat zwei verschiedene Bedeutungen; es bezeichnet

1.) den Prozeß des Implementierens

und

2.) das Resultat dieses Prozesses.

Um Mißverständnissen aus dem Weg zu gehen, bezeichnen wir hier mit

Implementierung	den Prozeß	und mit
Implementation	das Resultat	des Implementierens.

Konzentriert man sich auf den zweiten Aspekt des Wortes, so denkt man natürlich bei "Implementation" zunächst an ein Programmpaket oder eine Maschine. Wir wollen hier auf einer formalen Stufe bleiben, indem wir erklären, welche Algebren wir als konkrete Implementationen von Gleichungsspezifikationen zulassen wollen. Aus den "wirklichen" Implementationen lassen sich stets Algebren ableiten: Eine Maschine mit der Zustandsmenge M und Maschinenoperationen O läßt sich als Algebra $<M;O>$ interpretieren, ein Programmpaket mit seinen Datenbereichen D und seinen Prozeduren P als Algebra $<D;P>$.

Historisch gesehen ist der erste Ansatz der folgende: ([GTWW75b])

7.1 Definition: Sei $\underline{\underline{spec}} = <\underline{\underline{sig}},E>$ eine Spezifikation. Eine $\underline{\underline{sig}}$-Algebra $\underset{\sim}{A}$ heißt Implementation von $\underline{\underline{spec}}$ $:\Longleftrightarrow \underset{\sim}{A} \cong \underset{\sim}{T}_{\underline{\underline{spec}}}$.

Das heißt: eine konkrete Implementation von $\underline{\underline{spec}}$ muß mit der semantischen Algebra von $\underline{\underline{spec}}$ übereinstimmen.
Um zu beweisen, daß $\underset{\sim}{A}$ eine Implementation von $\underline{\underline{spec}}$ ist, stehen im wesentlichen die in 5.1 erwähnten Methoden zur Verfügung.

Zumindest hat dieser Implementationsbegriff den Vorteil, leicht formulierbar zu sein. Andererseits läßt er zu wenig Spielraum für wirkliche Implementierungen. Es ist einfach unrealistisch, anzunehmen, daß die Operationen der Implementation genau die Operationen der Spezifikation sind. In der Regel werden die Operationsmengen ganz verschieden sein: Auf der Implementationsebene gibt es möglicherweise Operationen, die für die Spezifikationsebene keinen Sinn ergeben; andererseits müssen vielleicht Operationen der Spezifikation durch ganze Rechnungsabläufe der Implementation dargestellt werden. Wir werden dies sofort noch an einigen Beispielen vorführen. Zuvor jedoch noch eine allgemeine Bemerkung:

Es fragt sich nämlich, in welcher Form eine implementierende Algebra $\underset{\sim}{A}$ von spec gegeben ist: ist sie ganz konkret durch Angabe einer Trägermenge A und Definition der Operationen auf A gegeben oder aber abstrakt als Semantik einer anderen Spezifikation spec' ? Mit Hinblick auf eine "strukturierte" oder "methodische" Entwicklung von Implementierungen sollte man gerade diesem Fall besondere Aufmerksamkeit schenken. Hier zeigt Definition 7.1 ihre größten Schwächen:

$\underset{\sim}{T}_{spec'}$ ist Implementation von spec $\Leftrightarrow$ $\underset{\sim}{T}_{spec'} \cong \underset{\sim}{T}_{spec}$, insbesondere also sig = sig' .

Der Prozeß der Implementierung kann damit höchstens noch in der Angabe eines alternativen Satzes von Gleichungen zur Berechnung derselben Operationen bestehen. Das ist mit Sicherheit nicht das, was man sich normalerweise unter einer Implementierung vorstellt.

Wir stellen uns jetzt die allgemeinere Frage:

> Seien spec = <S,Σ,E> und spec' = <S',Σ',E'> Spezifikationen. Welche Beziehung zwischen spec und spec' charakterisiert eine (korrekte) Implementierung?

Zunächst einmal muß nicht unbedingt gelten $S = S'$ und $\Sigma = \Sigma'$. Es könnte z.B. möglich sein, daß die Sorten in S' andere Namen haben und daß "komplexe" Operationen in Σ auf "einfachere" Operationen in Σ' zurückgeführt werden.

7.2 Beispiel: Es sei boolean die übliche Spezifikation (4.3.a). Wir wissen aus der Schaltalgebra, daß wir alle boole'schen Funktionen durch einen einzigen Baustein (z.B. das nand-Gatter) synthetisieren können. Es muß also möglich sein, boolean durch bit zu implementieren, wobei

```
bit = sorts       b;
      operations  b = (0,1,nand(b,b))
      variables   x:b;
      equations   nand(0,x) = 1;
                  nand(1,1) = 0;
                  nand(x,0) = 1
      end
```

Offensichtlich ist $\underset{\sim}{T}_{bit}$ keine Implementation von $\underset{\sim}{T}_{boolean}$ im Sinne von 7.1. Beachtet man die Umbenennung von bool zu b, true zu 1 und false zu 0 einmal als

unwesentlich, so fehlen doch offensichtlich in $\underset{\sim}{T}_{bit}$ die Operationen and, or, not und implies , während andererseits die Operation nand zuviel ist.
Immerhin lassen sich die gewünschten Operationen durch Polynomschemata über der Signatur von bit beschreiben (1.23):

$$\begin{aligned}
not(x_1) &:= nand(x_1,x_1) \\
and(x_1,x_2) &:= nand(nand(x_1,x_2),nand(x_1,x_2)) \\
or(x_1,x_2) &:= nand(nand(x_1,x_1),nand(x_2,x_2)) \\
implies(x_1,x_2) &:= nand(x_1,nand(x_2,x_2)) \quad .
\end{aligned}$$

Die Bildung von Polynomschemata auf der algebraischen Ebene entspricht genau dem Zusammenschalten von Bausteinen auf der Schaltkreisebene. Wollen wir genau die boolesche Algebra $\underset{\sim}{T}_{boolean}$ implementieren mit den in 4.3.a angegebenen Operationen, so dürfen wir lediglich die o.a. zusammengesetzten Schaltkreise verwenden. Die Existenz des reinen nand-Bausteins muß man sozusagen vergessen.

Ende des Beispiels

In diesem Beispiel haben wir bereits zwei typische Phänomene bei Implementierungen kennengelernt: Operationen der abstrakten Ebene, die auf der Implementationsebene so nicht vorhanden sind, werden irgendwie auf die Operationen der Implementation zurückgeführt; Operationen, die auf der Implementationsebene vorhanden sind, aber auf der abstrakteren Ebene nicht, werden vergessen. Das folgende Beispiel zeigt, daß häufig auch eine Menge von Datenelementen vergessen werden muß:

7.3 Beispiel: Es sei

```
natural = sorts nat;
          operations nat = (0,suc(nat),+(nat,nat));
          variables  n,m:nat;
          equations  n+0 = n;
                     n+suc(m) = suc(n+m)
          end
```

In keiner der gängigen Programmiersprachen existieren natürliche Zahlen als eigener Datentyp; vielmehr werden sie stillschweigend durch ganze Zahlen implementiert. Es muß also möglich sein, natural durch integer zu implementieren mit

```
integer = sorts int;
          operations int = (0,suc(int),pred(int),+(int,int));
          variables  n,m:int;
          equations  pred(suc(n)) = n;
                     suc(pred(n)) = n;
                     n + 0 = n;
                     n + suc(m) = suc(n + m);
                     n + pred(m) = pred(n + m)
          end
```

Der Teil von $SEM_{integer}$, der als Implementation von $SEM_{natural}$ dient, ist zum einen dadurch charakterisiert, daß man die Existenz der Operation pred vergißt, andererseits muß man aber auch alle negativen Zahlen $[pred^n(0)]_E$ vergessen. Mit anderen Worten: Man schränkt sich auf den Teil von $SEM_{integer}$ ein, der unter den eingeschränkten Operationen noch erreichbar ist.

Ende des Beispiels

Das folgende Beispiel zeigt noch ein weiteres, häufig angetroffenes Phänomen auf: in der Implementierungsebene gibt es häufig verschiedene Darstellungen für ein und dasselbe Objekt der abstrakteren Ebene:

7.4 Beispiel: integer = wie oben

```
signat = sorts nat, int, bool;
         operations nat = (0, suc(nat), pred(nat), +(nat,nat),
                           ∸ (nat,nat), abs(int));
                    int = ( i(nat,bool), if-then-else(bool,int,int));
                    bool = (true, false, sgn(int), le(nat,nat),
                            eql(bool,bool));

         variables  x,y:int;
                    n,m: nat;
                    a,b: bool;

         equations  pred(0) = 0;
                    pred(suc(m)) = m;
                    n ∸ 0 = n;
                    n ∸ suc(m) = pred(n ∸ m);
                    n + 0 = n;
                    n + suc(m) = suc(n+m);
```

```
        0 le n = true,
        suc(n) le 0 = false;
        suc(n) le suc(m) = n le m;
        true eql b = b;
        false eql false = true;
        a eql true = a;

        if true then x else y = x;
        if false then x else y = y;
        i(abs(x),sgn(x)) = x;
        abs(i(n,b)) = n;
        sgn(i(n,b)) = b
end
```

Hier sollen also ganze Zahlen durch Paare von natürlichen Zahlen und Vorzeichen implementiert werden. Dazu muß man jetzt zunächst die Operation 0, suc, pred und + auf der Sorte int (z.B. durch geeignete Polynomschemata) definieren, anschließend muß man sich dann auf die Sorte int mit diesen Operationen einschränken. Aber man erhält dann immer noch keine Algebra, die ähnlich zu $SEM_{integer}$ ist, denn in SEM_{signat} gibt es zwei verschiedene Nullen: Eine positive Null i(0,true) und eine negative Null i(0,false) . Man kann keine von beiden einfach weglassen, da sich bei der Additionsoperation mal die eine, mal die andere Null ergeben kann, so wie wir hier die Addition spezifiziert haben. Es ist vielmehr notwendig, diese beiden Nullen zu identifizieren.

Ende des Beispiels

Zusammenfassend können wir sagen, daß drei Phänomene charakteristisch für Implementierungen sind:

1.) Operationen (und Sorten!) der zu implementierenden Spezifikation sind in der Implementation nicht notwendigerweise vorhanden, sondern müssen erst auf die Sorten und Operationen der Implementation zurückgeführt werden. ("Synthese")
2.) Datenelemente der zu implementierenden Spezifikation können auf der Implementationsebene mehrfach repräsentiert werden; diese Doubletten müssen miteinander identifiziert werden. ("Identifikation")
3.) Der Datenbereich der Implementation kann zu groß sein; man muß sich gegebenenfalls auf eine Unteralgebra davon einschränken. ("Restriktion") .

Nachdem man diese drei Schritte ausgeführt hat, kann man eine zu der zu implementierenden Algebra isomorphe Algebra erhalten.

Nach diesen Vorbemerkungen wollen wir uns nun mit Implementierungskonzepten beschäftigen. Das von der ADJ-Gruppe in [GTW76] vorgeschlagene Konzept geht von der Beobachtung aus, daß es vielfach möglich ist, die in der Implementation zunächst fehlenden Operationen durch Polynomschemata auszudrücken. Als Vorbereitung definieren wir Implementierungen zwischen Signaturen:

7.5 Definition: Seien $\underline{\underline{sig}} = \langle S,\Sigma\rangle$ und $\underline{\underline{sig}}' = \langle S',\Sigma'\rangle$ Signaturen. Eine Implementierung von $\underline{\underline{sig}}$ durch $\underline{\underline{sig}}'$ ist ein Paar $i = \langle f,d\rangle$, wobei $f : S \to S'$ und d eine Familie von Abbildungen ist, $d = (d_{w,s})_{w\in S^*,s\in S}$ mit

$d_{w,s} : \Sigma^{(w,s)} \to POL_{\underline{\underline{sig}}'}^{(f^*(w),f(s))}$. (Dabei sei f^* die Fortsetzung von f zu einem Monoid-Homomorphismus.) Eine Implementierungsabbildung i erklärt auf jeder $\underline{\underline{sig}}'$-Algebra $\underset{\sim}{A}$ eine $\underline{\underline{sig}}$-Struktur $\underset{\sim}{d(A)}$ durch

$$F_{\underset{\sim}{dA}} := POL(d(F))_{\underset{\sim}{A}} \quad .$$

$\underset{\sim}{d(A)}$ heißt abgeleitete Algebra von A modulo i .
(d heißt in diesem Zusammenhang "derivor".)

Strenggenommen können wir $\underset{\sim}{dA}$ nicht als $\underline{\underline{sig}}$-Algebra betrachten und wir können auch keinen $\underline{\underline{sig}}$-Homomorphismus mit Bild- oder Urbildbereich A definieren, weil die Sorten in A möglicherweise andere Namen tragen. Wenn wir dies im folgenden dennoch tun, so wollen wir stets den Zusatz "nach entsprechender Umbenennung der Sorten" stillschweigend voraussetzen. (Später werden wir ein Implementierungskonzept kennenlernen, das diese Unsauberkeiten vermeidet.)

7.6 Definition: ([GTW76]) Seien $\underline{\underline{spec}} = \langle \underline{\underline{sig}},E\rangle$ und $\underline{\underline{spec}}' = \langle \underline{\underline{sig}}',E'\rangle$ Spezifikationen, $i = \langle f,d\rangle$ eine Implementierung von $\underline{\underline{sig}}$ durch $\underline{\underline{sig}}'$. Dann heißt i eine Implementierung von $\underline{\underline{spec}}$ durch $\underline{\underline{spec}}'$ (Notation: $i : \underline{\underline{spec}} \to \underline{\underline{spec}}'$) :⟺ Es gibt eine $\underline{\underline{sig}}$-Kongruenzrelation $\equiv$ auf $\underset{\sim}{dT}_{\underline{\underline{spec}}'}$ und eine Unteralgebra $\underset{\sim}{T}' \subseteq \underset{\sim}{dT}_{\underline{\underline{spec}}'} /_{\equiv}$,so daß gilt

$$\underset{\sim}{T}_{\underline{\underline{spec}}} \cong \underset{\sim}{T}' \quad .$$

$\underset{\sim}{T}$ heißt die durch i bestimmte Implementation von $\underline{\underline{spec}}$.

Zum Beweis der geforderten Isomorphie stehen wiederum die in 5.1 angegebenen Methoden zur Verfügung.

Aufgabe 13: (S. Beispiel 7.2) Definieren Sie eine Implementierung
i = <f,d> : boolean → bit und beweisen Sie, daß es eine Implementierung ist.

Aufgabe 14: (S. Beispiel 7.4)
Zeigen Sie, daß i = <f,d> : integer → signat eine Implementierung ist, wobei

f(int) = int

d(0) = i(0,true)

d(suc) = if (sgn(x_1) eql true) then i(suc(abs(x_1)),sgn(x_1))
else if (abs(x_1) le 0) then i(suc(0),true)
else i(pred(abs(x_1)),sgn(x_1))
d(pred) = if (sgn(x_1) eql false) then i(suc(abs(x_1)),sgn(x_1))
else if (abs(x_1) le 0) then i(suc(0),false)
else i(pred(abs(x_1)),sgn(x_1))
d(+) = if (sgn(x_1) eql sgn(x_2)) then i(abs(x_1)+abs(x_2),sgn(x_1))
else if (abs(x_1) le abs(x_2)) then i(abs(x_2)$\dot{-}$abs(x_1),sgn(x_2))
else i(abs(x_1)$\dot{-}$ abs(x_2),sgn(x_1))

Der Implementierungsbegriff von Definition 7.6 ist aber noch unzufriedenstellend,denn:

1.) Die Beziehung zwischen Sorten der "abstrakten" und der implementierenden Spezifikation ist im allgemeinen komplizierter, als es sich durch eine Abbildung f : S → S' darstellen läßt. Im Beispiel 7.4 wird z.B. eigentlich die Sorte int von integer durch das Kreuzprodukt nat × bool von Sorten der Spezifikation signat implementiert. Wir haben dies in der Spezifikation signat umgangen durch die Operationen i, abs, sgn, zero und plus und die zusätzliche Sorte int .

2.) Polynome allein als einziger Mechanismus für die Definition höherer Operationen reichen nicht aus. Wünschenswert und vom Konzept her einheitlich wäre es, wenn man die Operationen der abstrakten Spezifikationen durch Gleichungen auf die Operationen der implementierenden Spezifikationen zurückführen könnte.

3.) ≡ als beliebige Kongruenzrelation ist viel zu weit gefaßt. Wir sollten darauf bestehen, daß ≡ spezifizierbar ist, also etwa wie in Aufgabe 14 von einem bestimmten Satz von Gleichungen erzeugt ist.

Konzeptuell müssen wir an dem Implementierungskonzept von Definition 7.6 noch aussetzen, daß von den drei hauptsächlichen Vorgängen bei der Implementierung - Synthese - Identifikation-Restriktion - manches explizit, manches nur implizit und manches gar nicht durch eine Implementierung i = <f,d> angegeben wird:

1.) Synthese: Die Synthese der Sorten muß implizit (innerhalb der implementierenden Spezifikation) durchgeführt werden. Explizit findet nur die Zuordnung der so konstruierten Sorten durch f statt. Die Synthese der Operationen ist explizit durch d gegeben.

2.) Identifikation: Wird gar nicht angegeben. ("Es gibt eine Kongruenzrelation ...)

3.) Restriktion: Wird gar nicht angegeben. ("Es gibt eine Unteralgebra ...)

Im folgenden stellen wir das Implementierungskonzept der Berliner Gruppe (Ehrig, Kreowski, Padawitz u.a.) vor, bei dem eine klare Trennung zwischen

a.) der Syntax einer Implementierung ("Spezifikation der Implementierung"),

b.) ihrer Semantik und

c.) der Frage nach der Korrektheit

vorgenommen wird.

7.7 Definition: ([EKMP82])

Seien **spec** = <S,Σ,E>,

spec$_0$ = **spec** + $<S_0,\Sigma_0,E_0>$ und

spec$_1$ = **spec** + $<S_1,\Sigma_1,E_1>$

Spezifikationen, so daß **spec**$_0$ und **spec**$_1$ Erweiterungen von **spec** sind.

Eine schwache Implementierung von **spec**$_0$ durch **spec**$_1$,

impl : **spec**$_1$ ⇒ **spec**$_0$

ist ein Paar **impl** = <ΣSORT,EOP>,

so daß

sortimpl := **spec**$_1$ + $<S_0,\Sigma SORT,\emptyset>$ und

opimpl := **sortimpl** + $<\emptyset,\Sigma_0,EOP>$

Kombinationen sind.

Dabei nennt man

ΣSORT die sortenimplementierenden Operationen,

EOP die operationsimplementierenden Gleichungen,

sortimpl die Sorten-Implementierungsstufe und

opimpl die Operations-Implementierungsstufe.

7.8 Bemerkungen

1.) Es kann vorkommen, daß gewisse Teile der Spezifikation durch den Implementierungsvorgang nicht betroffen sind. Wenn man etwa Keller über natürlichen Zahlen durch Arrays über natürlichen Zahlen implementiert, dann ändert sich an den natürlichen Zahlen dabei gar nichts. Solche konstanten Teile, die sozusagen Parameter für den Implementierungsprozeß darstellen, werden in spec zusammengefaßt. spec darf durch die Implementierung nicht verfälscht werden, daher fordert man die Eigenschaft der Erweiterung für spec_0 und spec_1. Vielfach wird spec = $<\emptyset,\emptyset,\emptyset>$ sein.

2.) ΣSORT enthält die Operationen, welche zur Synthese der Sorten von S_0 aus den Sorten von S_1 benötigt werden. Im einfachsten nicht-trivialen Fall beschränkt sich ΣSORT auf reine "Kopieroperationen" $c : s \to s'$ für $s \in S_1$, $s' \in S_0$. (Vgl. dies mit der Abbildung f aus 7.6)

3.) EOP ist eine Gleichungsmenge, welche die Semantik der Operationen aus Σ_0 auf die Operationen aus Σ_1 zurückführen soll. EOP erfüllt damit die Aufgabe des derivors aus Definition 7.6.

4.) Definition 7.7 beschreibt nur die Syntax einer Implementierung. Über die Frage der Semantik, d.h. letztenendes, welches die durch impl beschriebene Implementation ist, äußern wir uns erst später.

Zuerst wollen wir als einfaches Beispiel die Implementierung aus 7.2 entsprechend dem in 7.7 vorgegebenen Rahmen notieren. Dabei führen wir ohne weitere Erklärung auch eine neue Syntax für Implementierungen als Erweiterung unserer Gleichungsspezifikationssprache GSS ein.

7.9 Beispiel: (Vgl. 7.2)

```
bit implements boolean by
sortsimplopns bool = (c(b));                          {ΣSORT}
variables x,y:b;
opnsimpleqns true = c(1);                             {EOP}
             false = c(0);
             not(c(x)) = c(nand(x,x));
             and(c(x),c(y)) = c(nand(nand(x,y),nand(x,y)));
             or(c(x),c(y)) = c(nand(nand(x,x),nand(y,y)));
             implies(c(x),c(y)) = c(nand(x,nand(y,y))).
end
```

Des besseren Verständisses halber wollen wir für diesen (zugegebenermaßen primitiven) Fall die in 7.7 erwähnten Spezifikation sortimpl einmal vollständig ausschreiben:

```
sortimpl = sorts b, bool;
           operations b = (0,1,nand(b,b));
                      bool = (c(b));
           variables  x:b;
           equations  nand(0,x) = 1;
                      nand(1,1) = 0;
                      nand(x,0) = 1
           end
```

Gegenüber bit ist also hier nur die Sorte bool von boolean und die zugehörige Kopieroperation c hinzugekommen, die einem bit-Wert denjenigen boolean-Wert zuordnet, der dadurch implementiert werden soll. Die Operationen von boolean fehlen hier noch; deshalb spricht man von der Sortenimplementierungsstufe. In opimpl kommen dann die Operationssymbole von boolean mit den Gleichungen opnsimpleqns der Implementierung hinzu. Beachte, daß dabei von den ursprünglichen definierenden Gleichungen aus der Spezifikation boolean keine Rede ist!

Man macht sich im übrigen klar, daß in diesem einfachen Fall offensichtlich das boolean-Redukt von SEM_{opimpl} bereits die gesuchte Implementation ist.

Ende des Beispiels

Wir kommen nun zur Semantik einer Implementierung.

7.10 RI-Semantik einer Implementierung:

Ausgangspunkt für alle Überlegungen ist natürlich SEM_{spec_1}, denn dies ist der Bereich, in dem unsere Implementation leben muß. Hierauf wenden wir jetzt die bereits früher erwähnten Konstruktionen an

$$SEM_{spec_1} \xrightarrow{\text{Synthese}} SEM_{opimpl} \xrightarrow{\text{Restriktion}} Rep_{impl} \xrightarrow{\text{Identifikation}} S_{impl}$$

Was SEM_{opimpl} ist, ist bereits klar: Es ist die Semantik von opimpl. Wenn man will, kann man die Synthese auch noch aufspalten:

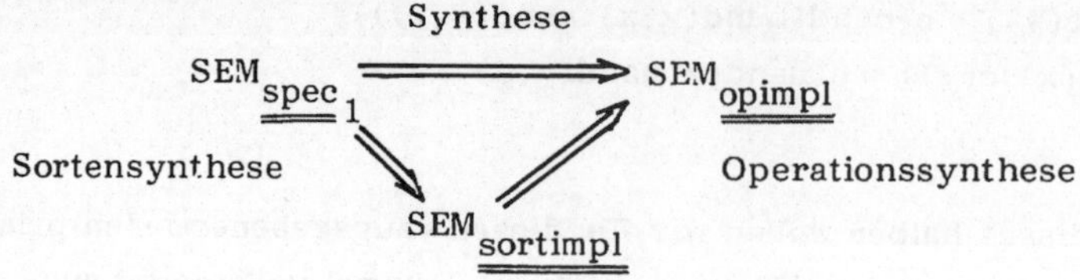

$\underline{\underline{Rep}}_{impl}$ und $\underline{\underline{S}}_{impl}$ und damit die Semantik der Prozesse "Restriktion" und "Identifikation" sind noch zu definieren.
Zunächst einmal sind in $SEM_{\underline{\underline{opimpl}}}$ ja die Operationen aus $\underline{\underline{spec}}_0$ alle definiert; daher gibt es einen eindeutigen Homomorphismus

$$eval_0 : SYN_{\underline{\underline{spec}}_0} \rightarrow SEM_{\underline{\underline{opimpl}}} \quad .$$

Es sei $\underline{\underline{Rep}}_{impl} = eval_0(SYN_{\underline{\underline{spec}}_0})$ das Bild von $SYN_{\underline{\underline{spec}}_0}$ unter $eval_0$.

$\underline{\underline{Rep}}_{impl}$ heißt die Darstellungsalgebra der Implementierung und enthält nur denjenigen Teil von $SEM_{\underline{\underline{opimpl}}}$, der unter Benutzung der Operationen von $\underline{\underline{spec}}_0$ von der leeren Menge erzeugt wird.

Schließlich sei $\underline{\underline{S}}_{impl} = \underline{\underline{Rep}}_{impl}/_{\equiv_{E_0}}$, d.h. man erzwingt die Gültigkeit der Gleichungen aus E_0 durch eine entsprechende Faktorisierung. $\underline{\underline{S}}_{impl}$ heißt semantische Algebra der Implementierung bzw. die durch $\underline{\underline{impl}}$ bestimmte Implementation . Wir sprechen von der RI-Semantik, weil hier der Prozeß der Restriktion vor der Identifikation erfolgt. Es ist natürlich auch möglich, eine IR-Semantik zu definieren; hierzu später noch einige Kommentare.

7.11 Definition: (Korrektheit von Implementierungen)

Eine schwache Implementierung entsprechend Definition 7.7 heißt (korrekte) Implementierung :⟺ Die folgenden Bedingungen sind erfüllt:

1.) ($\underline{\underline{impl}}$ ist Σ_0-vollständig)

Für die eindeutigen Homomorphismen

$$eval_0 : SYN_{\underline{\underline{spec}}_0} \rightarrow SEM_{\underline{\underline{opimpl}}}$$

$$eval_1 : SYN_{\underline{\underline{sortimpl}}} \rightarrow SEM_{\underline{\underline{opimpl}}}$$

gilt:
Für alle $t \in SYN_{\underline{\underline{spec}}_0}$ gibt es ein $t' \in SYN_{\underline{\underline{sortimpl}}}$ mit der Eigenschaft

$$eval_0(t) = eval_1(t') \quad .$$

2.) ($\underline{\underline{impl}}$ ist RI-korrekt)

$$\underline{\underline{S}}_{impl} \cong SEM_{\underline{\underline{spec}}_0} \quad .$$

Nützliche Hilfen zum Beispiel der RI-Korrektheit bietet der folgende Satz an:

7.12 Satz: (Charakterisierung der RI-Korrektheit, [EKMP82])

Sei $\underline{\underline{impl}} : \underline{\underline{spec}}_1 \to \underline{\underline{spec}}_0$ eine schwache Implementierung entsprechend 3.13 mit der in 7.10 angegebenen RI-Semantik. Dann sind die folgenden Aussagen äquivalent:

0.) $\underset{\sim}{S}_{\underline{\underline{impl}}} \cong SEM_{\underline{\underline{spec}}_0}$ (RI-Korrektheit)

1.) $\underset{\sim}{S}_{\underline{\underline{impl}}}$ ist initiale $\underline{\underline{spec}}_0$-Algebra .

2.) Der eindeutige Homomorphismus $f : SEM_{\underline{\underline{spec}}_0} \to \underset{\sim}{S}_{\underline{\underline{impl}}}$ ist injektiv .

3.) Es gibt einen surjektiven $(\Sigma + \Sigma_0)$-Homomorphismus

$$a : \underset{\sim}{Rep}_{\underline{\underline{impl}}} \to SEM_{\underline{\underline{spec}}_0}$$

(sogenannte Abstraktionsfunktion) .

4.) Für alle $t, t' \in SYN_{\underline{\underline{spec}}_0}$ gilt

$$t \equiv_{\underline{\underline{opimpl}}} t' \Rightarrow t \equiv_{\underline{\underline{spec}}_0} t' .$$

Beweis: $0 \Leftrightarrow 1 \Rightarrow 2$ ist trivial (1.18)

Wir zeigen: a) $2 \Rightarrow 0$

b) $0 \Rightarrow 3 \Rightarrow 4$

c) $4 \Rightarrow 0$

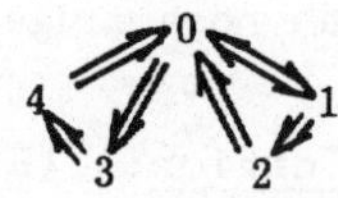

a.) Nach der Konstruktion in 3.15 bietet sich folgendes Bild (zunächst ohne die gestrichelten Pfeile)

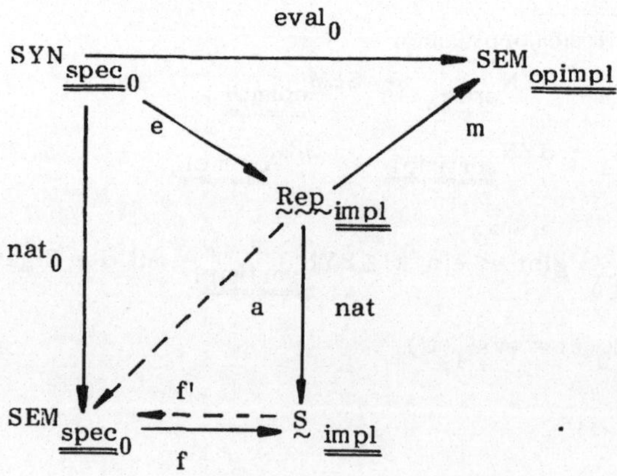

Dabei sind die Homomorphismen $eval_0$, nat_0 , e und f jeweils durch die Initialität von $SYN_{\underline{\underline{spec}}_0}$ bzw. $SEM_{\underline{\underline{spec}}_0}$ eindeutig bestimmt; darüber hinaus ist nat die natürliche Projektion $t \rightarrow [t]_{E_0}$. Wir möchten daran erinnern, daß $\underset{\sim\sim\sim}{Rep}_{\underline{\underline{impl}}}$ das Bild von $SYN_{\underline{\underline{spec}}_0}$ unter $eval_0$ ist; daher fällt e mit $eval_0$ zusammen und m ist eine Inklusionsabbildung. Aus der Initialität von $SYN_{\underline{\underline{spec}}_0}$ folgt nun $f \circ nat_0 = nat \circ e$. Weil $nat \circ e$ surjektiv ist, muß auch f surjektiv sein. Zusammen mit 2.) folgt daher 0.)

b.) Wenn f ein Isomorphismus ist, dann gibt es einen dazu inversen Homomorphismus f' . Definiert man nun $a := f' \circ nat$, so ist a surjektiv und es gilt $nat_0 = a \circ e$ wegen der Initialität von $SYN_{\underline{\underline{spec}}_0}$. Ist a' ein weiterer Homomorphismus $\underset{\sim\sim\sim}{Rep}_{\underline{\underline{impl}}} \rightarrow SEM_{\underline{\underline{spec}}_0}$, so gilt (wiederum wegen der Initialität von $SYN_{\underline{\underline{spec}}_0}$) $a \circ e = a' \circ e$ und wegen der Surjektivität von e folgt $a = a'$, also die Eindeutigkeit. Berücksichtigt man weiter, daß

$$a([t]_{\underline{\underline{opimpl}}}) = [t]_{\underline{\underline{spec}}_0}$$

gilt, so folgt auch 4.)

c.) Wenn 4.) gilt, so kann man umgekehrt eine Abbildung $a : Rep_{\underline{\underline{impl}}} \rightarrow SEM_{\underline{\underline{spec}}_0}$ definieren durch

$$a([t]_{\underline{\underline{opimpl}}}) = [t]_{\underline{\underline{spec}}_0}, \qquad \text{(Abstraktionsfunktion)}$$

m.a.W.: $a(e(t)) = nat_0(t)$ für alle $t \in SYN_{\underline{\underline{spec}}_0}$. Weil e surjektiv ist und weil e und nat_0 Homomorphismen sind, folgt damit die Homomorphieeigenschaft von a . Aus der Universellen Algebra ist bekannt, daß es wegen der Eigenschaft $\underset{\sim}{S}_{\underline{\underline{impl}}} = \underset{\sim\sim\sim}{Rep}_{\underline{\underline{impl}}} / \equiv_{E_0}$ einen eindeutigen $\underline{\underline{spec}}_0$-Homomorphismus $f' : \underset{\sim}{S}_{\underline{\underline{impl}}} \rightarrow SEM_{\underline{\underline{spec}}_0}$ mit $a = f' \circ nat$ geben muß. Aus der Initialität von $SEM_{\underline{\underline{spec}}_0}$ folgt $f' \circ f = id_{SEM_{\underline{\underline{spec}}_0}}$, also ist f ein Isomorphismus und 0.) gilt.

□

Wir haben hier die RI-Semantik mit der dazugehörigen RI-Korrektheit vorgestellt. Grundsätzlich wäre es ja nun möglich, die Prozesse der Identifikation und der Restriktion in umgekehrter Reihenfolge durchzuführen:

7.13 IR-Semantik:

Die IR-Semantik läßt sich schematisch so darstellen:

$$SEM_{\underline{\underline{spec}}_1} \xrightarrow{\text{Synthese}} SEM_{\underline{\underline{opimpl}}} \xrightarrow{\text{Identifikation}} SEM_{\underline{\underline{idimpl}}} \xrightarrow{\text{Restriktion}} \underset{\sim}{IRS}_{\underline{\underline{impl}}}$$

Dabei ist $\underline{\underline{idimpl}} = \underline{\underline{opimpl}} + \langle \emptyset, \emptyset, E_0 \rangle$ und $\underset{\sim}{IRS}_{\underline{\underline{impl}}} = eval(SYN_{\underline{\underline{spec}}_0})$ für den eindeutigen Homomorphismus

$$eval : SYN_{\underline{\underline{spec}}_0} \rightarrow SEM_{\underline{\underline{idimpl}}} \quad .$$

$\underline{\underline{impl}}$ heißt dann IR-korrekt $\Leftrightarrow \underset{\sim}{IRS}_{\underline{\underline{impl}}} \cong SEM_{\underline{\underline{spec}}_0}$.

$\underset{\sim}{IRS}_{\underline{\underline{impl}}}$ heißt die durch $\underline{\underline{impl}}$ bestimmte IR-Implementation.

Ohne weitere Details anzugeben, zitieren wir aus [EKMP82] :

7.14 Satz: Für eine schwache Implementierung $\underline{\underline{impl}} : \underline{\underline{spec}}_1 \Rightarrow \underline{\underline{spec}}_0$ gilt

1.) Es gibt einen surjektiven $\underline{\underline{spec}}_0$-Homomorphismus

$$g : \underset{\sim}{S} \rightarrow \underset{\sim}{IRS}_{\underline{\underline{impl}}} \quad .$$

2.) Falls $\underline{\underline{impl}}$ IR-korrekt ist, so ist es auch RI-korrekt.

RI-Korrektheit ist somit das potentiell allgemeinere Konzept, welches mehr mögliche Implementierungen erlaubt. Das folgende Beispiel zeigt, daß es in der Tat Implementierungen gibt, welche RI-korrekt sind, aber nicht IR-korrekt:

7.15 Beispiel: Es seien

```
bin = sorts bin;
      operations bin = (Z,S(bin));
      variables  x : bin;
      equations  S(S(x)) = S(x)
      end                          ,

int = sorts int;
      operations int = (0,suc(int),pred(int));
      variables  x : int;
      equations  suc(pred(x)) = x;
                 pred(suc(x)) = x
      end
```

und die folgende schwache Implementierung gegeben:

```
int implements bin by
sortsimplopns bin = (c(int));
variables       x : int;
opnsimpleqns  Z = c(0);
              S(c(x)) = c(suc(x))
end
```

Betrachtet man jetzt die Träger der zu $SEM_{\underline{bin}}$, $SEM_{\underline{int}}$ und $SEM_{\underline{opimpl}}$ isomorphen kanonischen Termalgebren, so ergibt sich:

$C_{\underline{bin}} = \{Z, S(Z)\}$

$C_{\underline{int}} = \{0\} \cup \{suc^n(0) \mid n \geq 1\} \cup \{pred^n(0) \mid n \geq 1\}$

$C^{bin}_{\underline{opimpl}} \equiv \{c(t) \mid t \in C_{\underline{int}}\}$

Der Träger einer zu $Rep_{\underline{impl}}$ isomorphen kanonischen Termalgebra ist dann

$C_R = \{c(0)\} \cup \{c(suc^n(0)) \mid n \geq 1\} = \{Z\} \cup \{S^n(Z) \mid n \geq 1\}$

(Es gilt $S^n(Z) \equiv_{\underline{opimpl}} c(suc^n(0))$.)

Führt man jetzt die Identifikation nach der Gleichung $S(S(x)) = S(x)$ durch, so bleibt richtig $\{Z, S(Z)\}$ übrig.

Um zu sehen, was sich bei der IR-Konstruktion ergibt, betrachten wir zunächst die Spezifikation idimpl , so wie sie sich nach Konstruktion ergibt:

```
idimpl = sorts bin, int;
         operations int = (0,suc(int),pred(int));
                    bin = (Z,S(bin),c(int));
         variables  x:int ; y:bin;
         equations  suc(pred(x)) = x;
                    pred(suc(x)) = x;
                    Z = c(0);
                    S(c(x)) = c(suc(x));
                    S(S(y)) = S(y)
         end
```

An $SEM_{\underline{idimpl}}$ interessiert uns wiederum nur die Sorte bin . Auf der Suche nach einer zu $SEM_{\underline{idimpl}}$ isomorphen kanonischen Termalgebra können wir von $C_{\underline{opimpl}}$

ausgehen, da sich $SEM_{\underline{\underline{idimpl}}}$ als Faktorisierung von $SEM_{\underline{\underline{opimpl}}}$ nach der zusätzlichen Gleichung $S(S(y)) = S(y)$ beschreiben läßt. In den folgenden Rechnungen benutzen wir oft allgemeine Gleichungen wie z.B. $S^n(y) = S(y)$ und $suc^n(pred^n(x)) = x$ für ein $n \in \mathbb{N}$; diese allgemeinen Gleichungen lassen sich durch Induktion aus den vorhandenen Gleichungen gewinnen. In $SEM_{\underline{\underline{idimpl}}}$ gilt nun für alle $n \geq 1$:

$$c(pred^n(0)) \equiv c(suc(pred^{n+1}(0))) \equiv S(c(pred^{n+1}(0))) \equiv S^{n+1}(c(pred^{n+1}(0))) \equiv$$

$$\equiv c(suc^{n+1}(pred^{n+1}(0))) \equiv c(0) \equiv Z$$

und

$$c(suc^n(0)) \equiv c(suc^{n+1}(pred(0))) \equiv S^{n+1}(c(pred(0))) \equiv S(c(pred(0))) \equiv$$

$$\equiv c(suc(pred(0))) \equiv c(0) \equiv Z \quad .$$

Das heißt: $SEM_{\underline{\underline{idimpl}}}$ hat nur ein einziges Element $[Z]$ der Sorte bin ! Daher kann die Einschränkung IRS_{impl} von $SEM_{\underline{\underline{idimpl}}}$ auf Sorten und Operationen von $\underline{\underline{bin}}$ niemals isomorph zu $C_{\underline{\underline{bin}}}$ sein.

Ende des Beispiels

Bevor wir auf die Komposition von Implementierungen zu sprechen kommen, wollen wir noch eine leichte Erweiterung zu dem Gerüst von Definition 7.7 einführen. Es kommt nämlich relativ häufig vor, daß man die Operationen der abstrakten Spezifikation nicht unmittelbar auf die Operationen der implementierenden Spezifikation zurückführen kann, sondern dazu gewisse Hilfsoperationen benötigt. Aus konzeptuellen Gründen möchte man diese vielleicht nicht immer in die implementierenden Spezifikationen implizit aufnehmen, sondern statt dessen ausdrücklich kennzeichnen, daß dies nur Hilfskonstruktionen für die Implementierung sind. Im Zusammenhang mit der Komposition von Implementierungen kommt diesem Konzept ebenfalls große Bedeutung zu: Die Zwischenstufen einer mehrschrittigen Implementierung

$$\underline{\underline{spec}}_n \Rightarrow \underline{\underline{spec}}_{n-1} \Rightarrow \ldots \Rightarrow \underline{\underline{spec}}_1 \Rightarrow \underline{\underline{spec}}_0$$

sind nur Hilfskonstruktionen für eine Implementierung $\underline{\underline{spec}}_n \Rightarrow \underline{\underline{spec}}_0$.

7.15 Beispiel: (Vgl. Beispiel 7.4)

Sei $\underline{\underline{boolean}}$ die Spezifikation aus 4.3.a, $\underline{\underline{nat}}$ die von 2.4.3. Natürliche Zahlen mit etwas erweiterten arithmetischen Fähigkeiten werden spezifiziert durch natural = nat +

operations nat = (pred(nat), $\dot{-}$ (nat,nat));

variables n,m: nat;

equations pred(0) = 0;

pred(suc(m)) = m;

n $\dot{-}$ 0 = n;

n $\dot{-}$ suc(m) = pred(n $\dot{-}$ m)

end

In 7.4 haben wir durch die Spezifikation signat nachgewiesen, daß man integer "im Prinzip" durch boolean + natural implementieren kann. Allerdings ist signat ein buntes Wirrwarr von den Operationen, die "sowieso" zu boolean bzw. natural gehören und Operationen, welche den Syntheseschritt der Implementierung beschreiben sowie diversen Hilfsoperationen (if-then-else, le, eql) die weder zu boolean noch zu natural noch zu der Implementation von integer gehören. Hinzu kommen die jeweiligen definierenden Gleichungen.

Ende des Beispiels

7.16 Definition: Unter den Voraussetzungen von Definition 7.7 ist eine schwache Implementierung von spec_0 durch spec_1 mit verstecktem Anteil,

$$\text{impl} : \text{spec}_1 \Rightarrow \text{spec}_0 \quad ,$$

ein Quintupel impl = <ΣSORT,EOP,SHID,ΣHID,EHID> ,

so daß

$\text{sortimpl} := \text{spec}_1 + \langle S_0 + \text{SHID}, \Sigma\text{SORT}, \emptyset\rangle$ und

$\text{opimpl} := \text{sortimpl} + \langle \emptyset, \Sigma_0 + \Sigma\text{HID}, \text{EOP} + \text{EHID}\rangle$

Kombinationen sind.

Dabei heißt

SHID Menge der Hilfssorten ("versteckte Sorten", "hidden sorts"),

ΣHID Menge der Hilfsoperationen und

EHID Menge der Hilfsgleichungen.

Die Semantik von impl wird unter Berücksichtigung der geänderten Definitionen von sortimpl und opimpl wie in 7.10 (bzw. 7.13) definiert.

7.17 Beispiel: Mit boolean und natural aus Beispiel 7.15 definiert man alternativ zu Beispiel 7.4 (wobei die Operationen von integer zur Unterscheidung unterstrichen sind):

```
natural + boolean implements integer by
sortsimplopns int = (i(nat,bool));                        {ΣSORT}
hiddenops     int = (if-then-else(bool,int,int));         {EHID}
              bool = (le(nat,nat),eql(bool,bool));

variables n,m : nat;
          b,bn,bm : bool;
          x,y : int;

opnsimpleqns 0 = i(0,true)                                {EOP}
             suc(x) = x + i(suc(0),true);
             pred(x) = x + i(suc(0),false);
             i(n,bn) + i(m,bm)=if (bn eql bm)
                              then i(n + m , bn)
                              else if (n le m)
                                   then i(m ∸ n , bm)
                                   else i(n ∸ m , bn);
                                                          {EHID}
hiddeneqns   if true then x else y = x;
             if false then x else y = y;
             0 le n = true;
             suc(n) le 0 = false;
             suc(n) le suc(m) = n le m;
             true eql b = b;
             b eql true = b;
             false eql false = true
end
```

Wir möchten in diesem Beispiel auch noch die Grundzüge eines Beweises für die Korrektheit dieser Implementierung bzgl. der RI-Semantik geben (7.11).Hierbei erweist es sich als sehr nützlich, daß das hier angegebene Gleichungssystem EOP + EHID sowohl konfluent als auch noethersch ist. Wir können deshalb die Reduktionssemantik benutzen.

Im einzelnen müssen wir zeigen:

1.) Für jedes $t \in SYN_{integer}$ gibt es ein $t' \in SYN_{sortimpl}$, so daß für die von den opimpl-Gleichungen induzierte Kongruenzrelation $\equiv$ gilt

$$t \equiv t' .$$

(Eine leichte Umformulierung von 7.11, Punkt 1)

Auch das läßt sich relativ schnell zeigen:
Die einzige Operation in sortimpl , welche Objekte der Sorte int erzeugt,

ist i . Durch Induktion über den Aufbau von $t \in SYN_{\underline{\underline{integer}}}$ zeigen wir daher die Existenz von $n \in SYN^{nat}_{\underline{\underline{sortimpl}}}$ und $b \in SYN^{bool}_{\underline{\underline{sortimpl}}}$, so daß

$$t \overset{*}{\Rightarrow} i(n,b) \quad .$$

(Beachte dazu die "opnsimpleqns".)
Fall $t = \underline{\underline{0}}$: Mit $n = 0$ und $b = true$ ist 1.) bewiesen.
Fall $t = \underline{\underline{suc}}(t_1)$: Zunächst gilt $\underline{\underline{suc}}(t_1) \Rightarrow t_1 \underline{\underline{+}} i(suc(0),true)$.
Nähere Betrachtung der Gleichung für $\underline{\underline{+}}$ unter Berücksichtigung der Induktionsvoraussetzung zeigt, daß $t_1 \underline{\underline{+}} i(suc(0),true)$ auch zu einem Term $i(n,b)$ ausgewertet werden kann.
Fall $t = \underline{\underline{pred}}(t_1)$: Analog.

2.) $\underline{\underline{\tilde{S}_{impl}}} \cong SEM_{\underline{\underline{integer}}}$

An dieser Stelle wollen wir uns nochmals klarmachen, daß $\widetilde{Rep}_{\underline{\underline{impl}}}$ noch nicht isomorph zu $SEM_{\underline{\underline{integer}}}$ ist (im wesentlichen aufgrund der Existenz einer positiven und einer negativen Null):

In $\widetilde{Rep}_{\underline{\underline{impl}}}$ gilt

$$\begin{aligned}\underline{\underline{pred}}(\underline{\underline{suc}}(\underline{\underline{0}})) &\equiv \underline{\underline{pred}}(\underline{\underline{suc}}(i(0,true))) \equiv \underline{\underline{pred}}(i(0,true) \underline{\underline{+}} i(suc(0),true)) \equiv \\ &\equiv \underline{\underline{pred}}(i(suc(0),true)) \equiv i(suc(0),true) \underline{\underline{+}} i(suc(0),false) \\ &\equiv i(0,false)\end{aligned}$$

und

$$\begin{aligned}\underline{\underline{suc}}(\underline{\underline{pred}}(\underline{\underline{0}})) &\equiv \underline{\underline{suc}}(\underline{\underline{pred}}(i(0,true))) \equiv \underline{\underline{suc}}(i(0,true) \underline{\underline{+}} i(suc(0),false)) \equiv \\ &\equiv \underline{\underline{suc}}(i(suc(0),false)) \equiv i(suc(0),false) \underline{\underline{+}} i(suc(0),true) \equiv \\ &\equiv i(0,true) \quad .\end{aligned}$$

Andererseits muß in $\underline{\underline{\tilde{S}_{impl}}}$ (wie auch in $SEM_{\underline{\underline{integer}}}$) gelten

$\underline{\underline{suc}}(\underline{\underline{pred}}(\underline{\underline{0}})) \equiv \underline{\underline{pred}}(\underline{\underline{suc}}(\underline{\underline{0}}))$.

Ein Beweis für unsere Behauptung wird wohl unter Zugrundelegung der bereits bekannten kanonischen Termalgebra für $\underline{\underline{integer}}$ (s. Beispiel 2.20) am besten dadurch geführt, daß man auf der Basis von

$$\{i(0,true)\} \cup \{i(suc^n(0),true) \mid n \in \mathbb{N}\} \cup \{i(suc^n(0),false) \mid n \in \mathbb{N}\}$$

eine kanonische Termalgebra isomorph zu $\underline{\underline{\tilde{S}_{impl}}}$ konstruiert. Der Beweis kann dann etwa mit den in 2.21.5. angegebenen Methoden geführt werden.

Ende des Beispiels

Wir kommen jetzt noch auf die Komposition von Implementierungen zu sprechen: Seien

$\underline{\underline{\text{impl}}}_1 : \underline{\underline{\text{spec}}}_1 \Rightarrow \underline{\underline{\text{spec}}}_0 \qquad (\underline{\underline{\text{impl}}}_1 = \langle \Sigma\text{SORT1} , \text{EOP1}\rangle)$

$\underline{\underline{\text{impl}}}_2 : \underline{\underline{\text{spec}}}_2 \Rightarrow \underline{\underline{\text{spec}}}_1 \qquad (\underline{\underline{\text{impl}}}_2 = \langle \Sigma\text{SORT2} , \text{EOP2}\rangle)$

Implementierungen. Dann ist klar, daß man diese Implementierungen "hintereinanderschalten" kann und so eine Implementierung von $\underline{\underline{\text{spec}}}_0$ durch $\underline{\underline{\text{spec}}}_2$ erhalten kann. Natürlich sollte diese Implementierung sich auch als Implementierung im Sinne von Definition 7.7 (bzw. 7.16) beschreiben lassen, also etwa

$$\underline{\underline{\text{impl}}}(1,2) : \underline{\underline{\text{spec}}}_2 \Rightarrow \underline{\underline{\text{spec}}}_1$$

mit $\underline{\underline{\text{impl}}}(1,2) = \langle \Sigma\text{SORT}, \text{EOP}\rangle$. Wenn $\underline{\underline{\text{impl}}}_1$ und $\underline{\underline{\text{impl}}}_2$ korrekt sind, sollte auch $\underline{\underline{\text{impl}}}(1,2)$ korrekt sein.

Man kann durchaus verlangen, daß wir aufgrund der syntaktischen Beschreibungen für $\underline{\underline{\text{impl}}}_1$ und $\underline{\underline{\text{impl}}}_2$ eine syntaktische Beschreibung von $\underline{\underline{\text{impl}}}(1,2)$ erhalten können, also etwa

$$\underline{\underline{\text{impl}}}(1,2) = \langle \Sigma\text{SORT1} + \Sigma\text{SORT2} , \text{EOP1} + \text{EOP2}\rangle \quad .$$

Leider geht das nicht immer so einfach, denn EOP1 und EOP2 , die je für sich betrachtet, konsistent sein mögen, können durch ihre Vereinigung in unerwünschte Wechselwirkung treten und Inkonsistenzen erzeugen. Also kann diese Art der Komposition von korrekten Implementierungen eine inkorrekte ergeben. Beispiele dafür kennen wir eigentlich schon zur Genüge, trotzdem sei hier noch einmal ein spezifisch auf Implementierungen bezogenes Beispiel vorgestellt: ([EKMP82])

7.18 Beispiel: Der Einfachheit halber seien

```
bool = sorts bool;
       operations bool = (true,false)
       end                              ,

nat  = sorts nat;
       operations nat = (zero,next(nat))
       end                              ,

int  = sorts int;
       operations int = (0,suc(int),pred(int));
       variables x:int;
       equations suc(pred(x)) = x;
                 pred(suc(x)) = x
       end .
```

Wir implementieren jetzt zuerst $\underline{\underline{\text{bool}}}$ durch $\underline{\underline{\text{nat}}}$ ($= \underline{\underline{\text{impl}}}_1$)

```
nat implements bool by
sortsimplopns  bool = (c1(nat));
variables      y:nat;
opnsimpleqns   true = c1(zero);
               false = c1(next(zero));
               c1(next(next(y))) = c1(next(y))
end
```

Hierzu noch ein paar Bemerkungen: Die Zuordnung der Zahlen 0 und 1 zu den Wahrheitswerten true und false ist natürlich ganz willkürlich und wird auch von Compilern für Programmiersprachen ganz unterschiedlich getroffen. Die hier angegebene Implementierung sorgt dafür, daß alle Zahlen, die nicht 0 oder 1 sind, jedenfalls auf false abgebildet werden. Auch das ist natürlich willkürlich.
Jetzt implementieren wir nat durch int (= impl_2) :

```
int implements nat by
sortsimplopns  nat = (c2(int));
variables      x:int;
opnsimpleqns   zero = c2(0);
               next(c2(x)) = c2(suc(x))
end
```

Übrigens sind beide Implementierungen nicht nur RI-korrekt, sondern auch IR-korrekt. Betrachten wir jetzt die "zusammengesetzte" Implementierung impl(1,2) , wobei die "Zwischenstufe" nat als Hilfskonstruktion ausgezeichnet ist (*) :

```
int implements bool by
hiddensorts    nat;
sortsimplopns  nat  = c2(int);
               bool = c1(nat);
hiddenopns     nat = (zero,next(nat));
variables      x:int; y:nat;
equations      true = c1(zero);
               zero = c2(0);
               false = c1(next(zero));
               next(c2(x)) = c2(suc(x));
               c1(next(next(y))) = c1(next(y))
end
```

(*) Das spielt keine Rolle für den Widerspruch, den wir hier herleiten wollen.

In $SEM_{\underline{opimpl}(1,2)}$ kommen jetzt aber leider die Gleichungen von int hinzu, und das führt zu Widersprüchen. Wir können jetzt beweisen:

$$\begin{aligned}
\text{true} &\equiv c_1(\text{zero}) \equiv c_1(c_2(0)) \equiv c_1(c_2(\text{suc}(\text{pred}(0))))\\
&\equiv c_1(\text{next}(c_2(\text{pred}(0)))) \equiv c_1(\text{next}(\text{next}(c_2(\text{pred}(0)))))\\
&\equiv c_1(\text{next}(c_2(\text{suc}(\text{pred}(0))))) \equiv c_1(\text{next}(c_2(0)))\\
&\equiv c_1(\text{next}(\text{zero}))\\
&\equiv \text{false} \quad .
\end{aligned}$$

Ende des Beispiels

Eine mögliche Lösung dieser Probleme ist natürlich wieder einmal die Einführung einer finalen Semantik für Implementierungen. Wir haben schon häufiger gesehen, daß die Benutzung einer finalen Semantik weniger Gleichungen erfordert und damit weniger Anlaß zu Inkonsistenzen bietet. Ein Ansatz hierzu findet sich etwa in [Ro81] ; allerdings baut diese Arbeit auf einer völlig anderen Terminologie auf.

Die Komposition läßt sich jedoch auch unter der initialen Semantik durchführen, wenn man für $\underline{impl}_1$ und $\underline{impl}_2$ naheliegende Verträglichkeitsbedingungen fordert. ([EKMP82] , Abschnitt 7)

In der Literatur sind verschiedene Implementierungskonzepte verbreitet; siehe hierzu die Übersicht in Abschnitt 8.2 von [EKMP82] . Vielfach wird dabei nur definiert, was eine Implementation ist, nicht aber, worin der Vorgang der Implementierung besteht. Ich habe das Konzept der Berliner Gruppe hier deswegen ausgewählt, weil es sowohl die Implementierung als auch eine Implementation zu beschreiben erlaubt und überdies recht sauber zwischen Syntax und Semantik einer Implementierung unterscheidet.

8. Abstrakte Software-Spezifikationen

Bis jetzt haben wir überall nur von der Spezifikation abstrakter Datentypen gesprochen. Wie bereits in der Einleitung erwähnt, ist dies die notwendige Grundlage für die abstrakte Software-Spezifikation, denn so wie ein

Software-Modul aus einem Datenteil
und einem Operationsteil

besteht, so muß auch eine

Abstrakte Software-Spezifikation
aus einer abstrakten Datenspezifikation
und einer abstrakten Operationsspezifikation

bestehen.

Hier berühren wir einen Punkt, der etwas differenzierter Betrachtungen bedarf: Schaut man sich Software-Module in der Praxis an, so stellt man fest, daß sie außer Deklarationen von Datentypen und Prozeduren auch noch Deklarationen für Variablen enthalten. Die Menge der in einem Software-Modul deklarierten Variablen spannt den

Zustandsraum

des Software-Moduls auf. Das zentrale semantische Konzept bei den sogenannten imperativen Programmiersprachen ist die

Wertzuweisung ,

durch die der Zustandsraum verändert wird. Das führt dazu, daß man nicht von der statischen (syntaktischen) Struktur eines Programms auf sein dynamisches (semantisches) Verhalten schließen kann: der Wert eines Ausdruckes ist nicht nur von seinem syntaktischen Aufbau abhängig, sondern in der Regel auch von der "Geschichte" der Ausführung des Programms bis zu dem Zeitpunkt, wo dieser Ausdruck ausgewertet wurde. John Backus hat diese Phänomene relativ eingehend in seiner Turing Award Lecture [Ba78] diskutiert und hat vorgeschlagen, statt dieser imperativen Programmiersprachen verstärkt funktionale oder applikative Programmiersprachen zu entwickeln und einzusetzen, bei denen es keine Wertzuweisungen und keinen Zustandsraum in dem oben erwähnten Sinne gibt. Dieser Gedanke hat seitdem zunehmend Verbreitung gefunden, obwohl man der Gerechtigkeit halber erwähnen muß, daß es applikative Programmiersprachen schon vorher gab. Das Verdienst von Backus ist es, auf die Bedeutung dieses Konzepts hingewiesen zu haben.

Grob verallgemeinernd könnte man sagen, daß wir bis jetzt in diesem Buch plausibel gemacht haben, daß sich die universelle Algebra als ein applikatives Programmiersystem eignet: eine Signatur $\underline{\underline{sig}}$ kann als Grammatik für eine applikative Programmiersprache verstanden werden (1.7) und die Semantik eines "Programms" $t \in T_{\underline{\underline{sig}}}$ ergibt sich durch einen eindeutigen Homomorphismus. Einen Zustandsraum haben wir mit dieser Definition automatisch ausgeschlossen. Der Einfachheit halber wollen wir auch weiterhin im rein applikativen Rahmen bleiben.

Es seien jedoch kurz einige Kommentare erlaubt, wie man einen Zustandsraum und Wertzuweisungen innerhalb des algebraischen Rahmens darstellen kann, sofern man es für nötig erachtet, diese Konzepte zur Verfügung zu haben. Die notwendigen Werkzeuge hierfür haben wir bereits: Während ein Term $t \in T_{\underline{\underline{sig}}}$ ohne weitere Zutaten in jeder $\underline{\underline{sig}}$-Algebra $\underset{\sim}{A}$ eine eindeutige Semantik hat, trifft dies für ein $t \in T_{\underline{\underline{sig}}}(X)$ nur unter Voraussetzung einer Variablenbelegung $f : X \rightarrow A$ zu, wenn X eine von $\emptyset$ verschiedene Variablenmenge ist. Möchte man also ein Software-Modul mit einer Menge X von deklarierten Variablen beschreiben, so muß man als syntaktische Algebra $\underset{\sim}{T}_{\underline{\underline{sig}}}(X)$ statt $\underset{\sim}{T}_{\underline{\underline{sig}}}$ verwenden. Bei der Semantik eines Terms $t \in \underset{\sim}{T}_{\underline{\underline{sig}}}(X)$ muß man eine Variablenbelegung verwenden; diese entspricht genau dem Zustand. Die Semantik einer Wertzuweisung $x \leftarrow t$ für $x \in T_{\underline{\underline{sig}}}(X)$ wird dann als Änderung der Variablenbelegung definiert: Ist $f : X \rightarrow A$ die Variablenbelegung "vor" Ausführung der Wertzuweisung, so haben wir nachher eine Variablenbelegung (einen Zustand) $f' : X \rightarrow A$ mit

$$f'(x) = \hat{f}(t)$$
$$f'(y) = f(y) \quad \text{für} \quad y \neq x \quad .$$

Nach diesen Vorbemerkungen kehren wir zum rein applikativen Ansatz zurück. Eine abstrakte Software-Spezifikation ist also (zunächst informell) ein Paar

$$D = \langle \underline{\underline{spec}}; \mathcal{O} \rangle$$

wobei $\underline{\underline{spec}} = \langle S, \Sigma, E \rangle$ eine Spezifikation für einen abstrakten Datentyp ist und $\mathcal{O}$ eine Spezifikation für definierte Operationen über $\underline{\underline{spec}}$.

Welche Methode auch immer man für die Spezifikation $\mathcal{O}$ verwendet, das Konzept erlaubt uns bereits auf dieser informellen Stufe, eine leichte Verbesserung an den abstrakten Datentypen vorzunehmen, indem wir sie als Spezialfälle abstrakter Software-Spezifikationen betrachten: Im Zusammenhang mit kanonischen Termalgebren war uns aufgefallen, daß eine Spezifikation $\underline{\underline{spec}}$ unter Umständen erzeugende und definierte Operationen unterscheiden läßt. Diese Unterscheidung ist jedoch willkürlich, je nachdem, welche kanonische Termalgebra man auswählt. (S. Beispiel 2.20)

Besteht man nun darauf, daß auch die Spezifikation eines abstrakten Datentyps von der Form $D = \langle \underline{\underline{spec}}; \mathcal{O} \rangle$ ist, wobei $\underline{\underline{spec}}$ nur die erzeugenden Operationen enthält, so wird dadurch eindeutig festgelegt, an welche kanonische Termalgebra der "Spezifikateur" gedacht hat. Darüber hinaus kann man auch zur Spezifikation der definierten Operationen andere Mechanismen als die Gleichungen mit ihren uns inzwischen bekannten Problemen verwenden.

An dieser Stelle wollen wir uns nochmals darauf besinnen, daß abstrakte Software-Spezifikationen keinen Wert an sich besitzen, sondern ihre Bedeutung nur als Hilfsmittel zur Erstellung korrekter Programme erhalten. Daraus ergibt sich ganz klar, daß wir nur an der Spezifikation berechenbarer Operationen interessiert sein können. Im Kapitel 4 wurde kurz angedeutet, daß Gleichungsspezifikationen "leistungsfähiger" sind: sie erlauben sogar die Spezifikation nicht-berechenbarer Operationen wie z.B. des Halteproblems für Turingmaschinen. Natürlich ist es nicht schlimm, wenn man einen leistungsfähigeren Apparat zur Verfügung hat, als man eigentlich braucht; andererseits werfen die Gleichungen jedoch spezifische Probleme auf, wie z.B. die erwähnten Probleme mit Konsistenz und Vollständigkeit. Speziell wenn man an die Spezifikation großer Systeme denkt, ist dieser Gesichtspunkt nicht zu vernachlässigen, da die Gleichungen oft ganz überraschende Nebenwirkungen haben. Ein konsistentes System von mehreren hundert Gleichungen kann durch Hinzufügen einer einzigen, völlig "unschuldig" aussehenden Gleichung plötzlich inkonsistent werden.

Einer der ersten Ansätze zur "Spezifikation" totaler berechenbarer Operationen auf natürlichen Zahlen war die primitive Rekursion; in der Tat glaubte man eine Zeit lang, daß alle totalen berechenbaren Funktionen primitiv-rekursiv sind. Die Gültigkeit primitiv-rekursiver Definitionen wird durch den folgenden Satz abgesichert:

8.1 Satz: Gegeben seien Funktionen

$$f_0 : \mathbb{N}^n \rightarrow \mathbb{N} ,$$

$$f_{+1} : \mathbb{N}^{n+2} \rightarrow \mathbb{N} .$$

Dann gibt es genau eine Funktion

$$f: \mathbb{N}^{n+1} \rightarrow \mathbb{N} ,$$

welche für alle $x_1,\ldots,x_n \in \mathbb{N}$ den Gleichungen

$$h(x_1,\ldots,x_n,0) = f_0(x_1,\ldots,x_n)$$

$$h(x_1,\ldots,x_n,y+1) = f_{+1}(x_1,\ldots,x_n,y,h(x_1,\ldots,x_n,y))$$

genügt.

Die beiden Gleichungen in diesem Satz heißen "primitiv-rekursive Gleichungen" oder auch "das Schema der primitiven Rekursion". Die Gültigkeit von Satz 8.1 ergibt sich - mit 2 kleinen Tricks bezüglich der "Parameter" $x_1,\ldots,x_n$ und der unmittelbaren Abhängigkeit von dem Vorgänger y in der zweiten Gleichung - aus der eindeutigen Existenz der homomorphen Fortsetzung (Satz 1.11); denn die natürlichen Zahlen sind die initiale Algebra zu der Signatur, die genau eine Konstante 0 und eine einstellige Nachfolgerfunktion +1 enthält (Siehe hierzu etwa [In 76]).

Die primitiv-rekursiven Funktionen auf natürlichen Zahlen erhält man ausgehend von der Konstanten 0 , der Nachfolgerfunktion +1 und den Projektionen durch Abschluß unter Komposition und primitiver Rekursion.

8.2 Beispiel: Sei $f_0 : \mathbb{N} \to \mathbb{N}$

$$f_0(x) = x$$

$$f_{+1} : \mathbb{N}^3 \to \mathbb{N}$$

$$f_{+1}(x,y,z) = z+1 \quad .$$

Die durch das Schema in Satz 8.1 gegebene Funktion h ist dann die Addition $h = add$ mit

$$add(n,0) = f_0(n) = n$$

$$add(n,y+1) = f_{+1}(n,y,add(n,y)) = add(n,y) + 1 \quad .$$

Sei nun $f_0 : \mathbb{N} \to \mathbb{N}$

$$f_0(x) = 0$$

$$f_{+1} : \mathbb{N}^3 \to \mathbb{N}$$

$$f_{+1}(x,y,z) = add(x,z) \quad .$$

Dann ist die durch das Schema in 8.1 definierte Funktion h die Multiplikation $h = mult$ mit

$$mult(n,0) = f_0(n) = 0$$

$$mult(n,m+1) = f_{+1}(n,m,mult(n,m)) = add(n,mult(n,m)) \quad .$$

Ende des Beispiels

In ganz ähnlicher Weise kann man über den freien Monoid Σ^* primitiv-rekursive Wortfunktionen definieren; siehe [As60].

Aber auch in beliebigen freien Algebren kann man primitiv-rekursive Funktionen definieren, wie der folgende Satz (ohne Beweis) aussagt:

8.3 Satz: Gegeben sei eine Signatur $\underline{\underline{sig}} = \langle S,\Sigma \rangle$. Es seien $s,t \in S$, $v \in S^*$.

Sei $\Sigma^{(s)} = \bigcup_{w \in S^*} \Sigma^{(w,s)} = \{F_1^{(w_1,s)},\dots,F_n^{(w_n,s)}\}$.

Es bezeichne $L_i = l(w_i)$ und k_i die Anzahl der Vorkommen von s in w_i . Gegeben seien ferner Operationen

$$f_{F_1} : T_{\underline{\underline{sig}}}^{vw_1 t^{k_1}} \to T_{\underline{\underline{sig}}}^{t}$$

$$\vdots$$

$$f_{F_n} : T_{\underline{\underline{sig}}}^{vw_n t^{k_n}} \to T_{\underline{\underline{sig}}}^{t} \quad .$$

Dann gibt es genau eine Operation $h: T_{\underline{\underline{sig}}}^{v} \times T_{\underline{\underline{sig}}}^{s} \to T_{\underline{\underline{sig}}}^{t}$,

welche den Gleichungen

$$h(\underline{x}, F_1 t_1 \dots t_{L_1}) = f_{F_1}(\underline{x},t_1,\dots,t_{L_1},h(\underline{x},t_{i_1}),\dots,h(\underline{x},t_{i_{k_1}}))$$

$$\vdots$$

$$h(\underline{x}, F_n t_1 \dots t_{L_n}) = f_{F_n}(\underline{x},t_1,\dots,t_{L_n},h(\underline{x},t_{i_1}),\dots,h(\underline{x},t_{i_{k_n}}))$$

genügt, wobei jeweils t_{i_j} diejenigen t_i mit der Sorte s bezeichnet.

Die Formulierung dieses Satzes ist wegen der unterschiedlichen Sorten und der vielfältigen Rekursionsmöglichkeiten, die sich im allgemeinen Fall eröffnen, von der Notation her etwas aufwendig; wir erklären dies im folgenden etwas näher; anschließend stellen wir diesen Sachverhalt auch noch an Beispielen vor. Zunächst jedoch noch eine Bemerkung: Es ist im Grunde nicht notwendig, daß $\Sigma^{(s)}$ endlich ist, da wir sowohl unendliche Operationssymbolmengen als auch unendliche Gleichungsmengen zugelassen haben. Andererseits ist es jedoch unsinnig, eine berechenbare Operation durch eine unendliche (womöglich nicht einmal rekursiv aufzählbare) Gleichungsmenge spezifizieren zu wollen.

Da sich die Typen der Operationen f_{F_i} aus den primitiv-rekursiven Gleichungen ergeben, genügt es, diese Gleichungen zu kommentieren. Zunächst einmal ist klar, daß wir hier möglicherweise mehr Gleichungen als im Fall der natürlichen Zahlen haben, da jedem Konstruktor eine Gleichung zugeordnet ist. Außerdem hat jede von Null verschiedene natürliche Zahl $y+1$ genau einen unmittelbaren Vorgänger y , über den die Rekursion weiter verlaufen kann. In der freien Algebra hat ein Term $Ft_1 \dots t_n$ jedoch n "unmittelbare Vorgänger" $t_1,\dots,t_n$, von denen f_F abhängen kann. Nicht alle dieser unmittelbaren Vorgänger müssen zur Sorte s gehören, über die hier die Rekursion verläuft; deshalb ist der rekursive Aufruf $h(\underline{x},t_j)$ nur sinnvoll, wenn t_j zu Sorte s gehört.

Die in 8.3 angegebenen Gleichungen nennt man wiederum die primitiv-rekursiven Gleichungen für h .

Die primitiv-rekursiven Operationen einer sig-Algebra sind definiert als Abschluß der Basisoperationen aus Σ und der Projektionen unter Komposition und primitiver Rekursion.

8.4 Beispiel: Sei die folgende Signatur gegeben:

```
nattree = sorts  nat,tree;
          operations nat  = (0,suc(nat));
                     tree = (empty,leaf(nat),make(tree,nat,tree))
          end
```

Wie in Beispiel 8.2 kann man hier die Addition natürlicher Zahlen definieren durch

add(n,0) = n
add(n,suc(m)) = suc(add(n,m)) .

Definieren wir jetzt eine Funktion, welche alle Knoten eines solchen Baums aufsummiert. Im Gegensatz zu den natürlichen Zahlen, wo jede Zahl genau einen Vorgänger hat, hat ein von empty verschiedener Baum make(t,n,t') drei Vorgänger: den linken und rechten Teilbaum vom Typ tree und die Knoteninformation vom Typ nat . Über den linken und rechten Teilbaum kann die Rekursion weiterlaufen.

In dem Schema von Satz 8.3 sei jetzt s = tree , t = nat , v = ε .

Sei $f_{empty} : T^{\varepsilon}_{\underline{nattree}} \rightarrow T^{nat}_{\underline{nattree}}$

$f_{empty}() := 0$

$f_{leaf} : T^{nat}_{\underline{nattree}} \rightarrow T^{nat}_{\underline{nattree}}$

$f_{leaf}(n) := n$

$f_{make} : T^{tree\ nat\ tree\ nat\ nat}_{\underline{nattree}} \rightarrow T^{nat}_{\underline{nattree}}$

$f_{make}(t_1,n,t_2,m,l) := add(n,add(m,l))$

Sei jetzt sum die durch Satz 8.3 garantierte eindeutige Operation h .
Dann gilt

$$sum(empty) = f_{empty}() = 0$$

$$sum(leaf(n)) = f_{leaf}(n) = 0$$

$$sum(make(t_1,n,t_2)) = f_{make}(t_1,n,t_2,sum(t_1),sum(t_2)) =$$

$$= add(n,add(sum(t_1),sum(t_2))) \quad .$$

Ende des Beispiels

Bedingt durch die Natur der primitiv-rekursiven Gleichungen und die Tatsache, daß in freien Algebren jedes Element eine eindeutige Darstellung als Term der Wortalgebra besitzt, können wir diese Gleichungen auch als Rechenregeln (Zeichenersetzungsregeln von links nach rechts) benutzen. Dies liefert in jedem Fall abbrechende Rechnungen mit einem eindeutigen Ergebnis.

In der Tat sieht man sofort ein, daß primitiv-rekursive Gleichungsmengen erzeugend sind gemäß Definition 4.10; mit etwas Überlegung ergibt sich auch, daß sie von abnehmender Komplexität sind: $\underline{var}\ R \subset \underline{var}\ L$ ist offensichtlich erfüllt; setzt man außerdem für eine primitiv-rekursive Definition von h entsprechend Satz 8.3 $Grad(h) = 1+k$, wobei k der maximale Grad aller zur Definition von k verwendeten primitiv-rekursiven Operationen ist (mit der zusätzlichen Voraussetzung $Grad(F) = -1$ für $F \in \Sigma$) , so sind die einzigen Teilterme der rechten Seiten mit gleichem Grad wie h jedenfalls Σ-normal und erfüllen die Variablenbedingung aus (iib). Ein größerer Grad als der von h kann nach Definition der primitiven Rekursion gar nicht auftreten. Eine Menge Σ von primitiv-rekursiv definierten Operationen erfüllt also die Bedingung für die Vollständigkeit aus 4.10. Ähnlich verhält es sich mit der hier nicht behandelten Konsistenz.

Man könnte also versucht sein, primitiv-rekursive Definition innerhalb des normalen Gleichungskalküls zu behandeln, indem man in der folgenden Weise zwischen Basisoperationen und definierten Operationen unterscheidet:

8.5 Definition: (Versuch)

Eine Spezifikation ist ein Paar $D = \langle \underline{spec}; \mathcal{O} \rangle$, wobei

$$\underline{spec} = \langle S, \Sigma, \emptyset \rangle \quad \text{und} \quad \mathcal{O} = \langle \emptyset, \Omega, E \rangle \quad ,$$

so daß $\underline{spec} + \mathcal{O}$ eine Gleichungsspezifikation ist.
D heißt vollständig und konsistent $\Longleftrightarrow$ $\underline{spec} + \mathcal{O}$ ist vollständig und konsistent bzgl. $\underline{spec}$. Die Elemente von Σ heißen Konstruktoren (oder Basisoperationen), die Elemente von Ω definierte Operationen.

Wir hatten bereits früher festgestellt, daß man bei kanonischen Termalgebren eine Unterscheidung zwischen erzeugenden und definierten Operationen treffen kann (2.20), aber dies war eine Unterscheidung auf der semantischen Ebene. In 8.5 haben wir eine syntaktische Unterscheidung getroffen. Es ist klar, daß das folgende gilt:

8.6 Korollar: Wenn E eine primitiv-rekursive Gleichungsmenge ist, dann ist eine Spezifikation D nach 8.5 vollständig und konsistent.

Leider kommen wir jedoch mit der Betrachtung primitiv-rekursiver Operationen über Termalgebren nicht aus, denn es lassen sich bestimmte Datentypen wie z.B. ganze Zahlen oder endliche Mengen nicht durch Termalgebren darstellen, sondern man muß stets die Einhaltung gewisser Gleichungen durch die Konstruktoren verlangen. In diesem Fall werden wir aber Schwierigkeiten mit der Behandlung primitiv-rekursiver Operationen innerhalb des Gleichungskalküls bekommen, denn die so naheliegende Tatsache, daß primitiv-rekursive Definitionen immer vollständig und konsistent sind, gilt jetzt nicht mehr.

8.7 Definition: (2. Versuch)

Eine Spezifikation ist gegeben durch

$$D = \langle \underline{spec}; \mathcal{O} \rangle \quad ,$$

wobei $\underline{spec} = \langle S, \Sigma, E \rangle$ Konstruktorspezifikation und

$\mathcal{O} = \langle \Phi, \Omega, \Delta \rangle$ Spezifikation der definierten Operationen heißt.

D heißt vollständig und konsistent $\iff$ $\underline{spec} + \mathcal{O}$ ist vollständig und konsistent bzgl. spec .

Unsere Spezifikationssprache GSS erweitern wir zu einer Software-Definitionssprache SDS durch das syntaktische Schema:

```
spec = sorts ...          (S)
       constructors  ...  (Σ)
       variables     ...
       equations     ...  (E)
       operations    ...  (Ω)
       definitions   ...  (Δ)
       end           ...
```

Betrachten wir nun zwei Beispiele:

8.8 Beispiel:

```
integer= sort int;
         constructors   int = (0, suc(int),pred(int));
         variables      n,m:int;
```

```
equations     suc(pred(n)) = n;
              pred(suc(n)) = n;
operations    int = (add(int,int));
definitions   add(n,0) = n;
              add(n,suc(m)) = suc(add(n,m));
              add(n,pred(m)) = pred(add(n,m))
end
```

Diese Spezifikation ist zwar noch vollständig und konsistent, aber man kann die Definitionsgleichungen für add nicht mehr ohne weiteres als Rechenregeln verwenden, da sie möglicherweise mit den Konstruktorgleichungen in Wechselwirkung treten und dadurch nicht mehr die noethersche Eigenschaft haben:

$$\text{add}(n,0) \Rightarrow_E \text{add}(n,\text{suc}(\text{pred}(0))) \Rightarrow_\Delta \text{suc}(\text{add}(n,\text{pred}(0))) \Rightarrow_\Delta$$

$$\Rightarrow \text{suc}(\text{pred}(\text{add}(n,0))) \Rightarrow_E \text{add}(n,0) \Rightarrow_E \text{add}(n,\text{suc}(\text{pred}(0))) \Rightarrow_\Delta \ldots$$

Ende des Beispiels

Die in diesem Beispiel auftretenden Probleme mögen vielleicht nicht so ernsthaft sein, aber spätestens mit dem folgenden Beispiel wird klar, daß wir primitiv-rekursive Definitionen anders behandeln müssen, sofern wir wollen, daß sie vollständig und konsistent sind:

8.9 Beispiel:

```
natset = sorts nat,set;
         constructors  nat = (0,suc(nat));
                       set = (create,insert(set,nat));
         variables     s:set;n,m:nat;
         equations     insert(insert(s,n),n) = insert(s,n);
                       insert(insert(s,n),m) = insert(insert(s,m),n);
         operations    nat = (card(set));
         definitions   card(create) = 0 ;
                       card(insert(s,n)) = suc(card(s))
         end
```

Obwohl die Definition der "Kardinalität" card hier rein syntaktisch den Bedingungen für die primitiv-rekursive Definition gehorcht und daher in Analogie zu 8.6 die Spezifikation natset vollständig und konsistent sein müßte, hat die Definition von card doch einen semantischen Fehler: in der zweiten Gleichung wird der Fall nicht beachtet, daß vielleicht auch s = insert(t,n) für dasselbe n gilt; n könnte hier also doppelt gezählt werden. Eine für das operationelle Verständnis der Definitionsgleichungen überraschende Konsequenz dieser Tatsache ist es, daß wir damit die natürlichen Zahlen überhaupt zerstört haben, denn es gilt jetzt:

$$\begin{aligned} suc(0) &\equiv suc(card(create)) \equiv card(insert(create,0)) \equiv \\ &\equiv card(insert(insert(create,0),0) \equiv suc(card(insert(create,0))) \\ &\equiv suc(suc(card(create))) \equiv suc(suc(0)) \quad . \end{aligned}$$

Induktiv kann man zeigen, daß für alle $n \geq 1$ gilt

$$suc^n(0) \equiv suc(0) \quad .$$

Also ist natset nicht konsistent.

Ende des Beispiels

Man darf also die primitiv-rekursiven Gleichungen nicht als algebraische Axiome betrachten, nach denen faktorisiert wird. Ein möglicher Ausweg ist natürlich die Unterlegung einer finalen Semantik (z.B. nach Wand, 5.6) für die Erweiterung spec + 0 Wir wollen aber hier noch eine konstruktive Alternative dazu entwickeln.

Zu Beginn dieses Kapitels hatten wir gesehen, daß die eindeutige Termzerlegung entscheidend dazu beiträgt, daß die primitive Rekursion in der Termalgebra eine eindeutige Definitionsmethode darstellt. Wir versuchen daher, die eindeutige Termzerlegung in beliebigen Algebren zu "simulieren":

8.10 Definition: Sei $\underset{\sim}{A}$ eine von Y erzeugte sig-Algebra.

Eine Abbildung

$$d: A \rightarrow Y \dot{\cup} (\Sigma \times A^*)$$

heißt Zerlegung von A bezüglich Y $:\Longleftrightarrow$

Für alle $a \in A$ gilt

$$\begin{aligned} d(a) &= (F,b_1 \dots b_k) && \Rightarrow F_A(b_1,\dots,b_k) = a \\ d(a) &= (F,\varepsilon) && \Rightarrow F_A() = a \\ d(a) &= x \in Y && \Rightarrow a = x \quad . \end{aligned}$$

Definiere

$$a \sqsubset_d b :\Longleftrightarrow d(b) = (F,c_1 \dots c_k) \text{ und } a = c_i \text{ für ein } i \in \{1,\dots,k\} \ .$$

d heißt fundierte Zerlegung $\Longleftrightarrow$ Es gibt keine unendlichen absteigenden Ketten

$$a_0 \sqsupset_d a_1 \sqsupset_d a_2 \sqsupset_d \dots$$

Es bezeichne $<_d$ die transitive Hülle von $\sqsubset_d$.

Durch eine fundierte Zerlegung wird auf einer Algebra eine Wohlordnung erklärt. Es erscheint plausibel, daß wir unter diesen Umständen Operationen primitiv-rekursiv definieren können.

8.11 Beispiel: (Zerlegungen)

Am meisten sind wir natürlich an Zerlegungen von $SEM_{\underline{spec}}$ interessiert für eine Gleichungsspezifikation spec. Wir bringen deshalb Beispiele für Zerlegungen in $SEM_{\underline{spec}}$.

a.) nat modulo 4 = sorts nat;
operations nat = (0,suc(nat));
equations $suc^4(0) = 0$
end

$SEM_{\underline{natmodulo4}}$ besteht aus 4 Kongruenzklassen:

$$A_0 = \{0, suc^4(0), suc^8(0), \dots\}$$
$$A_1 = \{suc(0), suc^5(0), suc^9(0), \dots\}$$
$$A_2 = \{suc^2(0), suc^6(0), suc^{10}(0), \dots\}$$
$$A_3 = \{suc^3(0), suc^7(0), suc^{11}(0), \dots\}$$

Es gibt zwei Zerlegungen d,d' von $SEM_{\underline{natmodulo4}}$ (bzgl. $\emptyset$):

$$d(A_0) = (0, \varepsilon) \qquad d'(A_0) = (suc, A_3)$$
$$d(A_{i+1}) = (suc, A_i) \qquad d'(A_{i+1}) = (suc, A_i) \qquad (i = 0,1,2)$$

d ist eine fundierte Zerlegung, d' ist nicht fundiert. In der Tat steht d, wie wir noch sehen werden, in engem Zusammenhang mit einer kanonischen Termalgebra für spec.

b.) set(nat) = ... (wie in Beispiel 4.6)

Eine fundierte Zerlegung von $SEM_{\underline{set(nat)}}$ erhält man wie folgt:

1.) Die Zerlegung der Elemente der Sorte nat ist trivial (Eindeutige Termzerlegung).

2.) Sei $A \in SEM_{\underline{set(nat)}}$ eine Kongruenzklasse der Sorte set. Dann bestimmt man d(A), indem man zunächst ein beliebiges $t \in SYN_{\underline{set(nat)}} \cap A$ wählt. Es sind zwei Fälle möglich:

I) t = create: Setze d(A) = (create, ε)

II) $t = insert(s,n)$ für irgendwelche s,n :
Setze $d(A) = (insert,([s] \cap A')n)$, wobei $[s]$ die Kongruenzklasse von s bezeichnet und

$$A' = \{B \in SEM_{\underline{\underline{set(nat)}}} \mid (\forall t \in SYN_{\underline{\underline{set(nat)}}})insert(t,n) \notin B\} .$$

Da Vereinigung und Schnitt von Kongruenzklassen wiederum Kongruenzklassen sind, ist dies wirklich eine Zerlegung, von der man im übrigen leicht nachweist, daß sie fundiert ist. (Beachte, daß wir zunächst nicht gefordert haben, daß Zerlegungen in irgendeiner Weise "effektiv" oder "berechenbar" sind; hierzu später mehr.)

Ende des Beispiels

Da wir im folgenden die Eigenschaften von Algebren mit fundierten Zerlegungen untersuchen wollen, definieren wir

8.12 Definition: Eine Y-fundierte sig-Algebra $\underset{\sim}{A}$ ist eine von $Y \subset A$ erzeugte sig-Algebra A zusammen mit einer fundierten Zerlegung $d_{\underset{\sim}{A}}$ von $\underset{\sim}{A}$ bzgl. Y .

Hauptsächlich sind wir an Algebren interessiert, die von $\emptyset$ erzeugt sind, deshalb definieren wir auch noch:

8.13 Definition: Eine sig-Zerlegungsalgebra ist eine $\emptyset$-fundierte sig-Algebra.

Wir beweisen nun zwei wichtige Sätze:

8.14 Satz: (Strukturelle Induktion)
Sei $\underset{\sim}{A}$ eine Y-fundierte sig-Algebra, P ein Prädikat auf $\underset{\sim}{A}$. Dann gilt:

$$\left[(\forall a \in A) \ [(\forall b <_{d_{\underset{\sim}{A}}} a) \ P(b)] \Rightarrow P(a) \right] \Rightarrow (\forall a \in A) \ P(a) .$$

Beweis: Sei P ein Prädikat auf einer Y-fundierten sig-Algebra $\underset{\sim}{A}$ und gelte die Behauptung des Satzes nicht. Wir nehmen an

(i) $\left[(\forall a \in A) \ [(\forall b <_{d_{\underset{\sim}{A}}} a) \ P(b)] \Rightarrow P(a) \right]$

und

(ii) $(\exists a_0 \in A)$ non $P(a_0)$.

Dann ist klar, daß a_0 nicht minimal bzgl. $<_{d_{\underset{\sim}{A}}}$ sein kann, denn sonst stünden (i) und (ii) im Widerspruch. Es gibt also ein $a_1 <_{d_{\underset{\sim}{A}}} a_0$ mit non $P(a_1)$. Dieses Argument läßt sich jedoch wiederholen, denn auch a_1 kann nicht minimal bzgl. $<_{d_{\underset{\sim}{A}}}$ sein.

Auf diese Weise konstruiert man eine unendliche absteigende Kette
$a_0 >_{d_{\underset{\sim}{A}}} a_1 >_{d_{\underset{\sim}{A}}} a_2 >_{d_{\underset{\sim}{A}}} \dots$ im Widerspruch zur Fundiertheit von $d_{\underset{\sim}{A}}$.

Eine unmittelbare Folgerung daraus ist

8.15 Satz: (Rekursionssatz)

Sei $\underset{\sim}{A}$ eine Y-fundierte sig-Algebra, $\underset{\sim}{B}$ eine sig-Algebra, $f : Y \to B$ eine sortentreue Abbildung. Dann gibt es genau eine Abbildung

$$h_f : A \to B$$

mit der Eigenschaft

$$(\forall a \in A)\ h_f(a) = \begin{cases} f(a) & \text{für } a \in Y \\ F_B(h_f(c_1),\dots,h_f(c_k)) & \text{für } d_{\underset{\sim}{A}}(a) = (F,c_1\dots c_k) \end{cases} .$$

Falls f zu einem Homomorphismus $\hat{f} : \underset{\sim}{A} \to \underset{\sim}{B}$ fortgesetzt werden kann, gilt $\hat{f} = h_f$.

Beweis: Zum Beweis konstruiert man induktiv eine Teilmenge $H_f \subseteq A \times B$ und zeigt durch strukturelle Induktion, daß H_f der Graph einer Abbildung h_f mit den oben angegebenen Eigenschaften ist und daß alle anderen Abbildungen mit dieser Eigenschaft mit h_f zusammenfallen. (Vgl. den Beweis des Rekursionssatzes von Dedekind in [In 76]) . Die Tatsache $\hat{f} = h_f$ ist eine triviale Folgerung.

Der Rekursionssatz ist eine Verallgemeinerung der homomorphen Fortsetzbarkeit (1.11); Y-fundierte sig-Algebren haben damit im wesentlichen die gleichen angenehmen Eigenschaften wie Termalgebren. Die Frage ist nur, ob wir auf jeder "vernünftigen" Algebra eine solche Zerlegung definieren können. Hierauf kommen wir noch später zurück; es stellt sich heraus, daß ein enger Zusammenhang zwischen sig-Zerlegungsalgebren und kanonischen Termalgebren besteht.

Fundierte Zerlegungen können dazu benutzt werden, primitiv-rekursive Operationen zu spezifizieren. Bevor wir den allgemeinen Satz als Gegenstück zu 8.3 formulieren, betrachten wir zunächst einige Beispiele:

8.16 Beispiel:

a.) Vgl. Beispiel 8.8

Unter Voraussetzung einer fundierten Zerlegung d für die semantische Algebra der Konstruktorspezifikation von 8.8 kann die Definition der Addition auch umformuliert werden zu

$$\text{add}(n,y) = \begin{cases} n \text{ falls } d(y) = (0,\varepsilon) \\ \text{suc}(\text{add}(n,z)) \text{ falls } d(y) = (\text{suc},z) \\ \text{pred}(\text{add}(n,z)) \text{ falls } d(y) = (\text{pred},z) \end{cases} .$$

b.) Vgl. Beispiel 8.9
Mit der in8.11 definierten Zerlegung d läßt sich die Kardinalität von Mengen definieren durch

$$\text{card}(s) = \begin{cases} 0 \text{ falls } d(s) = (\text{create},\varepsilon) \\ \text{suc}(\text{card}(t)) \text{ falls } d(s) = (\text{insert},t\ n) \end{cases} .$$

Beachte, daß dies jetzt im Gegensatz zu 8.9 eine semantisch richtige Definition ist!

c.) Vgl. Beispiel 4.6
Ebenfalls läßt sich mit der Zerlegung aus 8.11.b die Operation remove aus der Spezifikation <u>newset(nat)</u> korrekt angegeben durch

$$\text{remove}(s,n) = \begin{cases} \text{create} & \text{falls } d(s) = \text{create} \\ t & \text{falls } d(s) = (\text{insert},t\ n) \\ \text{insert}(\text{remove}(t,n),m) & \\ & \text{falls } d(s) = (\text{insert},t\ m),\ m \neq n \end{cases} .$$

<u>Ende des Beispiels</u>

In beiden Fällen könnte man bei flüchtigem Hinsehen glauben, es lediglich mit syntaktischen Varianten der alten Spezifikationen zu tun zu haben. Die fundierte Zerlegungsabbildung bringt jedoch einige völlig andere Aspekte ins Spiel, die sich im Gleichungskalkül nicht simulieren lassen.

Wir formulieren jetzt das Analogon zu 8.3:

<u>8.17 Satz</u>: <u>(Strukturelle Rekursion)</u>

Sei $\underset{\sim}{A}$ eine <u>sig</u>-Zerlegungsalgebra, $s,t \in S$, $v \in S^*$.

Sei $\Sigma^{(s)} = \{F_1^{(w_1,s)},\dots,F_n^{(w_n,s)}\}$. Es bezeichne k_i die Anzahl der Vorkommen von s in w_i . Gegeben seien ferner Operationen $f_1,\dots,f_n$ mit

$$f_i : A^{vw_i t^{k_i}} \to A^t .$$

Dann gibt es genau eine Operation

$$h : A^v \times A^s \to A^t$$

mit der Eigenschaft

$$h(\underline{x},y) = f_i(\underline{x},t_1,\dots,t_m,h(\underline{x},t_{i_1}),\dots,h(\underline{x},t_{i_{k_i}}))$$

für $d_{\underset{\sim}{A}}(y) = (F_i,t_1\dots t_m)$ und diejenigen $i_j \in \{1,\dots,m\}$ für die t_{i_j} von der Sorte s ist.

Diesen Satz beweist man mit Hilfe des Rekursionssatzes 8.15; siehe [Kl 80a , Kl 82b] .

8.18 Definition: Unter den Bedingungen von 8.17 heißt h durch strukturelle Rekursion aus den $f_1,\dots,f_n$ erzeugt. Man schreibt dann

$$h = SRO_{\underset{\sim}{A}}^{(vs,t)}(f_1,\dots,f_n) \quad .$$

Jetzt kann man wiederum die strukturell-rekursiven Operationen einer Algebra als Abschluß der Basisoperationen und der Projektionen unter struktureller Rekursion und Substitution definieren. Die Klasse der strukturell-rekursiven Operationen ist somit induktiv durch die Operationen "Substitution" und "strukturelle Rekursion" von den Basisoperationen und den Projektionen erzeugt.

In der Tat kann man so eine Darstellung der strukturell-rekursiven Operationen gewinnen, welche keine Gleichungen verwendet: Man geht über zu einer Algebra $D(\underset{\sim}{A})$ "höheren Typs", deren Trägermenge die Operationen von $\underset{\sim}{A}$ sind und deren Operationen durch die Operationen aus Σ und die Projektionen als Konstanten und durch alle möglichen Substitutionen und Rekursionsoperatoren $SRO^{(vs,t)}$ gegeben sind. Dem entspricht ein abgeleitetes Operationsalphabet $D(\Sigma)$, und strukturell-rekursive Operationen können nun als Terme in $T_{<S^*\times S,D(\Sigma)>}$ betrachtet werden, deren Semantik durch einen eindeutigen $D(\Sigma)$-Homomorphismus nach $D(\underset{\sim}{A})$ gegeben ist. Wir wollen dies hier nicht weiter vertiefen; für weitere Details sei auf [Kl 80a , Kl 82b] verwiesen. An einigen Beispielen soll jedoch vorgeführt werden, wie derartige gleichungsfreie oder auch kombinatorische Definitionen strukturell-rekursiver Operationen aussehen:

8.19 Beispiel:

Wir greifen an dieser Stelle nochmals Beispiel 8.4 bzw. 8.2 auf. Über der Signatur der natürlichen Zahlen mit Null und Nachfolger kann man die Addition definieren durch die Gleichungen

$$add(n,0) = n$$
$$add(n,suc(m)) = suc(add(n,m)) \quad .$$

Sei $\underset{\sim}{A}$ eine $\underline{\underline{nat}}$-Zerlegungsalgebra.
In der Terminologie von Definition 8.18 ist dann

$$add = SRO_{\underset{\sim}{A}}^{(nat\ nat,nat)}(f_1,f_2) \quad \text{, wobei}$$

$$f_1 : A^{nat} \rightarrow A^{nat}$$
$$f_1(x) = x$$

und

$$f_2 : A^{nat^3} \rightarrow A^{nat}$$
$$f_2(x,y,z) = suc(z) \quad .$$

Will man f_1 und f_2 auf Basisoperationen bzw. Projektionen zurückführen, so ist offensichtlich $f_1 = \pi_1^{nat}$ selbst eine Projektion und f_3 eine Komposition aus der Nachfolgerfunktion suc und der Projektion $\pi_3^{nat^3}$ auf die dritte Stelle. Diese Komposition (oder Substitution) schreiben wir als $SUB(suc,\pi_3^{nat^3})$. Insgesamt haben wir also

$$add = SRO_{\underset{\sim}{A}}^{(nat\ nat,nat)}(\pi_1^{nat},SUB(suc,\pi_3^{nat^3})) \quad .$$

Betrachten wir nun die Operation sum aus Beispiel 8.4, die alle Knoten eines Baumes über natürlichen Zahlen aufsummiert, so ist

$$sum = SRO_{\underset{\sim}{A}}^{(tree,nat)}(f_{empty},f_{leaf},f_{make})$$

mit

$$f_{empty} = 0 \qquad \text{(Basisoperation von } \underline{\underline{nat}}\text{)}$$

$$f_{leaf} = \pi_1^{nat}$$

$$\begin{aligned} f_{make}(t_1,n,t_2,m,k) &= add(n,add(m,k)) \\ &= SUB(add,\pi_2^{tree\ nat\ tree\ nat\ nat},add(m,k)) \\ &= SUB(add, \\ &\qquad \pi_2^{tree\ nat\ tree\ nat\ nat}, \\ &\qquad SUB(add,\pi_4^{tree\ nat\ tree\ nat\ nat},\pi_5^{tree\ nat\ tree\ nat\ nat})) \quad . \end{aligned}$$

In diesen Ausdruck kann man die oben gewonnene Definition von add noch einsetzen; dies ergibt insgesamt als "schematische" oder kombinatorische Definition von sum den komplexen Ausdruck

$$\text{sum} = \text{SRO}_{\underset{\sim}{A}}^{(\text{tree},\text{nat})}(0,$$

$$\pi_1^{\text{nat}} \quad ,$$

$$\text{SUB}(\text{SRO}_{\underset{\sim}{A}}^{(\text{nat nat},\text{nat})}(\pi_1^{\text{nat}},\text{SUB}(\text{suc},\pi_3^{\text{nat}^3})) \quad ,$$

$$\pi_2^{\text{tree nat tree nat nat}},$$

$$\text{SUB}(\text{SRO}_{\underset{\sim}{A}}^{(\text{nat nat},\text{nat})}(\pi_1^{\text{nat}},\text{SUB}(\text{suc},\pi_3^{\text{nat}^3})) \quad ,$$

$$\pi_4^{\text{tree nat tree nat nat}} \quad ,$$

$$\pi_5^{\text{tree nat tree nat nat}}))) \quad .$$

Ohne Zweifel ist die Definition von sum durch die drei Gleichungen am Ende von Beispiel 8.4 unter dem Gesichtspunkt der Verständlichkeit deutlich zu bevorzugen. Der hier angegebene Term zeigt dagegen die vollständige Entstehungsgeschichte der Operation sum auf und beweist damit automatisch, daß sum eine strukturell-rekursive Operation ist, ohne daß dabei irgenwelche Eigenschaften von Gleichungen zu berücksichtigen sind. Darüber hinaus kann anhand dieses Terms die Semantik der Operation sum in jeder nat-Zerlegungsalgebra durch einen initialen Homomorphismus bestimmt werden.

Ende des Beispiels

Wir wollen solche Terme über dem abgeleiteten Operationsalphabet, wie sie in diesem Beispiel vorgeführt wurden, strukturell-rekursive Schemata nennen. Wir kommen dann zur folgenden Definition:

8.20 Definition: Eine abstrakte Software-Spezifikation ist gegeben durch

$$D = \langle \text{spec}; \mathcal{O} \rangle \quad ,$$

wobei spec = <sig,E> eine endliche Konstruktorspezifikation ist und $\mathcal{O}$ eine endliche Menge von strukturell-rekursiven Schemata über sig . Ein Modell von D ist eine sig-Zerlegungsalgebra $\underset{\sim}{A}$, welche die Gleichungen E erfüllt. Ein Modell $\underset{\sim}{A}$ induziert eine Menge O von zulässigen Operationen, welche durch die Semantik der Schemata von $\mathcal{O}$ in $\underset{\sim}{A}$ gegeben ist.

Ein Modell heißt freies Modell, wenn es eine zu SEM_{spec} isomorphe kanonische Termalgebra zusammen mit der von SYN_{spec} ererbten eindeutigen Termzerlegung ist.

Um solche abstrakten Software-Spezifikationen tatsächlich niederschreiben zu können, führen wir eine Spezifikationssprache ein, die einerseits nicht so abstrakt ist wie die oben vorgestellten Rekursionsschemata, andererseits jedoch keine Verwechslungen mit dem Gleichungskalkül erlaubt. Diese Spezifikationssprache trägt den Namen SRDL (Structural Recursive Definition Language = Strukturell-rekursive Definitionssprache) und ist eine Erweiterung unserer Gleichungsspezifikationssprache GSS bzw. der Software-Definitionssprache SDS . Wir führen SRDL hier zunächst nur am Beispiel vor; weitere Kommentare finden sich in Kapitel 11.

8.21 Beispiel:

a.) Vgl. 8.4

```
MODULE NATTREE =

SORTS NAT,
      TREE;

CONSTRUCTORS NAT = (0, SUC(NAT));
             TREE = (EMPTY, LEAF(NAT), MAKE(TREE,NAT,TREE));

OPERATIONS

             ADD(N;M: NAT): NAT =
             CASE M OF
                0: N;
                SUC(K): SUC(ADD(N,K))
             ESAC;

             SUM(T: TREE): NAT =
             CASE T OF
                EMPTY: 0;
                LEAF(N): N;
                MAKE(T1,N,T2): ADD(N,ADD(SUM(T1),SUM(T2)))
             ESAC
END
```

b.) Vgl. 8.9, 8.16

```
MODULE NATSET =

SORTS NAT,
      SET;

CONSTRUCTORS NAT = (0, SUC(NAT) );
             SET = (CREATE, INSERT(SET,NAT) );

VARIABLES S: SET;
          N,M: NAT;
```

```
EQUATIONS INSERT(INSERT(S,N),N) = INSERT(S,N);
          INSERT(INSERT(S,N),M) = INSERT(INSERT(S,M),N);

OPERATIONS

           CARD(S: SET): NAT =
           CASE S OF
              CREATE: 0;
              INSERT(T,N): SUC(CARD(T))
           ESAC
END
```

Ende des Beispiels

Spezifikationen dieser Art werfen keine Probleme mit Konsistenz oder Vollständigkeit auf; vielmehr ist das folgende Lemma eine völlig triviale Tatsache:

8.22 Lemma: Sei D = <spec;$\mathcal{O}$> und D'=<spec;$\mathcal{O}+\mathcal{O}'$> ; dann ist jedes Modell von D' zugleich ein Modell von D und die Semantik einer Operation $F \in \mathcal{O}$ bezüglich D' ist identisch mit der Semantik von F bzgl. D .

Strukturell-rekursive Spezifikationen in der Art von Definition 8.20 haben also unbestreitbare Vorteile, was die Anreicherung bestehender Spezifikationen um neue Operationen betrifft. Andererseits muß man zugeben, daß die eigentliche Arbeit von den fundierten Zerlegungen geleistet wird, die in allen Konzepten implizit sind. Die Frage ist also, ob wir uns hier vielleicht selbst betrogen haben, ob etwa die fundierte Zerlegung eine Art "deus ex machina" ist, uns zwar über alle Klippen hinweghilft, aber womöglich selbst nicht einmal berechenbar ist. Zum Glück ist dies jedoch nicht der Fall. Wir kennen bereits Spezialfälle, wo die Zerlegung ein trivialer Prozeß ist: das ist die eindeutige Termzerlegung in der syntaktischen Algebra. Auch die Zerlegungen der freien Modelle von Spezifikationen gehören in diese Klasse. Es läßt sich nun mit Hilfe der kombinatorischen Definition der strukturell-rekursiven Operationen (8.18, 8.19) zeigen, daß sich jedes Modell einer Spezifikation als Bild eines freien Modells unter einem Homomorphismus gewinnen läßt, welcher die Semantik von strukturell-rekursiven Schemata respektiert. Den folgenden Satz können wir hier nicht beweisen, da wir die formale Behandlung der Schemata als Terme über einem abgeleiteten Operationsalphabet hier nicht durchgeführt haben.

Für eine Signatur sig = $<S,\Sigma>$ bezeichne D(sig) := $<D(S),D(\Sigma)>$ mit $D(S) = S^* \times S$ und $D(\Sigma)$ wie in 8.18, 8.19. Für eine sig-Algebra $\underset{\sim}{A}$ bezeichne wieder $D(\underset{\sim}{A})$ die abgeleitete D(sig)-Algebra von $\underset{\sim}{A}$, deren Träger die Operationen von $\underset{\sim}{A}$ sind. (Das sind nicht nur die Operationen aus Σ , sondern ganz allgemein alle totalen Abbildungen $A^w \to A^s$ für $(w,s) \in D(S)$.)

8.23 Satz: Sei D = <sig,E,$\mathcal{O}$> eine Spezifikation und $\underset{\sim}{A}$ ein Modell von D . Dann gibt es ein freies Modell $\underset{\sim}{C}$ von D und einen D(sig)-Homomorphismus p: $D(\underset{\sim}{C}) \rightarrow D(\underset{\sim}{A})$.

Aus der Initialität von $\underset{\sim}{T}_{D(\underline{\underline{sig}})}$ folgt damit sofort die Kommutativität des Diagramms

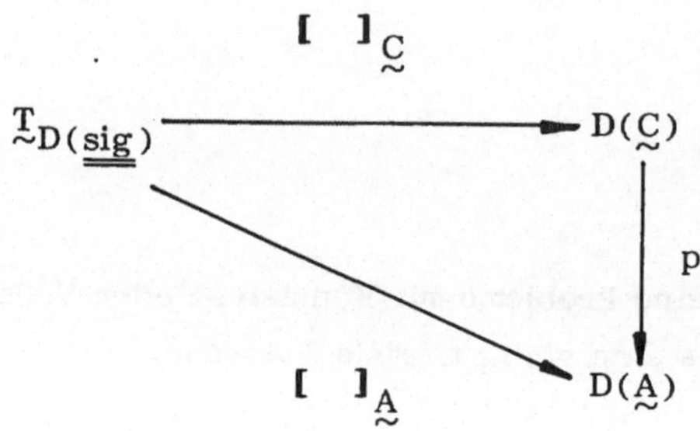

,

wobei $[\ ]_{\underset{\sim}{C}}$, $[\ ]_{\underset{\sim}{A}}$ die eindeutigen Homomorphismen sind, welche die Semantik strukturell-rekursiver Schemata definieren.

Es genügt also, sich auf freie Modelle zu beschränken, in denen die Zerlegung ein trivialer Prozeß ist. Freie Modelle sind kanonische Termalgebren, welche isomorph zu $\underset{\sim}{T}_{\underline{\underline{spec}}}$ sind für die Konstruktorspezifikation spec . Die nächste Frage, die sich also hier ganz zwangsläufig erhebt, ist: Kann man stets eine zu $\underset{\sim}{T}_{\underline{\underline{spec}}}$ isomorphe kanonische Termalgebra konstruieren? Die Antwort lautet natürlich: nein; vgl. die Ausführungen über die Unentscheidbarkeit des Wortproblems im Kapitel 4. Es läßt sich jedoch zeigen, daß man ein freies Modell dennoch algorithmisch konstruieren kann, wenn die Semantik $\underset{\sim}{T}_{\underline{\underline{spec}}}$ der Konstruktorspezifikation berechenbar ist. (Siehe [KS 81] , [Sz 81]) . Dies kann man in allen realistischen Fällen getrost voraussetzen; im übrigen ist dank der Spezifikation der definierten Operationen durch strukturell-rekursive Schemata vielfach spec = <S,Σ,∅> erreichbar; in diesem Fall ist $\underset{\sim}{T}_{\underline{\underline{spec}}}$ trivialerweise berechenbar.

Aufgabe 15: Geben sie SRDL-Spezifikationen an für

a.) boolean (4.3.a)

b.) counter, pcounter 2 (6.2)

c.) signat (7.4)

Überlegen Sie sich jeweils, wie man eine möglichst kleine Konstruktorspezifikation erhalten kann.

Aus der Theorie der Berechenbarkeit ist bekannt, daß es berechenbare Operationen gibt, die nicht primitiv-rekursiv sind und daß jeder Mechanismus, der die Definition weitergehender Klassen von Operationen erlaubt, notwendigerweise partielle Operationen erzeugt, indem gegebenenfalls unendliche Rechnungen entstehen. (Die Unentscheidbarkeit der Klasse der total-rekursiven Funktionen besteht gerade in der Unentscheidbarkeit des Halteproblems.)

Es erhebt sich also die Frage: Kann man nicht bei den rekursiven Definitionen in SRDL allgemeinere rekursive Aufrufe als nur die primitiv-rekursiven zulassen? Wichtige Zusatzfragen sind dann selbstverständlich: Würde unter diesen Umständen noch eine eindeutige (partielle) Operation spezifiziert? Kann man alle "berechenbaren" Operationen so spezifizieren?

In [Kl 82b] finden sich Argumente, daß es ohne weiteres möglich ist, die in anderen Bereichen bereits existierende Theorie auf die sig-Zerlegungsalgebren zu übertragen. Eine "eindeutige partielle Operation" kann es zwar wegen der unterschiedlichen Definitionsbereiche partieller Operationen nicht geben, aber es gibt wenigstens eine eindeutige partielle Operation mit minimalem Definitionsbereich. Alle berechenbaren Operationen lassen sich so spezifizieren.

Das hat wichtige Auswirkungen auf die Frage, ob wir partielle Algebren oder - wie in diesem Buch - totale Algebren als Grundlage der algebraischen Spezifikationsmethode verwenden sollten. Wir haben schon auf S.92 argumentiert, daß die Undefiniertheit bestimmter Operationen in Datentypen für gewisse Argumente kein Grund für die Einführung partieller Algebren ist; vielmehr müssen wir diese "Ausnahmefälle" ganz sauber spezifizieren.

Kommen wir nun zu einem anderen Argument, das häufig als Begründung für die Einführung partieller Algebren dient: Man möchte einen Mechanismus haben, der alle berechenbaren Operationen zuläßt. Dabei kann man partielle Operationen nicht ausschließen, also müssen wir partielle Algebren betrachten.

Das mag nicht ganz von der Hand zu weisen zu sein, solange man nicht zwischen erzeugenden und definierten Operationen unterscheidet, sondern lediglich Gleichungsspezifikationen aufschreibt. Trifft man diese Unterscheidung jedoch und benutzt nicht die Standard-Gleichungssemantik zur Definition der definierten Operationen, so kann man wohl verlangen, daß wenigstens die zugrundeliegenden Basisoperationen total sind.

Mit anderen Worten: Man definiert partielle Operationen über totalen Algebren, aber nicht partielle Operationen in partiellen Algebren.

Das ist im übrigen auch in der Berechenbarkeitstheorie nicht anders, denn hier werden partielle Operationen über einer totalen Algebra, nämlich SEM_{nat} für

```
nat = sorts nat;
      constructors nat = (0,suc(nat))
      end
```

definiert. Partialität von Operationen ist immer gleichbedeutend mit nicht-endenden Berechnungen. Wozu aber könnte man die natürlichen Zahlen noch gebrauchen, wenn die Berechnung des Nachfolgers einer Zahl n nicht terminiert, was bei einer partiellen nat-Algebra durchaus normal wäre?

9. Korrektheit von Spezifikationen

Wir betrachten hier nur die Korrektheit von strukturell-rekursiven Spezifikationen entsprechend 8.20. Zur Korrektheit von Gleichungsspezifikationen wurde bereits in Kapitel 7 einiges gesagt.

Um von "Korrektheit" irgendeines Objektes sprechen zu können, braucht man immer ein Vergleichsobjekt, mit dem man das zur Diskussion stehende Objekt messen kann. Im Fall der abstrakten Software-Spezifikationen kann es drei Arten von Vergleichsobjekten geben:

(1) eine spezielle Algebra,

(2) eine weitere abstrakte Spezifikation und

(3) eine reine Gleichungsspezifikation.

Für Punkt (3) gibt es im wesentlichen zwei Motivationspunkte: Zum einen mag es in früheren Entwurfsstadien, wenn man die zu spezifizierenden Operationen noch nicht präzise genug beschreiben kann, zunächst einmal einfacher erscheinen, einige bekannte oder erwartete Eigenschaften dieser Operationen durch Gleichungen festzulegen; zum anderen werden Gleichungsspezifikationen noch eine gewisse Rolle spielen als <u>Parameter-Spezifikationen</u> bei parametrisierten Spezifikationen. (Siehe Kapitel 10)

Es ist charakteristisch für die in 8.20 vorgestellten Spezifikationen $D = \langle \underline{\underline{spec}};\mathcal{O}\rangle$, daß sie in eine <u>strukturelle Komponente</u> $\underline{\underline{spec}}$ und eine <u>funktionelle Komponente</u> $\mathcal{O}$ zerfallen: $\underline{\underline{spec}}$ beschreibt die in Betracht kommenden <u>Daten</u>, d.h. also den Träger einer Algebra, während $\mathcal{O}$ die zulässigen <u>Operationen</u> in der Terminologie der Datenelemente beschreibt. Ein Modell von D ist formal eine $\underline{\underline{spec}}$-Algebra; wir möchten es aber eigentlich als $\mathcal{O}$-Algebra verstanden wissen. Daher die folgende Definition:

<u>9.1 Definition</u>: Sei $D = \langle \underline{\underline{spec}};\mathcal{O}\rangle$ eine Spezifikation, $\underset{\sim}{A}$ ein Modell von D . Aus $\underset{\sim}{A}$ kann man eine $\mathcal{O}$-Algebra $\underset{\sim}{A}^{O}$ mit Träger A definieren, indem man jedem Schema $s \in \mathcal{O}$ seine Semantik in $\underset{\sim}{A}$ zuordnet:

$$s_A := [\![s]\!]_{\underset{\sim}{A}} \quad .$$

$\underset{\sim}{A}^{O}$ heißt die <u>operative Algebra</u> von $\underset{\sim}{A}$.

<u>Bemerkung</u>: Für die formale Behandlung der Schemata als Terme in $T_{D(\underline{sig})}$ kann diese Definition unkommentiert stehen bleiben. Schreibt man die Schemata wie in Beispiel 8.21 in SRDL, so muß man 9.1 so lesen, daß auf der linken Seite der Gleichung der <u>Name</u> des Schemas s steht und auf der rechten Seite in der Semantikklammer die <u>Definition</u> des Schemas. Im übrigen unterscheiden wir aber nicht mehr zwischen einem Schema und seinem Namen, da dies weiter keine Verwirrungen hervorrufen kann.

9.2 Definition: (Korrektheit bzgl. einer speziellen Algebra)
Sei $D = <\underline{\underline{spec}};\mathcal{O}>$ eine Spezifikation, $\underset{\sim}{B}$ eine $\underline{\underline{spec}}'$-Algebra. Dann heißt D korrekt bzgl. $\underset{\sim}{B}$:⟺ $S' \subseteq S$, $\Sigma' \subseteq \mathcal{O}$ und es gibt ein freies Modell $\underset{\sim}{C}$ von D , so daß $h_{\underset{\sim}{C}}(SYN_{\underline{\underline{spec}}'}) \cong \underset{\sim}{B}$, wobei $h_{\underset{\sim}{C}}$ der eindeutige $\underline{\underline{spec}}'$-Homomorphismus $h_{\underset{\sim}{C}} : SYN_{\underline{\underline{spec}}'} \to \underset{\sim}{C}^{O}$ in die operative Algebra von $\underset{\sim}{C}$ ist.

Das heißt also, daß es für jedes Element $b \in B$ genau ein entsprechendes "abstraktes Objekt" in der durch $\underline{\underline{spec}}$ beschriebenen Datenstruktur gibt und daß es für jede Basisoperation F von $\underset{\sim}{B}$ ein entsprechendes Rekursionsschema in $\mathcal{O}$ gibt, welches das gleiche Verhalten wie F aufweist. Gegenüber der Signatur $\underline{\underline{sig}}'$ von $\underset{\sim}{B}$ kann die Spezifikation mehr Sorten und Operationen besitzen, da manchmal auf Hilfskonstruktionen wie versteckte Sorten und Operationen (vgl. 7.16) nicht verzichtet werden kann.

Allerdings wird es nur selten vorkommen, daß man eine abstrakte Spezifikation für eine konkrete Algebra sucht. Trotzdem kann auch dieser Fall schon einmal eintreten. Ein denkbares Beispiel ist etwa, daß ein bereits existierendes System nachträglich abstrakt spezifiziert wird, um ein konsistentes Systemmodell herzustellen und um bei evtl. Modifikationen des Systems dafür sorgen zu können, daß diese Spezifikation respektiert wird. Viel wahrscheinlicher ist dagegen, daß man zwei abstrakte Spezifikationen miteinander vergleichen will, die während eines Programmentwicklungsprozesses auftreten und von denen die eine vielleicht in gewissem Sinne weiter "verfeinert" ist oder "näher" an der endgültigen Implementierung steht. "Implementierungsnähe" ist natürlich ein schwer meßbares Konzept; aber Korrektheit läßt sich ganz präzise formulieren. Wir behandeln hier nur die Korrektheit bzgl. einer Gleichungsspezifikation:

9.3 Definition: (Korrektheit bzgl. einer Gleichungsspezifikation)
Sei $D = <\underline{\underline{spec}};\mathcal{O}>$ eine Spezifikation und $\underline{\underline{spec}}' = <S',\Sigma',E'>$ eine Gleichungsspezifikation. D heißt korrekt bzgl. $\underline{\underline{spec}}'$:⟺ $S' \subseteq S$, $\Sigma' \subseteq \mathcal{O}$ und es gibt ein freies Modell $\underset{\sim}{C}$ von D, so daß $h_{\underset{\sim}{C}}(SYN_{\underline{\underline{spec}}'}) \cong SEM_{\underline{\underline{spec}}'}$, wobei $h_{\underset{\sim}{C}} : SYN_{\underline{\underline{spec}}'} \to \underset{\sim}{C}^{O}$ ist.

Es gibt eine Reihe von Möglichkeiten, den in 9.3 geforderten Isomorphismus nachzuweisen; eine davon ist die folgende:

9.4 Lemma: Unter den Voraussetzungen von 9.3 bezeichne $\underset{\sim}{C}' := h_{\underset{\sim}{C}}(SYN_{\underline{\underline{spec}}'}) \subseteq \underset{\sim}{C}^{O}$.
Dann ist $\underset{\sim}{C}'$ isomorph zu $SEM_{\underline{\underline{spec}}'}$ ⟺

(i) $\underset{\sim}{C}'$ erfüllt die Gleichungen E' ,

(ii) für jedes $c \in C'$ gibt es ein $t \in SYN_{\underline{\underline{spec}}'}$ mit $[t]_{\underset{\sim}{C}} = c$ und

(iii) es gibt eine surjektive Abstraktionsfunktion $a : C' \to SEM_{\underline{\underline{spec}}'}$.

Beweis: "⇒" ist trivial.

Wenn $\underset{\sim}{C}'$ die Gleichungen E' erfüllt, dann gilt $\underset{\sim}{C}' \in ALG_{spec'}$; also gibt es einen eindeutigen Homomorphismus $i : SEM_{spec'} \to \underset{\sim}{C}'$. Wenn (ii) gilt, so ist $\underset{\sim}{C}'$ durch $\emptyset$ erzeugt und i ist surjektiv. Gibt es außerdem die surjektive Abstraktionsfunktion, so muß i auch injektiv sein, also ein Isomorphismus.

Es ist somit von Bedeutung, daß man die Gültigkeit gewisser Gleichungen nachweisen kann für Terme mit Operationen, die strukturell-rekursiv definiert sind. Die Gültigkeit von Gleichungen ist bereits früher definiert worden (2.1); dabei handelte es sich jedoch um die Gültigkeit von Gleichungen über Basisoperationen in einer speziellen Algebra. Im Hinblick auf die spätere Verwendung bei den parametrisierten Spezifikationen nehmen wir an dieser Stelle gleich eine leichte Verallgemeinerung vor:

9.5 Definition: Sei $D = \langle spec ; \mathcal{O} \rangle$, X eine Variablenmenge. Die Gleichung $t_1 = t_2$ für $t_1, t_2 \in T_{\mathcal{O}}(X)$ heißt allgemeingültig $\Leftrightarrow$ Für alle Modelle $\underset{\sim}{A}$ von D erfüllt $\underset{\sim}{A}^O$ die Gleichung $t_1 = t_2$.

Wir möchten diese Definition nun soweit umformen, daß sie uns Methoden nahelegt, wie wir die Allgemeingültigkeit von Gleichungen praktisch beweisen können. Dazu ist es nach 8.23 nicht notwendig, alle Modelle von D zu betrachten, vielmehr genügt es, die freien Modelle zu untersuchen. Außerdem hatten wir schon in 1.23 gesehen, daß man Terme über einem Standardalphabet von Variablen als Polynomschemata auffassen kann, die auf jeder Algebra entsprechenden Typs eine Operation definieren (Polynom, abgeleitete Operation). Unter Berücksichtigung der Definition 2.1 der Gültigkeit von Gleichungen folgt insgesamt:

9.6 Lemma: Sei $D = \langle S, \Sigma, E; \mathcal{O} \rangle$; X ein abzählbares Standardalphabet, $X = \{x_j^s \mid s \in S, j \in \mathbb{N}\}$. Für $w = s_1 \ldots s_n \in S^*$ sei $X_w = \{x_1^{s_1}, \ldots, x_n^{s_n}\}$.
Dann ist die Gleichung $t_1 = t_2$ für $t_1, t_2 \in T_{\mathcal{O}}(X_w)$ allgemeingültig $\Leftrightarrow$ Für alle freien Modelle $\underset{\sim}{C}$ von D gilt

$$POL(t_1)_{\underset{\sim}{C}^O} = POL(t_2)_{\underset{\sim}{C}^O} .$$

Bemerkung: a.) Beachte daß es eine triviale Injektion $T_{\mathcal{O}}(X_w) \to T_{\mathcal{O}}(X_{w'})$ gibt für jedes w' , welches alle Buchstaben von w irgendwie enthält. Also liegt hier gegenüber 9.5 keine Einschränkung der Gleichungen vor.

b.) $POL(t_1)_{\underset{\sim}{C}^O} = POL(t_2)_{\underset{\sim}{C}^O}$ bedeutet natürlich, da $POL(t)_{\underset{\sim}{C}^O}$ eine Operation ist, daß $(\forall\, \underline{t} \in C^w)\ POL(t_1)_{\underset{\sim}{C}^O}(\underline{t}) = POL(t_2)_{\underset{\sim}{C}^O}(\underline{t})$.

Es scheint natürlich, daß man die in 9.6 angegebene Gleichung durch strukturelle Induktion beweist (8.14). Zur Auswertung der beiden Seiten dieser Gleichung kann man die im folgenden Korollar zusammengefaßten Eigenschaften verwenden:

9.7 Korollar:

(A) Für alle $s \in O$, $st_1 \ldots t_n \in T_O(X_w)$, $\underline{t} \in C^w$ gilt

$$POL(st_1 \ldots t_n)_{\underset{\sim}{C}^O}(\underline{t}) = [s]_{\underset{\sim}{C}} (POL(t_1)_{\underset{\sim}{C}^O}(\underline{t}),\ldots,POL(t_n)_{\underset{\sim}{C}^O}(\underline{t})) .$$

(B) Falls $s \in O$ gegeben ist durch

$$\begin{array}{l} s(x_1:s_1;\ldots;x_n:s_n):s_{n+1} = \underline{\text{case}}\ x_i\ \underline{\text{of}} \\ \qquad F_1(y_1,\ldots,y_{m_1}):t_1; \\ \qquad \vdots \\ \qquad F_k(y_1,\ldots,y_{m_k}):t_k \\ \qquad \underline{\text{esac}} \end{array} ,$$

dann ist

$$[s]_{\underset{\sim}{C}}(c_1,\ldots,c_{i-1},F_j\ b_1\ldots b_r,c_{i+1},\ldots,c_n) = t_j' ,$$

wobei t' aus t_j entsteht, indem man alle x_m durch c_m und alle y_k durch durch b_k ersetzt. $(m = 1,\ldots,n\ ;\ k = 1,\ldots,m_j)$

Beweis: (A) Nach Definition 1.25 ist
$POL(st_1 \ldots t_n)_{\underset{\sim}{C}^O}(\underline{t}) = \hat{\underline{t}}(st_1 \ldots t_n)$, wobei $\hat{\underline{t}}$ ein von $\underline{t}$ induzierter Homomorphismus $\hat{\underline{t}}: \underset{\sim}{T}_O(X_w) \to \underset{\sim}{C}^O$ ist. Daher folgt weiter

$$\begin{aligned} \hat{\underline{t}}(st_1 \ldots t_n) &= [s]_{\underset{\sim}{C}}(\hat{\underline{t}}(t_1),\ldots,\hat{\underline{t}}(t_n)) \\ &= [s]_{\underset{\sim}{C}}(POL(t_1)_{\underset{\sim}{C}^O}(\underline{t}),\ldots,POL(t_n)_{\underset{\sim}{C}^O}(\underline{t})) . \end{aligned}$$

(B) Dies ist eine direkte Folgerung aus Satz 5.17 und der Tatsache, daß $\underset{\sim}{C}$ ein freies Modell mit der eindeutigen Termzerlegung ist.

□

Eine Anwendung der Regel (B) nennt man auch eine Symbolische Auswertung. Wir sprechen daher hier von Beweisen durch Strukturelle Induktion und Symbolische Auswertung.

9.8 Beispiel: Gegeben sei die folgende Spezifikation:

(In SRDL verwendet man zur Bezeichnung der Kombination von Spezifikationen die include-Klausel, bei der außer einem Spezifikationsnamen auch noch die Liste der aus dieser Spezifikation verwendeten Sorten-, Konstruktor- und Operationsnamen angegeben wird.)

```
MODULE SET(NAT) =

INCLUDE NATURAL(NAT,0,SUC);

SORTS SET;

CONSTRUCTORS SET = (CRE, INS(NAT,SET) );

VARIABLES X,Y: NAT;
          S: SET;

EQUATIONS INS(X,INS(X,S)) = INS(X,S);
          INS(X,INS(Y,S)) = INS(Y,INS(X,S));

OPERATIONS

           UNION(S,T: SET): SET =
           CASE T OF
              CRE: S;
              INS(X,T1): INS(X,UNION(S,T1))
           ESAC
END
```

Wir wollen zeigen, daß die so definierte Operation union assoziativ ist. Es ist also die Allgemeingültigkeit der Gleichung

$$union(x_1^{set},union(x_2^{set},x_3^{set})) = union(union(x_1^{set},x_2^{set}),x_3^{set})$$

nachzuweisen. Der Einfachheit halber lassen wir den oberen Index ^{set} weg.

Nach 9.6 müssen wir für ein freies Modell $\underset{\sim}{C}$ von set(nat) und $c_1,c_2,c_3 \in C^{set}$ zeigen

$$POL(union(x_1,union(x_2,x_3)))_{\underset{\sim}{C}}O(c_1,c_2,c_3) =$$
$$= POL(union(union(x_1,x_2),x_3))_{\underset{\sim}{C}}O(c_1,c_2,c_3) \quad .$$

Wir beweisen dies durch Fallunterscheidung und Induktion über c_3 .

1.) $c_3 = cre$

Induktionsvoraussetzung: keine.

Linke Seite:

$POL(union(x_1,union(x_2,x_3)))_{\underset{\sim}{C}}O(c_1,c_2,cre) =$

$\overset{(A)}{=}$ $[union]_{\underset{\sim}{C}}(POL(x_1)_{\underset{\sim}{C}}O(c_1,c_2,cre),POL(union(x_2,x_3))_{\underset{\sim}{C}}O(c_1,c_2,cre)) =$

$\overset{1.25}{=}$ $[\text{union}]_{\underset{\sim}{C}}(c_1, POL(union(x_2,x_3))_{\underset{\sim}{C}}O(c_1,c_2,cre))$ =

$\overset{(A)}{=}$ $[\text{union}]_{\underset{\sim}{C}}(c_1, [\text{union}]_{\underset{\sim}{C}}(POL(x_2)_{\underset{\sim}{C}}O(c_1,c_2,cre), POL(x_3)_{\underset{\sim}{C}}O(c_1,c_2,cre)))$ =

$\overset{1.25}{=}$ $[\text{union}]_{\underset{\sim}{C}}(c_1, [\text{union}]_{\underset{\sim}{C}}(c_2,cre))$

$\overset{(B)}{=}$ $[\text{union}]_{\underset{\sim}{C}}(c_1,c_2)$.

Rechte Seite: (Abgekürzte Rechnung mit direkter Berücksichtigung von 1.25)

$POL(union(union(x_1,x_2),x_3))_{\underset{\sim}{C}}O(c_1,c_2,cre)$ =

$\overset{(A)}{=}$ $[\text{union}]_{\underset{\sim}{C}}(POL(union(x_1,x_2))_{\underset{\sim}{C}}O(c_1,c_2,cre),cre)$ =

$\overset{(B)}{=}$ $POL(union(x_1,x_2))_{\underset{\sim}{C}}O(c_1,c_2,cre)$ =

$\overset{(A)}{=}$ $[\text{union}]_{\underset{\sim}{C}}(c_1,c_2)$.

Damit ist dieser Fall bewiesen.

2.) $c_3 = ins(x,m)$:
Induktionsvoraussetzung: Für alle $y < c_3$ gelte bereits

$POL(union(x_1,union(x_2,x_3)))_{\underset{\sim}{C}}O(c_1,c_2,y)$ =

$POL(union(union(x_1,x_2),x_3))_{\underset{\sim}{C}}O(c_1,c_2,y)$.

(Zu $<$ vgl. 8.10)
Insbesondere gilt dies für $y = m$.
Dann folgt: (Weiter abgekürzte Rechnung, mehrere (A)-Schritte in einem Schritt)
Linke Seite:

$POL(union(x_1,union(x_2,x_3)))_{\underset{\sim}{C}}O(c_1,c_2,ins(x,m))$ =

$\overset{(A)}{=}$ $[\text{union}]_{\underset{\sim}{C}}(c_1, [\text{union}]_{\underset{\sim}{C}}(c_2,ins(x,m)))$ =

$\overset{(B)}{=}$ $[\text{union}]_{\underset{\sim}{C}}(c_1,ins(x, [\text{union}]_{\underset{\sim}{C}}(c_2,m)))$ =

$\overset{(B)}{=}$ $ins(x, [\text{union}]_{\underset{\sim}{C}}(c_1, [\text{union}]_{\underset{\sim}{C}}(c_2,m)))$ =

$\overset{(A)}{=}$ $ins(x,POL(union(x_1,union(x_2,x_3)))_{\underset{\sim}{C}}O(c_1,c_2,m))$ =

$\overset{\text{Ind. Vor.}}{=}$ $ins(x,POL(union(union(x_1,x_2),x_3))_{\underset{\sim}{C}}O(c_1,c_2,m))$.

(Hierbei haben wir einmal (A) "in umgekehrter Richtung" angewandt) .
Rechte Seite:

$POL(union(union(x_1,x_2),x_3))_{\underset{\sim}{C}^O}(c_1,c_2,ins(x,m)) =$

$\overset{(A)}{=}$ $[\![union]\!]_{\underset{\sim}{C}}([\![union]\!]_{\underset{\sim}{C}}(c_1,c_2),ins(x,m)) =$

$\overset{(B)}{=}$ $ins(x,[\![union]\!]_{\underset{\sim}{C}}([\![union]\!]_{\underset{\sim}{C}}(c_1,c_2),m)) =$

$\overset{(A)}{=}$ $ins(x,POL(union(union(x_1,x_2),x_3))_{\underset{\sim}{C}^O}(c_1,c_2,m))$.

Damit ist auch dieser Fall erledigt.

Ende des Beispiels

Für die praktische Verwendung erscheint dieses formale Vorgehen nicht notwendig, ja sogar störend wegen der beiden verschiedenen Arten von Semantik (Polynomsemantik $POL(\ )_{\underset{\sim}{C}^O}$ und Schemasemantik $[\![\ ]\!]_{\underset{\sim}{C}}$) und den dauernd notwendigen Umrechnungen dazwischen. Es empfiehlt sich daher die folgende Konvention:

9.9 Konvention: In den Beweisen substituieren wir sofort die c_i für die x_i . Semantikklammern $POL(\ )_{\underset{\sim}{C}^O}$ und $[\![\ ]\!]_{\underset{\sim}{C}}$ notieren wir nicht und schreiben "$\leadsto$" für eine einmalige Anwendung der Regel (B) und möglicherweise mehrmalige Anwendungen von (A) .

9.10 Beispiel: Der Beweis aus 9.8 läßt sich nun flüssiger so schreiben:

Zu zeigen: union(s,union(t,u)) = union(union(s,t),u) .

Beweis durch Induktion über u .

1.) u = cre:

Linke Seite: union(s,union(t,cre)) $\leadsto$ union(s,t) .

Rechte Seite: union(union(s,t),cre) $\leadsto$ union(s,t) .

2.) u = ins(x,m):

Induktionsvoraussetzung: Für alle $y < u$ gilt

union(s,union(t,y)) = union(union(s,t),y),

insbesondere also für $y = m$.

Linke Seite: union(s,union(t,ins(x,m)))

$\leadsto$ union(s,ins(x,union(t,m)))

$\leadsto$ ins(x,union(s,union(t,m)))

$\overset{Vor.}{=}$ ins (x,union(union(s,t),m)) .

Rechte Seite: union(union(s,t),ins(x,m))
$\sim$ ins(x,union(union(s,t),m)) .

Ende des Beispiels

In diesem Beispiel war es nicht notwendig, die Konstruktorgleichungen E zu verwenden. Auf der anderen Seite ist jedoch klar, daß dies irgendwo nötig sein muß, wenn die Gleichungen überhaupt einen Sinn haben sollen. Das folgende Beispiel führt die Anwendung einer Konstruktorgleichung vor (durch "≡" notiert) und zeigt gleichzeitig eine simultane Induktion über beide Komponenten des Argumentvektors.

9.11 Beispiel: Wir wollen zeigen, daß die Operation union aus 9.8 kommutativ ist.

Zu zeigen: union(s,t) = union(t,s)

für feste, aber beliebige s,t .

Induktionsvoraussetzung: Für alle u,v , so daß wenigstens eine der Bedingungen

u < s

v < t

zutrifft, gelte bereits union(u,v) = union(v,u) .

Fallunterscheidung:

1.) t = cre

Linke Seite: union(s,cre) $\sim$ s .

Rechte Seite: Fallunterscheidung

1a) s = cre: trivial

1b) s = ins(x,m):

union(cre,ins(x,m)) $\sim$ ins(x,union(cre,m))

$\overset{\text{Vor.}}{=}$ ins(x,union(m,cre)) $\sim$ ins(x,m) = s .

2.) t = ins(x,m)

Linke Seite: union(s,ins(x,m))

$\sim$ ins(x,union(s,m))

Rechte Seite: Fallunterscheidung

2a) s = cre:

union(ins(x,m),cre)

$\sim$ ins(x,m)

$\sim$ ins(x,union(cre,m))

2b) s = ins(y,n):

union(ins(x,m),ins(y,n))

$\sim$ ins(y,union(ins(x,m),n))

$\overset{\text{Vor.}}{=}$ ins(y,union(n,ins(x,m)))

$\sim$ ins(y,ins(x,union(n,m)))

≡ ins(x,ins(y,union(n,m)))

$\overset{\text{Vor.}}{=}$ ins(x,ins(y,union(m,n)))

$\rightsquigarrow$ ins(x,union(m,s))

$\overset{\text{Vor.}}{=}$ ins(x,union(s,m))

Ende des Beispiels

Aufgabe 16: Zeigen Sie, daß union das Absorptivgesetz erfüllt, d.h.

union(s,union(s,t)) = union(s,t) .

10. Parametrisierte Spezifikationen

Bis jetzt haben wir uns lediglich mit Spezifikationen beschäftigt, bei denen die Funktion eines einzelnen Moduls unter vollständiger Kenntnis aller verwendeten Datenbereiche und vollständiger Spezifikation aller dazu gehörenden Operationen beschrieben wird. Wir haben bereits in der Einleitung deutlich gemacht, daß Spezifikationen großer Systeme niemals von dieser Art sein können, da eine vollständige Spezifikation zu viele Informationen enthält und deshalb wegen der fehlenden Übersicht unbrauchbar wird. Statt dessen wird eine solche Systemspezifikation gegliedert sein, indem etwa nach gewissen logischen Gesichtspunkten eine Hierarchie von Spezifikationsstufen eingeführt wird. Auf der obersten Stufe wird ganz global das Verhalten des Systems beschrieben, wobei auf die im einzelnen dazu verwendeten Unterfunktionen nicht vollständig eingegangen wird. Diese werden vielmehr für eine Spezifikation in den unteren Stufen offengelassen und stellen somit eine Art von Parameter dar für die Spezifikation der höheren Stufe. Bestimmte Systemteile, die an verschiedenen Stellen in verschiedenem Zusammenhang, aber durchaus in gleichartiger Weise verwendet werden, braucht man nur einmal zu spezifizieren, wenn man den jeweils verschiedenen Kontext zu einem Parameter macht. Beispiele dafür finden sich auch in diesem Buch: die Spezifikation eines Kellers (2.4), einer Menge (4.6) oder eines binären Baums (8.4) sind relativ unabhängig davon, über welcher Art von Daten diese Konstruktionen definiert sind.

Es empfiehlt sich also, für Spezifikationen ein analoges Konzept zur prozeduralen Abstraktion in Programmiersprachen einzuführen: Es gibt formale Parameter, die durch einen "Aufruf" oder eine "Anwendung" aktualisiert werden können. Eine kurze Überlegung zeigt, daß es bei den Spezifikationen nicht genügt, Sorten als Parameter übergeben zu können, sondern daß auch nach Operationen parametrisiert werden muß. Wie wir noch sehen werden, ist es für Korrektheitsbelange oft auch notwendig, zu verlangen, daß eine als Parameter übergebene Operation bestimmte Eigenschaften hat (z.B. daß sie symmetrisch ist bzgl. zweier Argumente) oder daß zwischen mehreren Parameter-Operationen bestimmte Beziehungen bestehen (z.B. daß die eine invers zu der anderen ist). Spezifikationen für formale Parameter müssen daher mindestens Gleichungsspezifikationen sein.

Außerdem müssen wir noch zwischen echten und unechten Parametern unterscheiden: Nicht alle Sorten und Operationen, die in einer Spezifikation nicht ausdrücklich deklariert sind, stellen notwendigerweise Parameter für diese Spezifikation dar, vielmehr benutzen alle möglichen Spezifikationen gemeinsam gewisse primitive Datentypen wie z.B. boolean, integer etc., ohne diese jeweils ausführlich zu spezifizieren. Auf den ersten Blick sehen die entsprechenden Sorten und Operationen wie Parameter aus; allerdings sind es unechte Parameter, da sie nicht frei belegt werden können, sondern einer festen Interpretation unterworfen sind.

Anstatt nun eine Menge von Standard-Spezifikationen für primitive Datentypen auszuzeichnen, erlauben wir einfach, daß eine parametrisierte Spezifikation und eine aktuelle Parameter-Spezifikation einen gewissen gemeinsamen Anteil haben. Bei der Semantik-Definition stellen wir dann sicher, daß dieser gemeinsame Anteil gleichartig interpretiert wird.

Damit ergibt sich folgende Definition:

10.1 Definition: Eine parametrisierte Software-Spezifikation ist gegeben durch

$D = \langle \underline{ga} ; \underline{pspec} ; \underline{spec} ; \mathcal{O} \rangle$,

wobei $\underline{ga} = \langle gS, g\Sigma \rangle$ eine Signatur ist, der gemeinsame Anteil,
$\underline{pspec} = \langle pS, p\Sigma, pE \rangle$ die Parameter-Spezifikation heißt und
$\underline{spec} = \langle S, \Sigma, E \rangle$ die Rumpf-Spezifikation ,

so daß die folgenden Bedingungen gelten:

(i) $\underline{ga} + \underline{pspec}$ ist eine endliche Gleichungsspezifikation,

(ii) $\langle gS \cup pS \cup S , \Sigma, E \rangle$ ist eine endliche Gleichungsspezifikation,

(iii) $\Sigma \cap p\Sigma = \emptyset$ und $g\Sigma \cap p\Sigma = \emptyset$,

(iv) $s \in pS \Rightarrow \Sigma^{(s)} = \emptyset$

(v) $\mathcal{O}$ ist eine endliche Menge von strukturell-rekursiven $\underline{sig}'$-Schemata ohne Rekursion über eine Sorte $s \in pS$, wobei

$$\underline{sig}' = \langle gS \cup pS \cup S , g\Sigma \cup p\Sigma \cup \Sigma \rangle .$$

Diese Definition enthält einige syntaktische Einschränkungen, die semantisch motiviert sind bzw. später ein gewisses semantisches Wohlverhalten zur Folge haben. Hierzu kurz noch einige Bemerkungen, bevor wir ein Beispiel vorstellen.

10.2 Bemerkungen:

(1) Zu $s \in pS \Rightarrow \Sigma^{(s)} = \emptyset$: Wenn Σ einen Konstruktor enthielte, dessen Resultat in einer Parameter-Sorte liegt, dann würde dies eine völlige Neudefinition dieser Sorte bedeuten mit der Konsequenz, daß auch alle definierten Operationen mit einer Rekursion über diese Sorte umgeschrieben werden müßten. Beachte, daß es dagegen nicht ausgeschlossen wurde, daß definierte Operationen mit Resultat in einer Parameter-Sorte existieren.

(2) E wurde auf Σ-Gleichungen (statt $(\Sigma \cup p\Sigma)$-Gleichungen) beschränkt, da es nur Eigenschaften der neuen Konstruktoren Σ wiedergeben soll.

(3) Beachte, daß $\mathcal{O}$ keine Operation enthalten kann, die eine Rekursion über eine Parameter-Sorte verwendet. Hierzu müßten wir die Konstruktoren dieser Sorte und ihre jeweiligen Typen kennen; diese Information ist aber in der Parameter-Spezifikation nicht enthalten.

(4) Jede Spezifikation D = <<u>spec</u>;$\mathcal{O}$> nach 5.20 kann man als parametrisierte Spezifikation D = <<∅,∅>,<∅,∅,∅>;<u>spec</u>;$\mathcal{O}$> auffassen. Es genügt daher, nur noch parametrisierte Spezifikationen zu betrachten.

(5) Während in einer nicht-parametrisierten Spezifikation jedes Schema $s \in \mathcal{O}$ seine eindeutige Semantik hat, trifft dies (außer für $p\Sigma = \emptyset$) für parametrisierte Spezifikationen nicht zu: hier kann s einen Aufruf einer Parameter-Operation $f \in p\Sigma$ enthalten. In diesem Fall ist die Semantik von s nicht definiert.

Im folgenden Beispiel führen wir ohne weitere Erläuterung eine Notation für Parameter-Spezifikationen ein. (Nähere Angaben zur Syntax von SRDL finden sich in Kapitel 11)

<u>10.3 Beispiel</u>: a.) Wir greifen nochmals Beispiel 4.3 auf. Dort wurden Mengen von natürlichen Zahlen definiert, die auch eine Operation remove zur Entfernung eines Elements aus einer Menge zulassen sollten. Hier wollen wir jetzt endliche Mengen über einer beliebigen Parameter-Sorte d mit einer solchen remove-Operation spezifizieren. Es klingt logisch, daß wir dazu ein "Gleichheitsprädikat" eq auf der Sorte d benötigen. Dieses muß zusammen mit der Sorte d als Parameter übergeben werden. Wir verlangen, daß eq mindestens eine Äquivalenzrelation ist.

In SRDL verwenden wir zur Bezeichnung des gemeinsamen Anteils die <u>include</u>-Klausel.

```
MODULE SET =

INCLUDE BOOLEAN (BOOL,TRUE,FALSE,AND,IMPLIES);

PARAMETERS [SORTS D;
           OPERATIONS EQ(D,D) : BOOL;
           VARIABLES X,Y,Z: D;
           EQUATIONS EQ(X,X) = TRUE;
                     EQ(X,Y) = EQ(Y,X);
                     EQ(X,Y) AND EQ(Y,Z) IMPLIES EQ(X,Z) = TRUE]

SORTS SET;

CONSTRUCTORS SET = (EMPTY, INSERT(D,SET) );

VARIABLES X,Y: D;
          S: SET;

EQUATIONS INSERT(X,INSERT(X,S)) = INSERT(X,S);
          INSERT(X,INSERT(Y,S)) = INSERT(Y,INSERT(X,S));

OPERATIONS

          REMOVE(X: D; S: SET): SET =
          CASE S OF
             EMPTY: EMPTY;
             INSERT(Y,T):
                               CASE EQ(X,Y) OF
                                  TRUE: T;
```

```
                                   FALSE: INSERT(Y,REMOVE(X,T))
                                ESAC
            ESAC
  END
```

b.) Die folgende Spezifikation setzt eine Ordungsrelation auf der Parameter-Sorte d voraus. Auf den dann spezifizierten Listen über d wird eine Operation definiert, die ein maximales Element dieser Liste sucht.

```
MODULE LIST =

INCLUDE BOOLEAN (BOOL,TRUE,FALSE,AND,IMPLIES);

PARAMETERS [SORTS D;
            OPERATIONS DEFAULT: D;
                       LE(D,D): BOOL;
            VARIABLES X,Y,Z: D;
            EQUATIONS LE(X,X) = TRUE;
                      LE(X,Y) AND LE(Y,Z) IMPLIES LE(X,Z) = TRUE]

SORTS LIST;

CONSTRUCTORS LIST = ( EMPTY, ATOM(D), CONS(D,LIST) );

OPERATIONS

            LUB(X,Y: D): D =
            CASE LE(X,Y) OF
               TRUE: Y;
               FALSE: X
            ESAC;

            MAX(L: LIST): D =
            CASE L OF
               EMPTY: DEFAULT;
               ATOM(A): A;
               CONS(A,B): LUB(A,MAX(B))
            ESAC
END
```

(Da es möglich ist, daß jemand max(empty) aufruft, muß für diesen Fall ein Ersatzwert default als Resultat übergeben werden. default ist natürlich ein Parameter.)

An dieser Stelle möchten wir, da es sich gerade anbietet, noch eine spezielle Notation nachholen: Wenn wir die o.a. Spezifikation so hätten schreiben wollen, daß sie nur die Operation max enthält, nicht aber die Operation lub , so hätten wir doch irgendeine mit lub vergleichbare Operation als Hilfsoperation benötigt. Ein einfacher Ausweg bestünde nun darin, ein zusätzliches Schlüsselwort hidden einzuführen, um Hilfsoperationen zu kennzeichnen. Andererseits erkennt man jedoch an der formalen Definition strukturell-rekursiver Schemata (8.19) als Terme in $T_{D(\underline{\underline{sig}})}$, daß hier eine explizite Auflistung von Hilfsoperationen gar nicht nötig ist, denn wir können jedes Schema an all den Stellen, wo es als Hilfsoperation benötigt wird, direkt einsetzen. In SRDL simulieren wir diese Einsetzbarkeit durch Landin's let. Die Operation max läßt sich damit so schreiben:

```
OPERATIONS
            MAX(S: SET): D =
            CASE S OF
               EMPTY: DEFAULT;
               INSERT(T,X): LET LUB(X,Y: D): D =
                                CASE LE(X,Y) OF
                                   TRUE: Y;
                                   FALSE: X
                                ESAC
                            IN LUB(X,MAX(T))
            ESAC
```

Ende des Beispiels

Als nächstes möchten wir definieren, wie man eine parametrisierte Spezifikation D_0 auf eine andere Spezifikation anwendet, in welchem Sinne der aktuelle Parameter D_1 die Parameter-Bedingung pE erfüllen muß und was die Semantik einer solchen "Applikation" ist. Hierzu werden wir verlangen, daß jede Sorte, die D_0 und D_1 gemeinsam haben, in jeder der beiden Spezifikationen dieselbe Struktur hat, daß ferner D_0 keine neuen Konstruktoren zu Parameter-Sorten von D_1 einführt (vgl. 10.1.iv) und daß kein Konstruktor von D_0 mit einer Parameter-Operation von D_1 zusammenfällt (vgl. 10.1.iii). Erst dann ist es sinnvoll, von Parameter-Zuweisungen zu sprechen.

10.5 Definition: Seien $D_i = \langle \underline{\underline{ga}}_i ; \underline{\underline{pspec}}_i ; \langle S_i, \Sigma_i, E_i \rangle ; \mathcal{O}_i \rangle$, $i = 0,1$, parametrisierte Spezifikationen, welche die folgenden Verträglichkeitsbedingungen erfüllen:

(1) $s \in S_0 \cap S_1 \Rightarrow \Sigma_0^{(s)} = \Sigma_1^{(s)}$ und $E_0^s = E_1^s$,

(2) $s \in pS_1 \Rightarrow \Sigma_0^{(s)} = \emptyset$,

(3) $\Sigma_0 \cap p\Sigma_1 = \emptyset$ und $g\Sigma_0 \cap p\Sigma_1 = \emptyset$ und

(4) $gS_0 \subseteq S_1 \cup gS_1$ und $g\Sigma_0 \subseteq \mathcal{O}_1 \cup g\Sigma_1$.

Dann heißt ein Paar $h = (f,g)$ von Abbildungen

$$f : pS_0 \to S_1 \quad , \quad g : p\Sigma_0 \to \mathcal{O}_1$$

eine Parameter-Zuweisung von D_0 nach D_1 , wenn gilt:

(5) g ist mit f verträglich, d.h.

$F \in p\Sigma_0^{(w,s)} \Rightarrow g(F) \in \mathcal{O}_1^{(f^*(w),f(s))}$ und

(6) für alle Gleichungen $t_1 = t_2 \in pE_0$ und den von g induzierten $p\Sigma_0$-Homomorphismus $\hat{g} : \underset{\sim}{T}_{p\Sigma_0 \cup g\Sigma_0}(X) \to \underset{\sim}{T}_{\mathcal{O}_1 \cup g\Sigma_1}(X)$ ist die Gleichung

$$\hat{g}(t_1) = \hat{g}(t_2)$$

allgemeingültig.

Diese Definition geht einen Schritt weiter als die Definition der Allgemeingültigkeit 9.5 erlaubt, denn dort war nur von nicht-parametrisierten Spezifikationen die Rede. (Siehe auch 7.2.5) Es ist also notwendig, auch den strukturell-rekursiven Schemata in parametrisierten Spezifikationen eine Semantik zuzuordnen.

10.6 Lemma und Definition: Sei D = <ga;pspec;spec;$\mathcal{O}$> eine parametrisierte Spezifikation $\underset{\sim}{A}$ eine $<gS \cup pS \cup S, \Sigma>$-Zerlegungsalgebra, die E erfüllt und $\underset{\sim}{P}$ eine $<gS \cup pS, g\Sigma \cup p\Sigma>$-Algebra, die pE erfüllt. Dann kann die disjunkte Vereinigung $A \dot{\cup} P$ zu einer $<gS \cup pS \cup S, g\Sigma \cup p\Sigma \cup \Sigma>$-Algebra $\underset{\sim}{A} \dot{\cup} \underset{\sim}{P}$ gemacht werden, die für alle Sorten $s \in S$ eine fundierte Zerlegung besitzt. (Dazu sind einige der Einschränkungen in 10.1 wichtig!) In $\underset{\sim}{A} \dot{\cup} \underset{\sim}{P}$ hat jedes Schema $s \in \mathcal{O}$ eine eindeutige Semantik, die wir die Semantik von s in $\underset{\sim}{A}$ modulo $\underset{\sim}{P}$ nennen.

Für die neue Definition der Allgemeingültigkeit verwenden wir wiederum initiale Algebren:

10.7 Definition: Sei D = <ga;pspec;spec;$\mathcal{O}$> eine Spezifikation, X, X_w wie in 9.5. Dann heißt $t_1 = t_2$ für $t_1, t_2 \in T_{\mathcal{O}}(X_w)$ allgemeingültig, falls für alle kanonischen Termalgebren $\underset{\sim}{C} \cong \underset{\sim}{T}_{<gS \cup pS \cup S, \Sigma, E>}$ und die initiale Algebra $\underset{\sim}{T}$ in $Alg_{ga+pspec}$ gilt

$$POL(t_1)_{\underset{\sim}{C} \dot{\cup} \underset{\sim}{T}} = POL(t_2)_{\underset{\sim}{C} \dot{\cup} \underset{\sim}{T}} \quad .$$

Beachte, daß 10.7 als Spezialfall 9.5 enthält und daß die Allgemeingültigkeit von Gleichungen wiederum durch strukturelle Induktion und symbolische Auswertung bewiesen werden kann, ohne daß man alle möglichen Modelle von Spezifikationen betrachten muß.

Wir kommen jetzt zurück zur Anwendung einer parametrisierten Spezifikation auf aktuelle Parameter mit Hilfe einer Parameter-Zuweisung. Die Semantik davon ist durch eine textliche Ersetzung (ähnlich einer Makro-Auswertung) erklärt.

10.8 Lemma und Definition: Unter den Voraussetzungen von 10.5 induziert f eine

Abbildung $\tilde{f} : S_0 \cup pS_0 \cup gS_0 \rightarrow S_0 \cup S_1 \cup gS_1$

$$\text{durch} \quad \tilde{f}(s) = \begin{cases} f(s) & \text{für } s \in pS_0 \\ s & \text{sonst.} \end{cases}$$

$\bar{\Sigma}_0$ sei definiert durch $F \in \Sigma_0^{(w,s)} \Rightarrow \bar{F} \in \bar{\Sigma}_0^{(\tilde{f}^*(w),\tilde{f}(s))}$. Dann ist $<S_0 \cup S_1 \cup gS_1, \bar{\Sigma}_0>$ eine Signatur. Auf die selbe Weise induziert g einen Homomorphismus $\tilde{g}$ von $(\Sigma_0 \cup p\Sigma_0)$-Schemata zu $(\Sigma_0 \cup \mathcal{O}_1)$-Schemata. Wenn nun ferner $\bar{E}_0$ aus E_0 entsteht, indem jedes $F \in \Sigma_0$ durch $\bar{F}$ wie oben definiert ersetzt wird, dann ist

$$D' = <\underline{\underline{ga}}_1; \underline{\underline{pspec}}_1; <S_0 \cup S_1, \bar{\Sigma}_0 \cup \Sigma_1, \bar{E}_0 \cup E_1>; \tilde{g}(\mathcal{O}_0) \cup \mathcal{O}_1>$$

eine parametrisierte Spezifikation, die man die <u>Anwendung von D_0 auf D_1 durch h</u> nennt. Man schreibt auch $D' = D_0 \overset{h}{\cdot} D_1$.

<u>10.9 Bemerkung</u>: Es gibt hier eine kleinere technische Schwierigkeit mit SRDL: Damit $\tilde{g}(\mathcal{O}_0) \cup \mathcal{O}_1$ wohldefiniert ist, muß man annehmen, daß Schemata in $\mathcal{O}_0$ und $\mathcal{O}_1$ nicht denselben Namen haben, wenn sie nicht auch syntaktisch gleich sind. Bei der formalen Behandlung von Schemata als Terme in $T_{D(\underline{\underline{sig}})}$ entsteht dieses Problem natürlich nicht.

<u>10.10 Beispiel</u>: Sei

```
MODULE NAT =
INCLUDE BOOLEAN (BOOL,TRUE,FALSE);
SORTS NAT;
CONSTRUCTORS NAT = (0, SUC(NAT) );
OPERATIONS
            EQUAL(N,M: NAT): NAT =
            CASE M OF
               0:
                  CASE N OF
                     0: TRUE;
                     SUC(N1): FALSE
                  ESAC;
               SUC(M1):
                           CASE N OF
                              0: FALSE;
                              SUC(N1): EQUAL(N1,M1)
                           ESAC
            ESAC
END
```

Für die Spezifikation set aus Beispiel 10.3 zeigt man dann leicht, daß $h = (f,g)$ eine Parameter-Zuweisung von set nach nat ist, wobei

$$f(d) = nat$$
$$g(eq) = equal \quad .$$

Hierzu muß man durch strukturelle Induktion und symbolische Auswertung zeigen, daß equal die für eq angegebenen Parameter-Gleichungen erfüllt.

In SRDL schreibt man so eine Parameter-Anwendung als

module setofnat = apply set to nat by d := nat , eq := equal
end

Ende des Beispiels

Eine wichtige Eigenschaft parametrisierter Spezifikationen ist es, daß bei einer Applikation aktuelle Parameter erhalten bleiben:

10.11 Korollar: Falls $D_1 = \langle\langle\emptyset,\emptyset\rangle;\langle\emptyset,\emptyset,\emptyset\rangle;\langle S_1,\Sigma_1,E_1\rangle;\mathcal{O}_1\rangle$ und wenn h eine Parameter-Zuweisung von D_0 nach D_1 ist, dann ist $D_0{}^{h}D_1$ eine Erweiterung von D_1 .

Beweis: Das folgt geradewegs aus den Verträglichkeitsbedingungen in 10.5 und aus den Einschränkungen in 10.1 .

Nach Definition der Parameter-Zuweisung (10.5) ist es nicht möglich, eine parametrisierte Spezifikation auf sich selbst anzuwenden. Wir können also ohne weiteres keine Mengen von Mengen von Daten oder Listen von Listen von Daten erzeugen (10.3). Zum Glück kann man sich recht einfach behelfen: Anstatt z.B. set auf set anzuwenden, wendet man set auf set' an, wobei in set' alle Sorten, Konstruktoren und Operationen der Rumpfspezifikationen so umbenannt werden, daß keine Konflikte mit set entstehen. In SRDL wird eine solche Umbenennung zusammen mit der Parameter-Anwendung spezifiziert. (Siehe Kapitel 11)

Eine naheliegende Frage in diesem Zusammenhang ist, ob die Anwendung parametrisierter Spezifikationen assoziativ ist. Etwas präziser formuliert:

10.12 Frage: Gegeben seien $D_i = \langle ga_i;pspec_i;\langle S_i,\Sigma_i,E_i\rangle;\mathcal{O}_i\rangle \quad i = 0,1,2$ und Parameterzuweisungen

$$h_1 : D_0 \rightarrow D_1$$
$$h_2 : D_0{}^{h_1}D_1 \rightarrow D_2 \quad .$$

Existieren dann Parameterzuweisungen

$$h'_2 : D_1 \to D_2 \quad \text{und}$$

$$h'_1 : D_0 \to D_1 \overset{h'_2}{} D_2 \quad ,$$

so daß

$$(D_0 \overset{h_1}{} D_1) \overset{h_2}{} D_2 \equiv D_0 \overset{h'_1}{} (D_1 \overset{h'_2}{} D_2)$$

für einen vernünftigen Begriff $\equiv$ von Spezifikations-Äquivalenz?

Wir wollen im folgenden hinreichende Bedingungen dafür herleiten, daß diese Frage positiv beantwortet werden kann mit $\equiv$ als textlicher Gleichheit.
Die Verträglichkeitsbedingungen (10.5) für D_0 und $D_1 \overset{h'_2}{} D_2$ lauten nach 10.8:

1.1 $s \in (S_0 \cap S_1) \cup (S_0 \cap S_2) \Rightarrow \Sigma_0^{(s)} = \overline{\Sigma}_1^{(s)} \cup \Sigma_2^{(s)}$ und $E_0^s = (\overline{E}_1^s \cup E_2^s)$.

1.2 $s \in pS_2 \Rightarrow \Sigma_0^{(s)} = \emptyset$

1.3 $\Sigma_0 \cap p\Sigma_2 = \emptyset$

1.4 $gS_0 \subseteq S_1 \cup S_2 \cup gS_2$ und $g\Sigma_0 \subseteq \tilde{g}'_2(\mathcal{O}_1) \cup \mathcal{O}_2 \cup g\Sigma_2$.

Wir wissen aber, daß $D_0 \overset{h_1}{} D_1$ und D_2 diese Bedingungen erfüllen, die in diesem Fall folgendermaßen lauten:

2.1 $s \in (S_0 \cap S_2) \cup (S_1 \cap S_2) \Rightarrow (\overline{\Sigma}_0^{(s)} \cup \Sigma_1^{(s)}) = \Sigma_2^{(s)}$ und $(\overline{E}_0^s \cup E_1^s) = E_2^s$

2.2 $s \in pS_2 \Rightarrow (\overline{\Sigma}_0^{(s)} \cup \Sigma_1^{(s)}) = \emptyset$

2.3 $(\overline{\Sigma}_0 \cup \Sigma_1) \cap p\Sigma_2 = \emptyset$

2.4 $gS_1 \subseteq S_2 \cup gS_2$ und $g\Sigma_1 \subseteq \mathcal{O}_2 \cup g\Sigma_2$.

Außerdem wissen wir, daß D_0 und D_1 verträglich sind, was bedeutet

3.1 $s \in S_0 \cap S_1 \Rightarrow \Sigma_0^{(s)} = \Sigma_1^{(s)}$ und $E_0^s = E_1^s$

3.2 $s \in pS_1 \Rightarrow \Sigma_0^{(s)} = \emptyset$

3.3 $\Sigma_0 \cap p\Sigma_1 = \emptyset$

3.4 $gS_0 \subseteq S_1 \cup gS_1$ und $g\Sigma_0 \subseteq \mathcal{O}_1 \cup g\Sigma_1$.

Der Einfachheit halber nehmen wir jetzt an, daß <u>gemeinsame Sorten parameterfrei</u> sind, worunter wir verstehen wollen, daß kein Konstruktor einer Sorte s , die S_0 und

S_1 oder S_0 und S_2 oder S_1 und S_2 gemeinsam haben, Argumente einer Parameter-Sorte verwendet. In diesem Fall gilt $\bar{\Sigma}_i^{(s)} = \Sigma_i^{(s)}$ und $\bar{E}_i^s = E_i^s$ für $i = 0,1,2$. Wir können dann beweisen, daß D_1 und D_2 verträglich sind, also

4.1 $s \in S_1 \cap S_2 \Rightarrow \Sigma_1{}^{(s)} = \Sigma_2{}^{(s)}$ und $E_1{}^s = E_2{}^s$

4.2 $s \in pS_2 \Rightarrow \Sigma_1{}^{(s)} = \emptyset$

4.3 $\Sigma_1 \cap p\Sigma_2 = \emptyset$

4.4 $gS_1 \subseteq S_2 \cup gS_2$ und $g\Sigma_1 \subseteq \mathcal{O}_2 \cup g\Sigma_2$.

4.2 und 4.3 folgen direkt aus 2.2 und 2.3. 4.4 ist identisch mit 2.4. Betrachte jetzt 4.1. Sei $s \in S_1 \cap S_2$. Es gibt zwei Fälle:

a.) $s \notin S_0$: Dann $\Sigma_0^{(s)} = \emptyset$, $E_0^s = \emptyset$ und 2.1 $\Rightarrow$ 4.1 .

b.) $s \in S_0$: Dann $s \in S_0 \cap S_1 \cap S_2$ und 2.1 & 3.1 $\Rightarrow$ 4.1 .

Wir kommen jetzt zurück zu 1.1-1.4. Wiederum implizieren 2.2 und 2.3 direkt 1.2 und 1.3. Betrachte 1.1. Sei $s \in (S_0 \cap S_1) \cup (S_0 \cap S_2)$. Dann gibt es drei Fälle:

a.) $s \in S_0 \cap S_1 \cap S_2$: Dann 3.1 & 4.1 $\Rightarrow$ 1.1

b.) $s \in S_0 \cap S_1, s \notin S_2$: Dann $\Sigma_2^{(s)} = \emptyset$, $E_2^s = \emptyset$ und 3.1 $\Rightarrow$ 1.1

c.) $s \in S_0 \cap S_2, s \notin S_1$: Dann $\Sigma_1^{(s)} = \emptyset$, $E_1^s = \emptyset$ und 1.1 ist äquivalent zu der folgenden Bedingung:
$s \in S_0 \cap S_2 \Rightarrow \Sigma_0^{(s)} = \Sigma_2^{(s)}$ und $E_0^s = E_2^s$,
die wir als zusätzliche Voraussetzung fordern werden.

Betrachten wir jetzt noch 1.4. Es gilt

$$gS_0 \subseteq S_1 \cup gS_1 \quad \text{nach } 3.4$$
$$\subseteq S_1 \cup S_2 \cup gS_2 \quad \text{nach } 2.4 \text{ und}$$

$$g\Sigma_0 \subseteq \mathcal{O}_1 \cup g\Sigma_1 \quad \text{nach } 3.4$$
$$\subseteq \mathcal{O}_1 \cup \mathcal{O}_2 \cup g\Sigma_2 \quad \text{nach } 2.4.$$

Es bleibt also noch zu zeigen, daß $\tilde{g}_2(F) = F$ gilt für $F \in g\Sigma_0$, aber das ist klar, weil $\underline{\underline{ga}}_0 = \langle gS_0, g\Sigma_0 \rangle$ eine Signatur ist. Deshalb ist $g\Sigma_0$ frei von Parametersorten und wird von $\tilde{g}_2$ nicht verändert.

Insgesamt erhalten wir folgendes Resultat:

10.13 Lemma: Sei $D_i = \langle \underline{\underline{ga}}_i ; \underline{\underline{pspec}}_i ; \underline{\underline{spec}}_i ; \mathcal{O}_i \rangle$, $i \in \{0,1,2\}$ und seien

$$h_1 : D_0 \to D_1 \quad \text{und}$$

$$h_2 : D_0 \overset{h_1}{} D_1 \to D_2$$

Parameterzuweisungen. Gemeinsame Sorten seien parameterfrei und es gelte für D_0 und D_2 die Bedingung

$$s \in S_0 \cap S_2 \Rightarrow \Sigma_0^{(s)} = \Sigma_2^{(s)} \text{ und } E_0^s = E_2^s \quad .$$

Dann ist h_2 eine Parameterzuweisung von D_1 nach D_2 und h_1 von D_0 nach $D_1 \overset{h_2}{} D_2$ und es gilt

$$(D_0 \overset{h_1}{} D_1) \overset{h_2}{} D_2 = D_0 \overset{h_1}{} (D_1 \overset{h_2}{} D_2) \quad .$$

10.14 Beispiel: Sei $\underline{\underline{\text{list}}}$ wie in 10.3.b ; sei ferner

```
MODULE NATLEQ =

INCLUDE BOOLEAN (BOOL,TRUE,FALSE);

SORTS NAT;

CONSTRUCTORS NAT = (0, SUC(NAT) );

OPERATIONS

            LEQ(N,M: NAT): NAT =
            CASE N OF
                0: TRUE;
                SUC(N1):
                            CASE M OF
                                0: FALSE;
                                SUC(M1): LEQ(N1,M1)
                            ESAC
            ESAC
END


MODULE SET =

INCLUDE NATLEQ (NAT,0,SUC,BOOL,TRUE,FALSE);

PARAMETERS [SORTS D]

SORTS SET;

CONSTRUCTORS SET = (CREATE, INSERT(D,SET) );

VARIABLES X,Y: D;
          S: SET;

EQUATIONS INSERT(X,INSERT(X,S)) = INSERT(X,S);
          INSERT(X,INSERT(Y,S)) = INSERT(Y,INSERT(X,S));
```

```
OPERATIONS

           CARD(S: SET): NAT =
           CASE S OF
              CREATE: 0;
              INSERT(X,S1): SUC(CARD(S1))
           ESAC;

           SMALLER(S,T: SET): BOOL = LEQ(CARD(S),CARD(T))
END
```

Eine Parameter-Zuweisung h_1 von list nach set läßt sich angeben durch

```
MODULE LIST(SET) =

APPLY LIST TO SET BY D:=SET,
      DEFAULT:=CREATE;
      LE:=SMALLER
END
```

Hierzu muß man nachweisen, daß smaller die Parameter-Gleichungen für le in list erfüllt. Das läuft darauf hinaus, zu zeigen, daß leq aus natleq diese Gleichungen erfüllt, was relativ einfach zu sehen ist.

Nach 10.8 ist die Spezifikation list(set) genau gleichbedeutend mit der Spezifikation

```
MODULE LIST(SET) =

INCLUDE NATLEQ (NAT,0,SUC,BOOL,TRUE,FALSE);

PARAMETERS [SORTS D]

SORTS LIST,
      SET;

CONSTRUCTORS SET = (CREATE, INSERT(D,SET) );
             LIST = (EMPTY,ATOM(SET),CONS(SET,LIST) );

VARIABLES X,Y: D;
          S: SET;

EQUATIONS INSERT(X,INSERT(X,S)) = INSERT(X,S);
          INSERT(X,INSERT(Y,S)) = INSERT(Y,INSERT(X,S));

OPERATIONS

           CARD(S: SET): NAT =
           CASE S OF
              CREATE: 0;
              INSERT(X,S1): SUC(CARD(S1))
           ESAC;

           SMALLER(S,T: SET): BOOL = LEQ(CARD(S),CARD(T)) ;

           LUB(X,Y: SET): SET =
           CASE SMALLER(X,Y) OF
              TRUE: X;
              FALSE:
           ESAC;
```

```
                MAX(L: LIST): SET =
                CASE L OF
                   EMPTY: CREATE;
                   ATOM(A): A;
                   CONS(A,B): LUB(A,MAX(B))
                ESAC
      END
```

Eine Parameter-Zuweisung h_2 von list(set) nach natleq kann man einfach durch

```
      MODULE LIST(SET)(NATLEQ) =

      APPLY LIST(SET) TO NATLEQ BY D:=NAT
      END
```

angeben.

Aufgabe 17: Machen Sie sich klar, daß man h_2 auch als Parameter-Zuweisung von set nach natleq betrachten kann. Schreiben Sie eine entsprechende Spezifikation set(natleq) nach der in 10.8 angegebenen Semantik aus und machen Sie sich klar, daß h_1 auch als Parameter-Zuweisung von list nach set(natleq) dienen kann.

Insgesamt haben wir:

```
     MODULE LIST(SET)(NATLEQ) =        (* = MODULE LIST(SET(NATLEQ))    *)

     INCLUDE BOOLEAN (BOOL,TRUE,FALSE);

     SORTS NAT,
           LIST,
           SET;

     CONSTRUCTORS SET = (CREATE, INSERT(D,SET) );
                  NAT = (0,SUC(NAT) );
                  LIST = (EMPTY,ATOM(SET),CONS(SET,LIST) );

     VARIABLES X,Y: NAT;
               S: SET;

     EQUATIONS INSERT(X,INSERT(X,S)) = INSERT(X,S);
               INSERT(X,INSERT(Y,S)) = INSERT(Y,INSERT(X,S));

     OPERATIONS

               LEQ(N,M: NAT): BOOL =
               CASE N OF
                  0: TRUE;
                  SUC(N1):
                           CASE M OF
                              0: FALSE;
                              SUC(M1): LEQ(N1,M1)
                           ESAC
               ESAC;

               CARD(S: SET): NAT =
               CASE S OF
                  CREATE: 0;
                  INSERT(X,S1): SUC(CARD(S1))
               ESAC;

               SMALLER(S,T: SET): BOOL = LEQ(CARD(S),CARD(T)) ;
```

```
                LUB(X,Y: SET): SET =
                CASE SMALLER(X,Y) OF
                   TRUE: X;
                   FALSE:
                ESAC;

                MAX(L: LIST): SET =
                CASE L OF
                   EMPTY: CREATE;
                   ATOM(A): A;
                   CONS(A,B): LUB(A,MAX(B))
                ESAC
        END
```

<u>Ende des Beispiels</u>

11. Praktischer Einsatz algebraischer Spezifikationen

Beim praktischen Einsatz algebraischer Spezifikationen erheben sich die folgenden grundlegenden Fragen:

1.) Inwieweit lassen sich algebraische Spezifikationen überhaupt in der Praxis einsetzen? Welche Teile des Software-Lebenslaufs lassen sich dadurch abdecken?

2.) Welche Methodik wird durch die Verwendung algebraischer Spezifikationen nahegelegt? Welche "Rezepte" für die Vorgehensweise kann man dem Praktiker an die Hand geben?

3.) Wie weit kann ein Software-Entwicklungsprozeß unter Verwendung algebraischer Spezifikationen durch den Rechner unterstützt werden? Wie sieht es speziell aus mit Software-Werkzeugen

    3a) zur Simulation der formalen Semantik einer algebraischen Spezifikation,

    3b) zur Überprüfung der (relativen) Konsistenz bzw. relativen Vollständigkeit,

    3c) zur automatischen Transformation einer Spezifikation in eine andere?

Nicht alle dieser Fragen können zum gegenwärtigen Zeitpunkt schon befriedigend beantwortet werden, da die algebraische Softwarespezifikation bisher überwiegend in den Händen der Theoretiker lag und erst begonnen hat, das Interesse von Praktikern zu erwecken. Trotzdem gibt es bereits einige partielle Antworten sowie einige vielversprechende Entwicklungen. Wir geben in diesem Kapitel einige Hinweise zu diesen Fragen.

11.1 Praktikabilität und Einordnung in den Software-Lebenslauf

Betrachtet man den Software-Lebenslauf (Abb. 1) und die dazu in der Einleitung gemachten Erläuterungen, so ergibt sich relativ eindeutig, daß algebraische Spezifikationen nicht zu gebrauchen sind für die Problemspezifikation (Anforderungsdefinition, Pflichtenheft). Der Hauptgrund hierfür liegt darin, daß diese Problemspezifikation auch für den Auftraggeber verständlich und verifizierbar sein muß. Das aber setzt voraus, daß die verwendete Sprache von allen gleichermaßen verstanden werden kann, was man von den algebraischen Spezifikationen - ebenso wie von jeder beliebigen anderen Art von formalen Spezifikationen - nicht behaupten kann. Außerdem wird auf dieser Stufe der Spezifikation notwendigerweise noch vieles offen bleiben bzw. ein erwünschtes Systemverhalten stellenweise nur anhand von Beispielen belegt werden.

Bereits im Stadium des darauf unmittelbar folgenden Systementwurfs können algebraische Spezifikationen mit Erfolg eingesetzt werden, auch wenn derzeit nur wenige Leute die dazu notwendigen Techniken beherrschen. Man darf aber nicht vergessen, daß vom Systementwurf bis zum fertigen Produkt der Software-Lebenslauf von Fachleuten betreut wird, die den algebraischen Formalismus im Prinzip genau so gut erlernen können wie jeden anderen Formalismus. "Im Prinzip" bedeutet dabei, daß man nicht unbedingt die Definitionen mit derart mathematischer Präzision formulieren muß, wie wir es in diesem Buch tun mußten, um einige Resultate beweisen zu können. Der intuitive Begriff einer Algebra und eines Homomorphismus ist vielmehr rasch zu begreifen und verträgt auch eine etwas losere sprachliche Definition. Viele Beweise können dann übrigens immer noch in ganz brauchbare "Plausibilitätserklärungen" übersetzt werden.

Algebraische Spezifikationen sind also prinzipiell einsetzbar in der Praxis. Genügen sie aber auch, um alle Probleme in der Praxis zu bearbeiten? Einige in der Literatur dokumentierte Beispiele legen die Vermutung nahe, daß man auch diese Frage prinzipiell mit "ja" beantworten darf. Vom Standpunkt des ganz abstrakten Theoretikers könnte man zunächst einfach darauf hinweisen, daß sich durch Gleichungsspezifikationen alle berechenbaren Operationen (sogar noch etwas mehr!) definieren lassen. Das ist natürlich kein stichhaltiges Argument, denn der Praktiker erwartet, daß es auch stets einen gangbaren Weg zu einer solchen Definition gibt bzw. (siehe Frage 2!) daß man ihm bestimmte ingenieursmäßige Regeln gibt, nach denen er versuchen soll, diesen Weg zu finden.

Es ist übrigens durchaus nicht verkehrt, mindestens für die frühen Stadien des Systementwurfs auch Ausdrucksmittel bereitzustellen, die über den algebraischen Rahmen hinausgehen. Das tut z.B. das CIP-Projekt in München (*), dessen Grundgedanke es ist, vom System-Entwurf bis zum fertigen Produkt die gesamte Software-Entwicklung in einem einheitlichen sprachlichen Rahmen ablaufen zu lassen (sog. "Breitband-Sprache"), wobei auf jeder Stufe Software-Werkzeuge (siehe Frage 3) bereitgestellt werden sollen, die den jeweils nächsten Schritt unterstützen, wobei sie von der Intuition des System-Entwicklers geleitet werden.

Auf den späteren Spezifikationsstufen scheint es jedoch unerläßlich, zwischen erzeugenden und definierten Operationen zu unterscheiden und statt der Gleichungen konstruktive bzw. algorithmische Methoden zur Spezifikation der definierten Operationen anzubieten. Algorithmische Spezifikationen sind ein ebenso notwendiges wie logisches Bindeglied zwischen Gleichungsspezifikationen und fertigen Programmen. Die Beziehung zwischen Gleichungsspezifikation und strukturell-rekursiven Spezifikationen wurde in Kapitel 9 besprochen ; zu dem Übergang zu fertigen Programmen werden wir noch hier unter Punkt 3 etwas sagen. Für konstruktive bzw. algorithmische Spezifikationen haben außer mir selbst [Kl78 - Kl82c] auch J. Loeckx [Lo80a - Lo81c], H.C. Mayr et al. [MLD80]

(*) CIP = "Computer-aided Intuition-guided Programming"
Autoren der CIP-Gruppe: Siehe die Autoren von [Bal81] ; in dieser Arbeit wird das CIP-Projekt dargestellt.

und F. Nourani [No79a-No81] argumentiert. Vergleiche mit diesen Arbeiten finden sich in [Kl82b]. Hinweise auf die Nützlichkeit der Auszeichnung von Konstruktoren finden sich aber auch in [BW81b,CLR80,CH80,HH80, KM80, Mi82, Mu80b,Op78,RV81b]. Eine algebraische Spezifikationssprache wird letztlich ohne den Konstruktorbegriff nicht auskommen, wenn sie praktisch eingesetzt werden soll.

11.2 Methodik und Vorgehensweisen

Bei der uneingeschränkten Verwendung von Gleichungsspezifikationen gibt es kaum eine empfehlenswerte Methodik, da es für eine Spezifikation zu viele gleichermaßen sinnvolle Möglichkeiten gibt. In jedem Fall kann man jedoch empfehlen, zunächst eine Basisspezifikation zur unmißverständlichen Charakterisierung einer kanonischen Termalgebra anzugeben und alle weiteren Operationen so zu spezifizieren, daß die entsprechenden Spezifikationen Erweiterungen der Basisspezifikation sind. (Kap. 4). Die hinreichenden Bedingungen für das Vorliegen einer Erweiterung können durchaus "umgearbeitet" werden zu Richtlinien für das Vorgehen bei der Spezifikation. Diese Ansicht wird z.B. von Nourani [No79a,c,No80] und Veloso et al. [RV81a,b, VP79] vertreten. Es mag aber sehr wohl Leute geben, die diese Vorgehensweise als zu starke Einschränkung der "künstlerischen Freiheit" bei Gleichungsspezifikationen empfinden.

Bei der Verwendung konstruktiver bzw. algorithmischer Spezifikationen kann man schon eher allgemein anerkannte Regeln aufstellen. Das im folgenden für die strukturell-rekursiven Spezifikationen vorgeschlagene Verfahren läßt sich auch für Loeckx's Ansatz [Lo80a-Lo81c] verwenden und ist bei Mayr et al. [MLD80] geradezu eine notwendige Voraussetzung. Natürlich läßt sich diese Vorgehensweise unter den oben angestellten Betrachtungen auch innerhalb des reinen Gleichungskalküls als sinnvoll betrachten.

Ich schlage für die Herstellung einer strukturell-rekursiven Spezifikation folgenden groben Rahmen vor:

1.) Man stelle sich die zugrundeliegende Datenstruktur vor und entwerfe einen Satz von Konstruktoren, die in der Lage sind, alle Datenelemente zu erzeugen. Dabei ist der Einfachheit der Beschreibung der Vorzug zu geben gegenüber einer vermuteten Einfachheit der Berechnung.
(Stichwort: "Korrektheit kommt vor Effizienz")

2.) Falls bereits bestimmte Ausnahmezustände bekannt sind, spezifiziere man diese.

3.) Falls die Konstruktoren bestimmte Eigenschaften haben müssen oder zwischen ihnen bestimmte Beziehungen bestehen müssen, spezifiziere man diese durch Gleichungen. Man sorge unbedingt dafür, daß genau spezifiziert wird, wie die

Konstruktoren auf die Ausnahmezustände reagieren sollen. Zu jedem Konstruktor und jeder Ausnahme ist eine Gleichung erforderlich, welche besagt, in welcher Weise die Ausnahme durch diesen Konstruktor fortgepflanzt bzw. unter welchen Umständen sie behoben wird.
Falls dabei die Notwendigkeit für neue Ausnahmen entsteht, gehe zurück zu Schritt 2.

4.) Man spezifiziere die gewünschten Operationen durch strukturell-rekursive Schemata. Dabei ist jeweils auf eine vollständige Fallunterscheidung nach den Konstruktoren und Ausnahmen zu achten. Falls die Notwendigkeit für neue Ausnahmen entsteht, gehe zurück zu Schritt 2.
Man stelle sich vor, daß die Konstruktoren sämtlich versteckte Operationen sind, d.h. sie sind von "außerhalb" der Spezifikation nicht sichtbar ("werden nicht exportiert"). Sollen also Konstruktoren von außen sichtbar sein, definiere man entsprechende triviale Schemata.

Wir wollen dies an einem kleinen Beispiel kurz vorführen. Zu spezifizieren sei wiederum ein abstrakter Datentyp, nämlich der FIFO-Speicher (Warteschlange). Es fällt nicht schwer, zu erkennen, daß alle FIFO-Speicher dadurch erzeugt werden können, daß man zu einem leeren Speicher nach und nach Elemente anfügt. Es ist also einfach, im 1. Schritt zu der folgenden Spezifikation zu gelangen:

```
fifo =
parameters [sorts item];
sorts list;
constructors list = (empty,add(list,item))
end
```

Gleichungen benötigen wir keine. Die von außen sichtbaren Operationen newq ("erzeuge eine neue Warteschlange") und enq ("trage ein Element in die Warteschlange ein") kann man sehr schnell spezifizieren, denn sie stimmen mit den Konstruktoren überein:

```
operations newq:list = empty;
           enq(q:list; i:item):list = add(q,i)
```

Bei der Operation front , die das erste Element einer Warteschlange liefern soll, stoßen wir bereits auf Schwierigkeiten: front(empty) bzw. front(newq) kann man offensichtlich auf keine sinnvolle Art und Weise spezifizieren; hier entsteht in jedem Fall ein Ausnahmezustand. Es wäre nun zu einfach, hierfür einfach ein Schlüsselwort error oder undefined einzutragen und sich um den Rest nicht mehr zu kümmern, aber wir haben in Kapitel 6 gesehen, daß eine solche vernachlässigte Ausnahmebehandlung später unvorhersehbare und unverständliche Reaktionen des fertigen Systems zur Folge hat. Wir müssen also eine neue exception von der Sorte item einführen. Eine kurze Überlegung zeigt, daß wir in der Tat verlangen müssen, daß uns dieses Ausnahmeelement als Parameter übergeben wird: denn diese parametrisierte Spezifikation soll sicher irgendwo auf einen aktuellen Parameter angewendet werden; die Einführung einer Ausnahme im Rumpf der parametrisierten Spezifikation hätte dann zur Folge, daß diese Ausnahme innerhalb des aktuellen Parameters nicht interpretierbar wäre. (In der Tat ist so etwas durch unsere Definition der Parameter-Zuweisung sogar ausdrücklich verboten.) Die Aufnahme dieses Ausnahmezustands unter die formalen Parameter erlaubt es dagegen, den Fehler, der auf einer "unteren" Ebene entstanden ist, auf der "höheren" Ebene weiterzubehandeln und zu interpretieren. Die höhere Ebene ist dabei die Stelle, wo die Spezifikation fifo , angewandt auf einen aktuellen Parameter, echt verwendet wird. Wir kommen also zu folgender Zwischenspezifkation:

```
fifo =
parameters  [sorts item;
             exeptions error:item];

sorts list;
constructors  list = (empty,add(list,item)) ;
          ...
```

An dieser Stelle überlegen wir uns, daß wir ja nun (Schritt 3) bestimmen müssen, wie der Konstruktor add darauf reagieren soll, wenn ihm als Argument der Ausnahmewert error übergeben wird. Wir entschließen uns dazu, daß dadurch eine unzulässige Warteschlange illegalqueue entsteht und fahren folgendermaßen fort:

```
exceptions list = (illegalqueue);
variables   q:list; i:item;
equations   add(q,error) = illegalqueue;
            add(illegalqueue,i) = illegalqueue;
operations  newq:list = empty;
            enq(q:list; i:item) : list = add(q,i);
            front(q:list) : item = case q of
                                     empty, illegalqueue : error;
                                     add(l,i) : case l of
                                                  empty : i;
                                                  add(m,j):front(l);
                                                  illegalqueue:error
                                                esac
                                   esac
end
```

Wir bemerken an dieser Stelle, daß die Operation front sehr ineffizient arbeitet: die

Spitze der Warteschlänge wird gefunden, indem man an ihrem Ende zu suchen beginnt. Das ist aber eine Effizienzfrage, die in späteren Verfeinerungen oder Implementierungen der Spezifikation verbessert werden kann. Es fehlt uns noch die Operation deq , die das erste Element aus einer Warteschlange entfernt. Hier stehen wir wieder vor der Frage, was wir mit deq(empty) tun sollen. Natürlich kann man dies auf die Ausnahme illegalqueue zurückführen; wir entschließen uns jedoch, eine neue Ausnahme underflow zu erzeugen, die durch Anwendung des Konstruktors add wieder behoben werden kann. Man beachte, daß auf diese Weise eine Ausnahmesituation der Sorte list sich zunächst nach außen hin, d.h. zur Sorte item, gar nicht bemerkbar macht, sondern erst in dem Augenblick, wo wir mittels der Operation front ein Ergebnis von der Sorte item anfordern. Ein Fehler, der durch unerlaubtes Vermindern der Warteschlange entstand und später durch Einspeichern eines neuen Wertes wieder behoben wird, bevor die Operation front aufgerufen wird, tritt nach außen gar nicht in Erscheinung. Insgesamt ergibt sich folgende Spezifikation:

```
MODULE FIFO =

PARAMETERS [SORTS ITEM;
           EXCEPTIONS ERROR: ITEM]

SORTS LIST;

CONSTRUCTORS LIST = (EMPTY, ADD(LIST,ITEM));

EXCEPTIONS LIST = (ILLEGALQUEUE,
                UNDERFLOW);

VARIABLES Q:LIST;
          I:ITEM;

EQUATIONS ADD(Q,ERROR) = ILLEGALQUEUE;
          ADD(ILLEGALQUEUE,I) = ILLEGALQUEUE;
          ADD(UNDERFLOW,I) = ADD(EMPTY,I);

OPERATIONS

           NEWQ: LIST = EMPTY;

           ENQ(Q: LIST; I: ITEM): LIST = ADD(Q,I);

           FRONT(Q: LIST): ITEM =
           CASE Q OF
              ADD(L,I):
                        CASE L OF
                           EMPTY: I;
                           ADD(M,J): FRONT(L);
                           OTHERWISE ERROR
                        ESAC;
              OTHERWISE ERROR
           ESAC;

           DEQ(Q: LIST): LIST =
           CASE Q OF
              EMPTY,UNDERFLOW: UNDERFLOW;
```

```
            ADD(L,I):
                        CASE L OF
                           EMPTY: EMPTY;
                           ADD(M,J): ADD(DEQ(L),I);
                           OTHERWISE ILLEGALQUEUE
                        ESAC;
            OTHERWISE ILLEGALQUEUE
        ESAC
END
```

Anhand einiger weiterer Spielarten der Warteschlange wollen wir noch einige Vorzüge und Nachteile konstruktiver Spezifikationen erörtern.
Zunächst erlaubt die Behandlung der Konstruktoren als versteckte Funktionen auf einfache Weise die Einschränkung des Datenbereichs. Als Beispiel modifizieren wir die Warteschlange zu einer Warteschlange mit beschränkter Kapazität. Dazu setzen wir eine Spezifikation natlt für natürliche Zahlen mit einer Ausnahme undefined und einer bool-wertigen Operation lt ("kleiner als") voraus; man braucht dann nur die Operation enq zu verändern. Wir fügen explizit eine neue Operation hinzu, welche die aktuelle Länge einer Warteschlange liefert:

```
MODULE LIMFIFO =

INCLUDE NATLT (NAT,0,SUC,UNDEFINED,BOOL,TRUE,FALSE,LT);

PARAMETERS [SORTS ITEM;
            OPERATIONS LIMIT: NAT;
            EXCEPTIONS ERROR: ITEM]

SORTS LIST;

CONSTRUCTORS LIST = (EMPTY, ADD(LIST,ITEM));

EXCEPTIONS LIST = (ILLEGALQUEUE,UNDERFLOW,OVERFLOW);

VARIABLES Q:LIST;
          I:ITEM;

EQUATIONS ADD(Q,ERROR) = ILLEGALQUEUE;
          ADD(ILLEGALQUEUE,I) = ILLEGALQUEUE;
          ADD(UNDERFLOW,I) = ADD(EMPTY,I);
          ADD(OVERFLOW,I) = OVERFLOW;

OPERATIONS

          NEWQ: LIST = EMPTY;

          LENGTH(Q: LIST): NAT =
          CASE Q OF
              EMPTY: 0;
              ADD(L,I): SUC(LENGTH(L));
              OTHERWISE UNDEFINED
          ESAC;
```

```
            ENQ(Q: LIST; I: ITEM): LIST =
            CASE LT(LENGTH(Q),LIMIT) OF
               TRUE: ADD(Q,I);
               FALSE: OVERFLOW;
               OTHERWISE ILLEGALQUEUE
            ESAC;

            FRONT(Q: LIST): ITEM =
            CASE Q OF
               ADD(L,I):
                          CASE L OF
                             EMPTY: I;
                             ADD(M,J): FRONT(L);
                             OTHERWISE ERROR
                          ESAC;
               OTHERWISE ERROR
            ESAC;

            DEQ(Q: LIST): LIST =
            CASE Q OF
               EMPTY,UNDERFLOW: UNDERFLOW;
               ADD(L,I):
                          CASE L OF
                             EMPTY: EMPTY;
                             ADD(M,J): ADD(DEQ(L),I);
                             OTHERWISE ILLEGALQUEUE
                          ESAC;
               OTHERWISE ILLEGALQUEUE
            ESAC
    END
```

(Wir haben hierbei darauf verzichtet, die verschiedenartigen Fehler overflow und underflow als verschiedene Parameter zurückzugeben: das wäre natürlich möglich und wahrscheinlich sogar empfehlenswert.)

Als Beispiel, das etwas mehr Einsicht in die möglichen Nachteile konstruktiver Spezifikationen liefert, sei die beschränkte Prioritäts-Warteschlange vorgeführt. Hier wird jeder Eintrag mit einer Priorität versehen, in diesem Fall einfach eine natürliche Zahl. Die Operation front muß dann den ersten Eintrag mit maximaler Priorität liefern. (Es könnten mehrere Einträge mit gleich hoher Priorität in der Warteschlange sein). Ebenso hat die Operation deq diesen speziellen Eintrag zu löschen. Natürlich muß man in beiden Fällen (in diesem einfachen Modell) jeweils die ganze Warteschlange durchgearbeitet haben, bis man weiß, welches der erste Eintrag mit maximaler Priorität ist.

In dieser Spezifikation verwenden wir tupelwertige Operationen, z.B. highest(l:list) : nat*item , die mehr als einen Wert liefern. Es bereitet keine Schwierigkeiten, derartige Operationen zu definieren, s. [Kl 82b]. Zum Zugriff auf die einzelnen Komponenten des Ergebnisvektors dienen die Projektionen pi1 , pi2 usf.

```
MODULE PRIORITYQUEUE =

INCLUDE NATLT (NAT,0,SUC,UNDEFINED,BOOL,TRUE,FALSE,LT);

PARAMETERS [SORTS ITEM;
           OPERATIONS LIMIT: NAT;
           EXCEPTIONS ERROR: ITEM]

SORTS LIST;

CONSTRUCTORS LIST = (EMPTY, ADD(LIST,ITEM,NAT));

EXCEPTIONS LIST = (ILLEGALQUEUE,UNDERFLOW,OVERFLOW);

VARIABLES Q:LIST;
          I:ITEM;
          N:NAT;

EQUATIONS ADD(Q,ERROR,N) = ILLEGALQUEUE;
          ADD(Q,I,UNDEFINED) = ILLEGALQUEUE;
          ADD(ILLEGALQUEUE,I,N) = ILLEGALQUEUE;
          ADD(UNDERFLOW,I,N) = ADD(EMPTY,I,N);
          ADD(OVERFLOW,I,N) = OVERFLOW;

OPERATIONS

           NEWQ: LIST = EMPTY;

           LENGTH(Q: LIST): NAT =
           CASE Q OF
              EMPTY: 0;
              ADD(L,I,N): SUC(LENGTH(L));
              OTHERWISE UNDEFINED
           ESAC;

           ENQ(Q: LIST; I: ITEM; PRIO: NAT): LIST =
           CASE LT(LENGTH(Q),LIMIT) OF
              TRUE: ADD(Q,I,PRIO);
              FALSE: OVERFLOW;
              OTHERWISE ILLEGALQUEUE
           ESAC;

           FRONT(Q: LIST): ITEM =
           LET HIGHEST(L: LIST): NAT*ITEM =
               CASE L OF
                   EMPTY: <0,ERROR>;
                   ADD(L1,I1,P1): LET LUB(X:NAT; IX:ITEM;
                                          Y:NAT; IY:ITEM): NAT*ITEM =
                                  CASE LT(X,Y) OF
                                     TRUE: <Y,IY>;
                                     FALSE: <X,IX>;
                                     OTHERWISE <UNDEFINED,ERROR>
                                  ESAC
                              IN LUB(P1,I1,HIGHEST(L1));
                   OTHERWISE <UNDEFINED,ERROR>
               ESAC
           IN PI2(HIGHEST(Q));
           (* PI2: NAT*ITEM ---> ITEM IST DIE PROJEKTION
           AUF DIE ZWEITE KOMPONENTE *)
```

```
        DEQ(Q: LIST): LIST =
        LET INDEX(L:LIST; POS:NAT): NAT*NAT =
            CASE L OF
                EMPTY: <0,POS>;
                ADD(L1,I1,PR1): LET LUB(X,IX,Y,IY: NAT): NAT*NAT =
                                    CASE LT(X,Y) OF
                                        TRUE: <Y,IY>;
                                        FALSE: <X,IX>
                                    ESAC
                                IN LUB(PR1,SUC(POS),INDEX(L1,SUC(POS)));
                OTHERWISE <UNDEFINED,UNDEFINED>
            ESAC
        IN LET REMOVE(Q: LIST; N: NAT): LIST =
                CASE Q OF
                    EMPTY: UNDERFLOW;
                    ADD(L,I,PR):
                                CASE N OF
                                    0: Q;
                                    SUC(N1): ADD(REMOVE(L,N1),I,PR);
                                    OTHERWISE ILLEGALQUEUE
                                ESAC;
                    OTHERWISE ILLEGALQUEUE
                ESAC
        IN REMOVE(Q,PI2(INDEX(Q,0)))
END
```

Was an dieser Spezifikation überrascht, ja, vielleicht sogar schockiert, ist die Kompliziertheit der Definition für die Operationen front und deq , verglichen mit ihren sprachlichen Beschreibungen. Es erscheint klar, daß man sie viel einfacher nicht-konstruktiv beschreiben kann, z.B. innerhalb des Prädikatenkalküls. Die Gründe für die Kompliziertheit der obigen Definition sind zweifach:

1.) Wir müssen nicht nur sagen, was front und deq zu tun haben, sondern auch, wie man diese Aufgaben im Prinzip durchführen kann.

2.) Über einer sehr einfachen Datenstruktur werden Operationen definiert, für die diese Datenstruktur nicht geeignet ist.

Der Aufwand für die konstruktive Beschreibung dieser Operationen ist also wahrscheinlich verloren, da eine Implementierung diesen Algorithmen niemals folgen wird. Hauptkritikpunkte (von der Effizienz her) sind:

1.) Die Länge einer Warteschlange wird jedesmal neu berechnet, wenn ein neues Element in die Schlange eingefügt wird.

2.) Die zwei Durchgänge über die Warteschlange zur Berechnung der Operation deq scheinen übertrieben.

(Wir geben später noch eine bezüglich der Effizienz verbesserte Version dieser Spezifikation an.)

Auf der anderen Seite ist es ein Vorteil der strukturell-rekursiven Spezifikationstechnik, daß sie uns zwingt, die Wirkung definierter Operationen unzweideutig durch eine Fallunterscheidung über die zugrundeliegende Datenstruktur zu beschreiben. Das gibt Anlaß zu der Hoffnung, daß kein Spezialfall unbemerkt ausgelassen wurde. Andererseits geben sehr komplizierte Beschreibungen wie die oben aufgeführten schon recht frühzeitig warnende Hinweise darauf, daß die zugrundeliegende Datenstruktur falsch gewählt wurde. Effizienz sollte im übrigen nicht das wichtigste Ziel beim Schreiben von Spezifikationen sein; in den meisten Fällen kann man später noch durch eine alternative Datendarstellung die Effizienz verbessern. Vorteile der konstruktiven Methode zeigen sich insbesondere auch noch bei der maschinellen Simulation der formalen Semantik; hierzu kommen wir noch unter Punkt 11.3.

Zuvor jedoch wollen wir noch eine Alternative zu der Prioritäts-Warteschlange angeben. Hier wird eine Warteschlange gleich durch ein Paar list*nat dargestellt, wobei die nat-Komponente die Länge enthält. Die Operation enq ist die einzige komplizierte Operation; sie sorgt dafür, daß das erste Element mit maximaler Priorität jeweils auch von den Operationen front und deq zuerst gefunden wird, d.h. also am Ende der Schlange steht. Dazu wird die Schlange von ihrem Ende her durchsucht, bis ein Element mit kleinerer Priorität als das jetzt einzutragende gefunden wird:

```
MODULE PRIORITYQUEUE =

INCLUDE NATLT (NAT,0,SUC,UNDEFINED,BOOL,TRUE,FALSE,LT);

PARAMETERS [SORTS ITEM;
           OPERATIONS LIMIT: NAT;
           EXCEPTIONS ERROR: ITEM]

SORTS LIST,
      QUEUE = LIST*NAT; (* DIE NAT-KOMPONENTE ENTHAELT DIE LAENGE *)

CONSTRUCTORS LIST = (EMPTY, ADD(LIST,ITEM,NAT));

EXCEPTIONS LIST = (ILLEGALQUEUE,UNDERFLOW,OVERFLOW);

VARIABLES Q:LIST;
          I:ITEM;
          N:NAT;

EQUATIONS ADD(Q,ERROR,N) = ILLEGALQUEUE;
          ADD(Q,I,UNDEFINED) = ILLEGALQUEUE;
          ADD(ILLEGALQUEUE,I,N) = ILLEGALQUEUE;
          ADD(UNDERFLOW,I,N) = ADD(EMPTY,I,N);
          ADD(OVERFLOW,I,N) = OVERFLOW;

OPERATIONS

          NEWQ: LIST = <EMPTY,0>;
```

```
          ENQ(Q: LIST; N: NAT; I: ITEM; PRIO: NAT): QUEUE =
          CASE LT(N,LIMIT) OF
             TRUE:
                   CASE Q OF
                      EMPTY: <ADD(EMPTY,I,PRIO),SUC(0)>;
                      ADD(Q1,I1,PR1):
                            CASE LT(P1,PRIO) OF
                               TRUE: <ADD(Q,I,PRIO),SUC(N)>;
                               FALSE: <ADD(PI1(ENQ(Q1,N,I,PRIO)),I1,PR1),
                                         SUC(N)>
                            ESAC;
                      OTHERWISE <ILLEGALQUEUE,N>
                   ESAC;
             FALSE: <OVERFLOW,N>
          ESAC;

          FRONT(Q:LIST; N: NAT): ITEM =
          CASE N OF
             SUC(N1):
                      CASE Q OF
                         ADD(Q1,I,P): I;
                         OTHERWISE ERROR
                      ESAC;
             OTHERWISE ERROR
          ESAC;

          DEQ(Q: LIST; N: NAT): QUEUE =
          CASE N OF
             0: <UNDERFLOW,UNDEFINED>;
             SUC(N1):
                      CASE Q OF
                         ADD(Q1,I,P): <Q1,N1>;
                         OTHERWISE <ILLEGALQUEUE,UNDEFINED>
                      ESAC;
             OTHERWISE <ILLEGALQUEUE,UNDEFINED>
          ESAC
END
```

11.3 Maschinelle Behandlung und Software-Werkzeuge

Diese Frage mag von mehr theoretisch motivierten Lesern wohl zunächst für am wenigsten bedeutend gehalten werden. Trotzdem ergibt der Teilaspekt 3a (maschinelle Simulation der formalen Semantik) eine Motivation, die auch der Theoretiker ernstnehmen sollte: Man kann über formale Spezifikationen alles mögliche beweisen, aber man kann nicht beweisen, daß die erste formale Spezifikation korrekt ist gegenüber der informellen Problemspezifikation. Diese Art von Korrektheit kann man nur durch Testen erhärten, also ein Frage-und-Antwort-Spiel, bei dem man erwartete und tatsächliche Reaktionen des Systems bzw. in diesem Fall der formalen Spezifikation miteinander vergleicht. Natürlich könnte man dies auch jeweils durchführen, indem man beweist, daß die formale Spezifikation diese oder jene Eigenschaft hat. Angesichts der vielen Arbeit, die ein solcher Beweis erfordern kann, wird man wahrscheinlich nur wenige Fälle durchspielen. Hat man jedoch ein System, welches das Verhalten der formalen Spezifikation (genauer: jeder formalen Spezifikation in einem bestimmten Formalismus) simuliert, so geht das Testen viel schneller vonstatten bzw. man kann eine viel größere Anzahl von Testfällen bearbeiten.

In dieser Hinsicht bieten konstruktive Spezifikationen à la SRDL deutliche Vorteile, da hier die Simulation der formalen Semantik an den Algorithmen der Spezifikation aufgehängt werden kann. In der letzten Zeit spricht man sehr viel von Rapid Prototyping als einer lohnenswerten Software-Entwurfsmethode. Hierbei versucht man zu einem möglichst frühen Zeitpunkt im Software-Lebenslauf, eine rudimentäre Version des Systems ans Laufen zu bekommen, damit anhand dieses Prototyps gewisse Eigenschaften des Systems schon untersucht werden können. SRDL-Spezifikationen verhalten sich ausgesprochen freundlich gegenüber Rapid Prototyping: sie können durch einen Spezifikations-Compiler in nahezu beliebige imperative Programmiersprachen übersetzt werden. Das von H. Petzsch implementierte INTAS-System übersetzt beispielsweise SRDL-Spezifikationen in PASCAL-Programme. (S. [Kl81b,Pz81]) Das Verfahren hierzu ist mehr oder weniger naheliegend, s. etwa [Kl80c] . (PASCAL ist übrigens nicht nur Zielsprache, sondern auch Implementierungssprache von INTAS.)

Manche Leute sprechen im Zusammenhang mit derartigen Spezifikations-Compilern bzw. Spezifikations-Interpretern auch von "automatischer Implementierung" ; das ist aber etwas irreführend, denn normalerweise steckt im Implementieren viel mehr als eine bloße Simulation der formalen Spezifikation.

Implementierte Simulationen der formalen Semantik existieren auch für Gleichungsspezifikationen. Das älteste System ist Goguens OBJ [Go78b,GTWZ78,GT79], welches Gleichungsspezifikationen mit Ausnahmezuständen, automatischen Typkonvertierungen ("coercions"), überladenen (generischen) Operationen ("overloaded operators") und einfachen bedingten Gleichungen ($t_1 = t_2$ if t_3, wobei t_3 ein boolescher Term ist) interpretativ auswertet. Der Vorteil der interpretativen Behandlung liegt in der Möglichkeit des inkrementellen Erstellens und Testens nach und nach immer komplizierterer Spezifikationen. OBJ zeichnet sich außerdem durch eine ungewöhnlich flexible Termsyntax aus ("mixfix" oder "distributed fix" neben Präfix und Postfix mit oder ohne Klammern); der dafür zu zahlende Preis ist ein (relativ ineffizienter) nichtdeterministischer Syntax-Analysealgorithmus auf der Basis des sogenannten "Pattern Matching". Es liegt nahe, daß dieses System auf einer operationellen Semantik (Kap. 3) der Gleichungsspezifikationen aufbaut und somit nicht für alle Spezifikationen anwendbar ist (vgl. Satz 3.16). Das System achtet jedoch von selbst auf die Einhaltung gewisser hinreichender Bedingungen für die Church-Rosser-Eigenschaft und stellt anhand seiner Rechenspur Schleifen in der Berechnung fest, wobei durch einen Backtrack-Algorithmus versucht wird, noch eine alternative Berechnung ohne Schleife abzuleiten. Implementierungssprache von OBJ ist ein LISP-Dialekt.

Interpreter für Gleichungsspezifikationen werden auch in Dortmund/Braunschweig entwickelt [EPE 81, GDEL 82, PEE 81] und in Berlin [LRH 82] ; dieser Interpreter ist sogar selbst algebraisch spezifiziert.

In gewissem Sinne gehören hierher auch das "Data Abstraction Implementation, Specification, and Testing System" von [GMH 81] , welches Beweise für Eigenschaften abstrakt spezifizierter Datentypen ermöglicht sowie auch das AFFIRM-System von Musser [GHM 76a, Lo 80b, Mu 80a,b].

Eine sehr interessante Alternative ist der APE ("Automatic Programming Expert") von Raulefs u.a. [BOR 81, EKRT 79] (*) , ein ebenfalls in einem LISP-Dialekt geschriebenes Expertensystem, welches tatsächlich eine Art von "automatischer Implementierung" durchführt. Zielsprache der Implementierung ist ebenfalls LISP . Der APE untersucht zunächst die Funktionalitäten der Operationen und die angegebenen Gleichungen und versucht nach einem Satz von Regeln (die dem Benutzer zugänglich sind und von ihm geändert oder erweitert werden können), Konstruktoren und deren Inverse ("Selektoren") und rekursive Definitionen zu entdecken sowie Möglichkeiten für das Auftreten von Ausnahmezuständen. Auf der Basis dieser Analyse und einiger in den Regeln des APE eingebrachten Programmiererfahrung sucht der APE dann selbständig eine möglichst effiziente Darstellung der Datenstruktur und drückt die notwendigen Operationen durch LISP-Funktionen über dieser Datenstruktur aus. Anschließend wird das Ganze noch einmal nach bestimmten Regeln optimiert. Außer den abstrakten Datentyp-Spezifikationen akzeptiert der APE auch noch Spezifikationen für "abstrakte Algorithmen" über diesen Datentypen; die Methoden des APE sind dabei im wesentlichen ganz ähnlich wie bei den abstrakten Datentypen, nur die definitorischen Möglichkeiten des Benutzers sind anders. Im übrigen kann der APE laut [BOR 81] nur dann Implementierungen von abstrakten Datentypen erzeugen, wenn darin tatsächlich Konstruktoren versteckt sind, die alle Daten induktiv erzeugen. Zusammengefaßt kann man sagen, daß der APE mit viel Raffinesse aus einer gewöhnlichen Gleichungsspezifikation (allerdings mit bedingten Gleichungen!) die Konzepte herausfiltert und die Verfahrensregeln respektiert, die hier in 11.2 ganz rigoros als grundlegende Voraussetzungen gefordert werden.

Was nun Frage 3b angeht, die maschinelle Überprüfung von Konsistenzen und Vollständigkeiten, so gibt es hier durchaus bereits gangbare Algorithmen [HO 80] ; einiges davon ist im OBJ-System bzw. im APE bereits enthalten. Die (halb)automatische Transforma-

---

(*) Der APE ist ein Produkt des SEKI-Projekts, welches sich mit den Beziehungen zwischen Software Engineering (SE) und Künstlicher Intelligenz (KI) beschäftigt.

tion einer Spezifikation in eine andere unter Benutzung von Regeln, die der Systementwickler aufgrund seiner Erfahrung oder Intuition vorgibt, wird im Rahmen des CIP-Projekts untersucht [Bal 81, Br 81 , BP 81 , BP 82 , PBal 82] .

Als ergänzende Information zu den in diesem Buch verwendeten SRDL-Spezifikationen geben wir jetzt noch die Syntaxdiagramme der SRDL-Definition an. Nicht hierin enthalten ist Landins let, das von der gegenwärtigen Sprachimplementierung nicht unterstützt wird.

11.4 Syntaxdiagramme von SRDL

specification

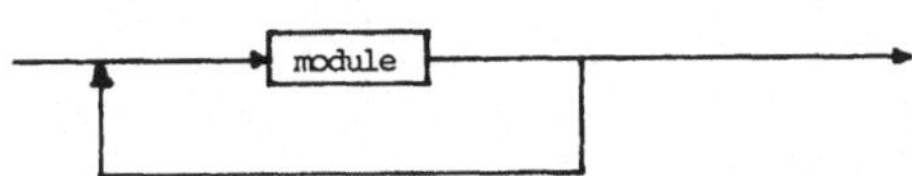

module

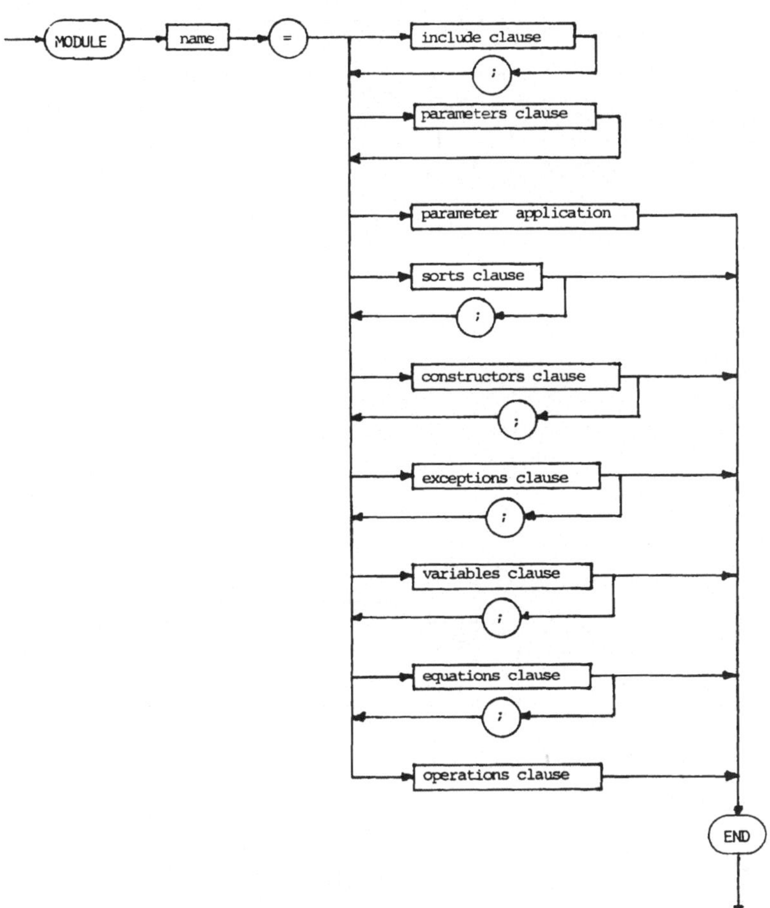

include clause

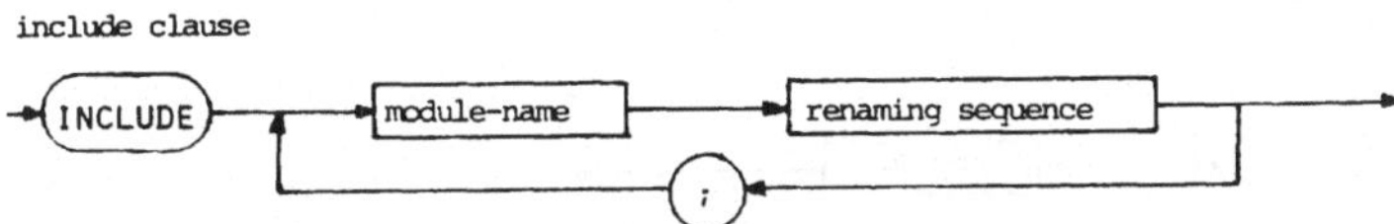

parameters clause

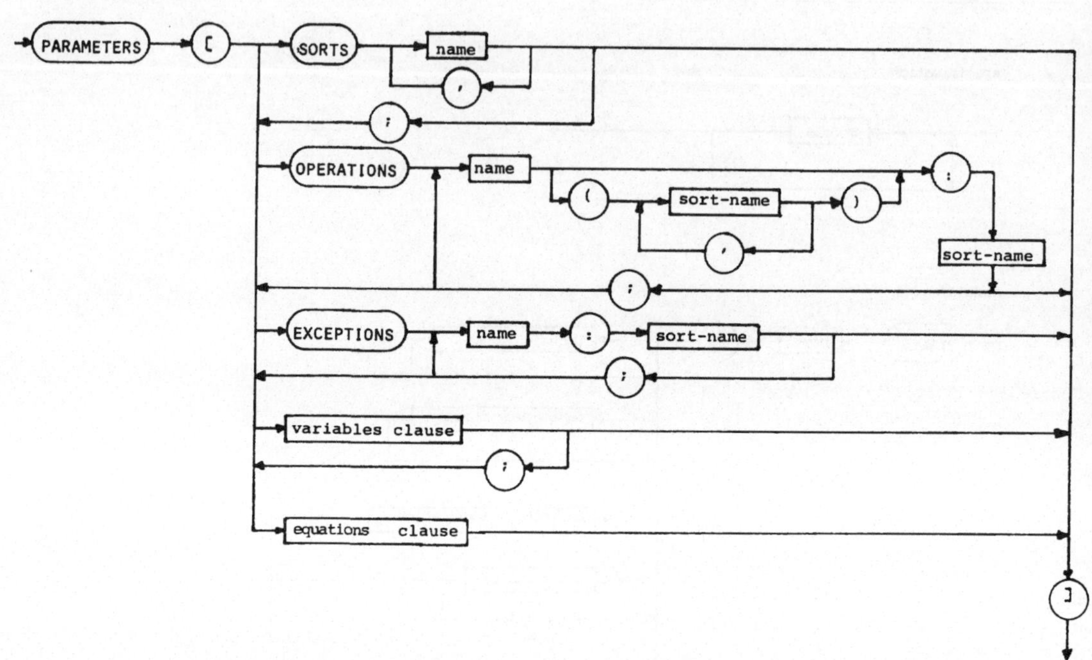

sorts clause

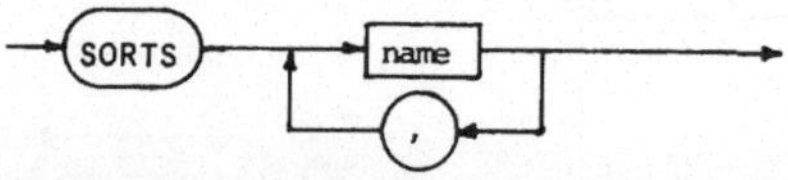

SORTS name ,

constructors clause

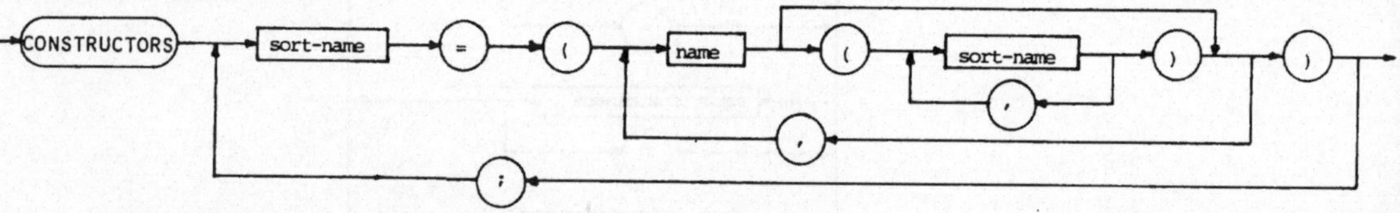

CONSTRUCTORS sort-name = (name (sort-name ,) ,) ;

exceptions clause

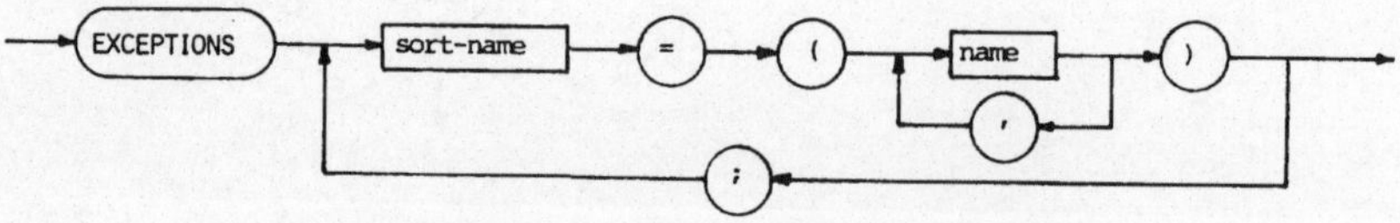

EXCEPTIONS sort-name = (name ,) ;

variables clause

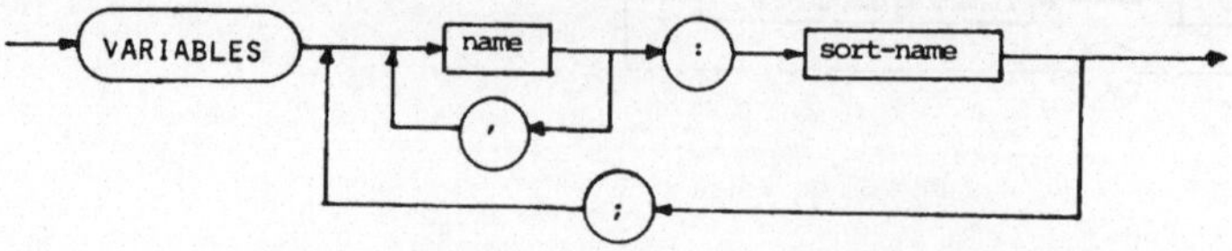

VARIABLES name , : sort-name ;

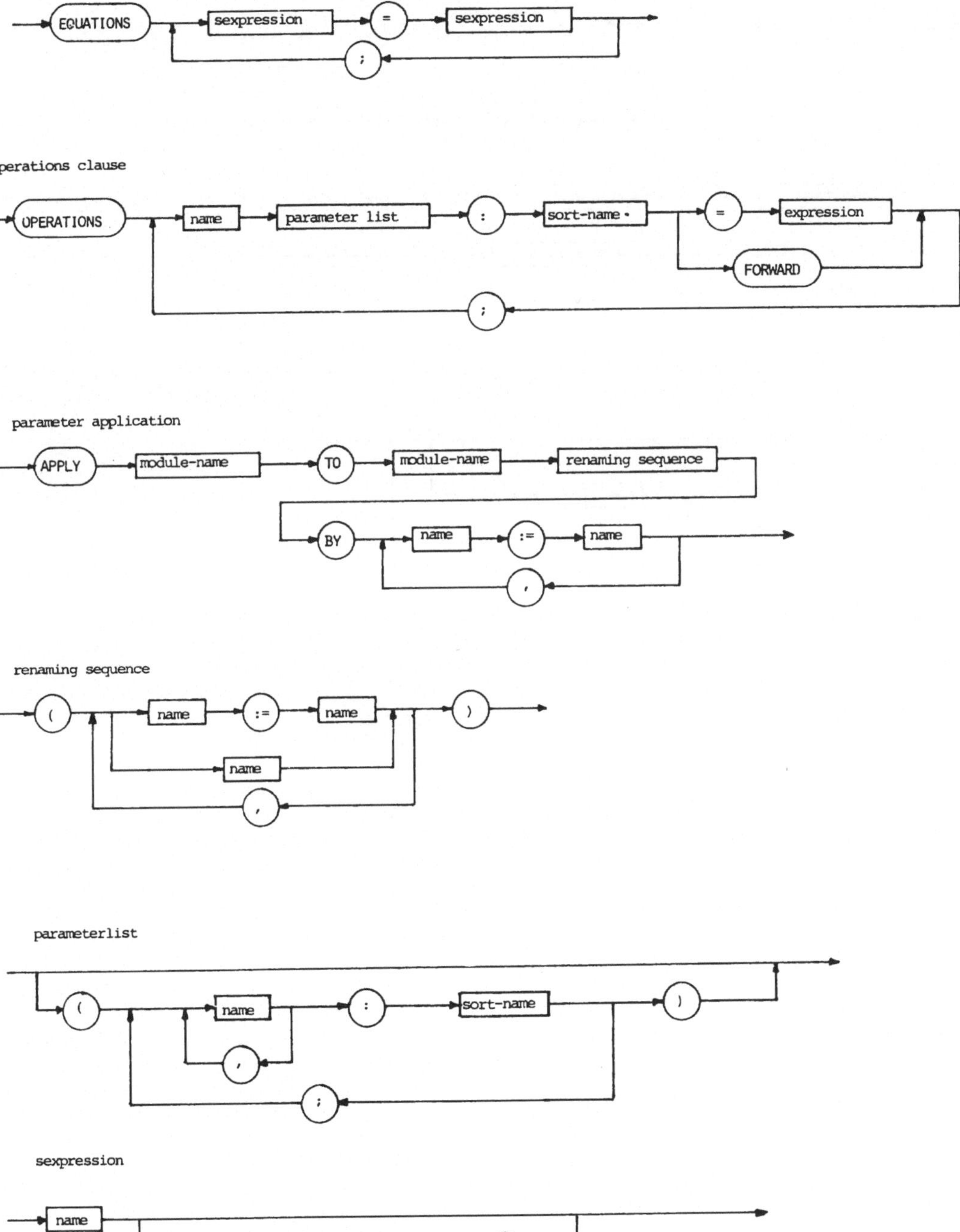
equations clause
EQUATIONS
sexpression
=
sexpression
;
operations clause
OPERATIONS
name
parameter list
:
sort-name
=
expression
FORWARD
;
parameter application
APPLY
module-name
TO
module-name
renaming sequence
BY
name
:=
name
,
renaming sequence
(
name
:=
name
)
name
,
parameterlist
(
name
:
sort-name
)
,
;
sexpression
name
(
sexpression
)
,

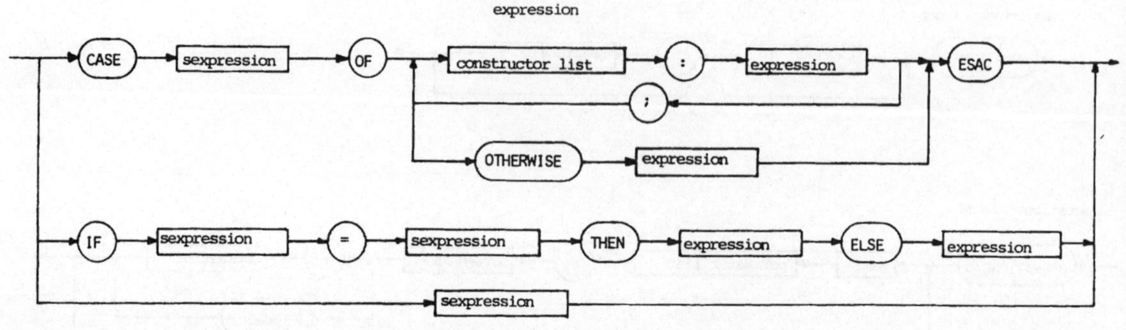
expression
CASE
sexpression
OF
constructor list
:
expression
ESAC
;
OTHERWISE
expression
IF
sexpression
=
sexpression
THEN
expression
ELSE
expression
sexpression

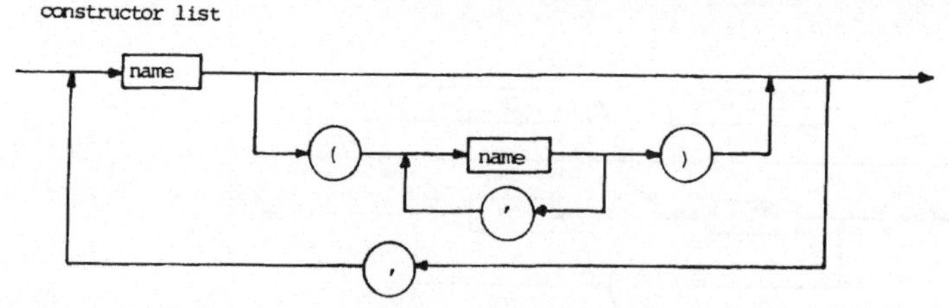
constructor list
name
(
name
)
,
,

12. Anwendungsbeispiel

Als Anwendungsbeispiel stellen wir den Flughafenplan (airport schedule) vor. Das Beispiel findet sich zuerst in [EKW 78] , später dann in [GT 79] , modifiziert und erweitert entsprechend den Möglichkeiten von OBJ .

Im Prinzip handelt es sich dabei um eine relationale Datenbank mit zwei Relationen:

1.)	Flight Schedule	(Flugplan) mit Primärschlüssel
	FNUM	(Flight Number, Flugnummer) und den Attributen
	DEST	(Destination, Zielflughafen) und
	STD	(Scheduled Time of Departure, planmäßige Abflugzeit) ,
2.)	Plane Schedule	(Flugzeugplan) mit Primärschlüssel
	PNUM	(Plane Number, Flugzeugnummer) und den Attributen
	TYPE	(Typ, Baumuster) und
	NOS	(Number of Seats, Anzahl der (freien) Sitzplätze).

Als zusätzliche Konsistenzbedingung wird verlangt, daß zu jedem Flug jeweils genau ein Flugzeug existiert und zu jedem Flugzeug genau ein Flug.

Auf dem Flugplan sind die folgenden Operationen bereitzustellen:

CREATEFS : Erzeuge einen leeren Flugplan.

ADDFS : Füge einen neuen Flug mit Flugnummer, Zielflughafen und Abflugzeit hinzu. Falls bereits ein Flug mit dieser Flugnummer existiert, gib eine Fehlermeldung
FLIGHT ALREADY SCHEDULED
heraus.

SEARCHFS : (Boole'sche Operation) Stelle fest, ob ein Flug mit einer bestimmten Flugnummer existiert.

CANCELFS : Streiche den Flug mit einer bestimmten Flugnummer. Falls kein Flug mit dieser Nummer existiert, gib eine Fehlermeldung
FLIGHT NOT SCHEDULED
heraus.

CHANGESTD : Ändere die planmäßige Abflugzeit eines Flugs mit einer bestimmten Flugnummer. Falls kein Flug mit dieser Nummer existiert, gib eine Fehlermeldung
FLIGHT NOT SCHEDULED
heraus.

Auf dem Flugzeugplan sind die folgenden Operationen bereitzustellen:

CREATEPS : Erzeuge einen leeren Flugzeugplan.

ADDPS : Füge ein neues Flugzeug mit Flugzeugnummer, Typ und Anzahl der freien Sitzplätze hinzu. Falls bereits ein Flugzeug mit dieser Flugzeugnummer existiert, gib eine Fehlermeldung

PLANE ALREADY SCHEDULED

heraus.

SEARCHPS : (Boole'sche Operation) Stelle fest, ob ein Flugzeug mit einer bestimmten Flugzeugnummer existiert.

CANCELPS : Streiche das Flugzeug mit einer bestimmten Flugzeugnummer. Falls kein Flugzeug mit dieser Nummer existiert, gib eine Fehlermeldung

PLANE NOT SCHEDULED

heraus.

RESERVEPS : Reserviere einen Sitzplatz in dem Flugzeug mit einer bestimmten Flugzeugnummer. Falls die Anzahl der freien Sitzplätze in diesem Flugzeug Null ist, gib eine Fehlermeldung

PLANE OVERBOOKED

heraus. Anderenfalls vermindere die Anzahl der freien Sitzplätze um eins. Falls kein Flugzeug mit der angegebenen Flugzeugnummer existiert, gib eine Fehlermeldung

PLANE NOT SCHEDULED

heraus.

Weder in [EKW 78] noch in [GT 79] wird die Tatsache ausgenutzt, daß es sich um eine relationale Datenbank handelt. In der Tat ist der relationale Aspekt schon in der Problemstellung relativ unterentwickelt. Die Konsistenzbedingung wird dadurch garantiert, daß man zunächst eine dritte Relation

FP Table (Zuordnungstabelle von Flugzeugen zu Flügen)

einführt mit Primärschlüssel FNUM und Attribut PNUM und den Operationen

CREATEFPT, ADDFPT, CANCELFPT : Ähnlich zu den oben aufgeführten Operationen,

PLANE-OF : Gibt die Nummer des Flugzeugs an, welches einem Flug mit einer bestimmten Flugnummer zugeordnet wurde.

Anschließend betrachtet man dann eine aus allen drei Relationen kombinierte Relation

Airport Schedule (Flughafenplan),

deren Operationen für die stete Einhaltung der Konsistenzbedingung sorgen:

CREATE : Erzeuge einen leeren Flughafenplan, bestehend aus einem leeren Flugplan, einem leeren Flugzeugplan und einer leeren Zuordnungstabelle.

SCHEDULE : Füge einen neuen Flug zusammen mit einem dazugehörigen Flugzeug hinzu. Anzugeben ist also eine Flugnummer, ein Zielflughafen, eine planmäßige Abflugzeit, eine Flugzeugnummer mit Typ und Anzahl der freien Sitzplätze. Die Zuordnung ist in der Zuordnungstabelle zu vermerken. In den folgenden Fällen findet keine Speicherung statt, sondern es wird eine Fehlermeldung herausgegeben:

Im Flugplan existiert bereits ein Flug mit der angegebenen Nummer:

FLIGHT ALREADY SCHEDULED .

Im Flugzeugplan existiert bereits ein Flugzeug mit der angegebenen Nummer:

PLANE ASSIGNED PREVIOUSLY .

SEARCH : Stelle fest, ob ein Flug mit einer bestimmten Flugnummer existiert.

CANCEL : Streiche einen Flug mit einer bestimmten Flugnummer aus dem Flugplan sowie das laut Zuordnungstabelle zugehörige Flugzeug aus dem Flugzeugplan. Entferne die überflüssig gewordene Zuordnung aus der Zuordnungstabelle. Fehlerfall wie bei CANCELFS .

CHANGE : Ändere die Abflugzeit eines Flugzeugs, wie CHANGESTD. (Keine Auswirkungen auf den Flugzeugplan und die Zuordungstabelle.) Fehlerfall wie bei CHANGESTD .

RESERVE : Reserviere einen Sitzplatz in dem Flugzeug, welches laut Zuordnungstabelle einem Flug mit einer bestimmten Flugnummer zugeordnet ist. Falls kein Flug mit dieser Nummer existiert, gib eine Fehlermeldung

FLIGHT NOT SCHEDULED

heraus. Falls in diesem Flugzeug kein Platz mehr frei ist, gib eine Fehlermeldung

PLANE OVERBOOKED

heraus.

Wir verfahren hier anders als [EKW 78] und [GT 79], indem wir nämlich zuerst eine parametrisierte Spezifikation für eine Relation mit Primärschlüssel und Attributen angeben. Flugplan, Flugzeugplan und Zuordnungstabelle ergeben sich dann als Anwendungen dieser Spezifikation auf bestimmte aktuelle Parameter-Spezifikationen, welche die jeweiligen Schlüssel und Attribute beinhalten.

Die operativen Fähigkeiten unserer Spezifikation relation sind ausgesprochen bescheiden im Vergleich zu denen einer relationalen Datenbank; in der Tat kommen relationale Aspekte gar nicht vor, sondern nur funktionale. Für die Zwecke dieses Beispiels reichen die Fähigkeiten jedoch aus.

```
MODULE RELATION =

INCLUDE BOOLEAN (BOOL,TRUE,FALSE);

PARAMETERS [ SORTS KEY,
                   ATTRIBUTES;
           OPERATIONS SAMEKEY (KEY,KEY): BOOL;
           EXCEPTIONS UNDEFINED: ATTRIBUTES;
                      OVERDEFINED: ATTRIBUTES]

SORTS REL;

CONSTRUCTORS REL = (EMPTYREL,INS(KEY,ATTRIBUTES,REL));

OPERATIONS

           CREATEREL: REL = EMPTYREL;

           ISDEFINED(K:KEY; R:REL): BOOL =
           CASE R OF
            EMPTYREL : FALSE;
            INS(K1,A1,R1):
                              CASE SAMEKEY(K,K1) OF
                               TRUE:TRUE;
                               FALSE: ISDEFINED(K,R1)
                              ESAC
           ESAC;

           ADDREL (K: KEY; A: ATTRIBUTES; R: REL): REL =
           CASE ISDEFINED(K,R) OF
            TRUE: INS(K,OVERDEFINED,R);
            FALSE: INS(K,A,R)
           ESAC;

           READ(K:KEY; R: REL): ATTRIBUTES =
           CASE R OF
            EMPTYREL: UNDEFINED;
            INS(K1,A1,R1):
                              CASE SAMEKEY(K,K1) OF
                               TRUE: A1;
                               FALSE: READ(K,R1)
                              ESAC
           ESAC;

           DELETEREL(K:KEY; R:REL): REL =
           CASE R OF
            EMPTYREL: INS(K,UNDEFINED,EMPTYREL);
```

```
     INS(Kl,Al,Rl):
                   CASE SAMEKEY(K,Kl) OF
                    TRUE: Rl;
                    FALSE: INS(Kl,Al,DELETEREL(K,Rl))
                   ESAC
    ESAC;

    CHANGEREL(K:KEY; A:ATTRIBUTES; R: REL): REL =
    CASE R OF
     EMPTYREL: INS(K,UNDEFINED,EMPTYREL);
     INS(Kl,Al,Rl):
                   CASE SAMEKEY(K,Kl) OF
                    TRUE: INS(K,A,Rl);
                    FALSE: INS(Kl,Al,CHANGEREL(K,A,Rl))
                   ESAC
    ESAC
END
```

Die Ausnahmebehandlung in dieser Spezifikation bedarf einer Erklärung. Es ist bei einer solchen Datenbank mit Schlüsseln klar, daß es zu einem einzigen Schlüssel keine zwei verschiedenen Einträge geben darf. Der Versuch einer zweiten Eintragung mit dem gleichen Schlüssel muß ignoriert werden und "gleichzeitig" eine Fehlermeldung erzeugen. Ähnliches gilt für den Versuch, einen nicht-existenten Eintrag zu entfernen oder zu ändern. Das "gleichzeitige Erzeugen einer Fehlermeldung" ist jedoch ein imperatives Konzept, das sich nur schlecht in den hier vorhandenen applikativen Rahmen einfügt.

Eine erste Überlegung hätte vielleicht dazu geführt, Ausnahmen undefinedrel und overdefinedrel von der Sorte rel einzuführen und bei den Operationen addrel, deleterel und changerel unter den gegebenen Umständen diese Ausnahmen zu erzeugen. Dagegen sprechen jedoch zwei Argumente:

1.) Auf diese Weise würde die Ausnahmebehandlung innerhalb der Spezifikation relation durchgeführt, ohne daß wir darauf an der Stelle Einfluß nehmen können, wo wir eine Anwendung von relation auf aktuelle Parameter benötigen. Die Freiheit in der Verwendung von relation würde also eingeschränkt.

2.) Durch das Auftreten der Ausnahmen undefinedrel und overdefinedrel ginge der gesamte vorher in die Relation eingespeicherte Inhalt verloren. Eine Ausnahmebehebung mit Rückkehr zum vorherigen intakten Zustand wäre also nicht möglich.

Deshalb werden in unserer Spezifikation in diesen Fällen die Ausnahmen undefined und overdefined von der Sorte attributes in die Relation eingespeichert. Technisch gesehen, entsteht dadurch auch ein Ausnahmezustand von der Sorte rel, aber dieser kann wieder behoben werden, indem man diese Einträge entfernt. Außerdem können die Ausnahmen, die wir hier pauschal mit undefined und overdefined benannt haben, bei einer Anwendung dieser parametrisierten Spezifikation auf aktuelle Parameter durch informativere Fehlerbezeichnungen ersetzt werden.

In den folgenden beiden Spezifikationen stellen wir die Informationen bereit, durch die ein Flug bzw. ein Flugzeug charakterisiert wird. Der Einfachheit halber nehmen wir an, daß Flugnummern und Flugzeugnummern natürliche Zahlen sind. Die Zahl der noch freien Sitzplätze ist sowieso eine natürliche Zahl; auch die Uhrzeiten erzeugen wir ohne weitere Plausibilitätsprüfung einfach als Paare natürlicher Zahlen.

Wir setzen deshalb eine Spezifikation natural mit booleschen Operationen equal (Test auf Gleichheit) und zero (Test auf Null) sowie der Vorgängeroperation pred (für die Platzreservierungen) voraus.

Für die Zielflughäfen verwenden wir die im internationalen Luftverkehr üblichen Abkürzungen.

```
MODULE FLIGHTS =

INCLUDE NATURAL (NAT,FNUM:=NAT,EQUAL,ZERO) ;

SORTS FLIGHT,
      DEST,
      STD;

CONSTRUCTORS FLIGHT = (FL(DEST,STD)) ;
             DEST = (DUS,COL,MUC,FRA,HAJ,HAM,LAX,MIA,JFK,SFO) ;
             STD = (H(NAT,NAT)) ;

EXCEPTIONS FLIGHT = (FLIGHT-NOT-SCHEDULED, FLIGHT-ALREADY-SCHEDULED)
END

MODULE PLANES =

INCLUDE NATURAL (NAT,PNUM:=NAT,NOS:=NAT,PRED,EQUAL,ZERO) ;

SORTS PLANE,
      TYPE;

CONSTRUCTORS PLANE = (PL(TYPE,NOS)) ;
             TYPE = (DC9,DC10,B747,B737,B727,A300,A310,TRISTAR) ;

EXCEPTIONS PNUM = (NO-PLANE-ASSIGNED,PLANE-ASSIGNED-PREVIOUSLY) ;
           PLANE = (PLANE-NOT-SCHEDULED, PLANE-ALREADY-SCHEDULED,
             PLANE-OVERBOOKED)
END
```

Hierzu noch ein kurzer Kommentar: Bei den include-Anweisungen haben wir geschrieben FNUM := NAT bzw. PNUM := NAT , NOS := NAT . Das heißt, daß an allen Stellen, wo FNUM, PNUM und NOS in den Spezifikationen auftauchen, in Wirklichkeit NAT gemeint ist; die Umbenennung erfolgte nur aus konzeptuellen Gründen bzw. mit dem Hintergedanken, später eine alternative Definition dieser Sorten anzugeben.

Die Grundlage für die Zuordnungstabelle ist durch die folgende Spezifikation gegeben:

```
MODULE FLIGHTTOPLANE =

INCLUDE FLIGHTS (FNUM,EQUAL);
        PLANES (PNUM,NO-PLANE-ASSIGNED,PLANE-ASSIGNED-PREVIOUSLY)
END
```

Jetzt können wir die drei grundlegenden Relationen des Flughafenplans beschreiben durch:

```
MODULE FLIGHTRELATION =

APPLY RELATION
TO FLIGHTS(NAT,ZERO,EQUAL,FLIGHT,FNUM,STD,FL,
   FLIGHT-NOT-SCHEDULED,FLIGHT-ALREADY-SCHEDULED)
BY KEY:=FNUM,
   SAMEKEY:=EQUAL,
   ATTRIBUTES:=FLIGHT,
   UNDEFINED:=FLIGHT-NOT-SCHEDULED,
   OVERDEFINED:=FLIGHT-ALREADY-SCHEDULED
END


MODULE PLANERELATION =

APPLY RELATION
TO PLANES (NAT,PNUM,NOS,PRED,EQUAL,ZERO,PLANE,PL,
   NO-PLANE-ASSIGNED, PLANE-ASSIGNED-PREVIOUSLY,PLANE-OVERBOOKED,
   PLANE-NOT-SCHEDULED, PLANE-ALREADY-SCHEDULED )
BY KEY:=PNUM,
   SAMEKEY:=EQUAL,
   ATTRIBUTES:=PLANE,
   UNDEFINED:=PLANE-NOT-SCHEDULED,
   OVERDEFINED:=PLANE-ALREADY-SCHEDULED
END


MODULE FPRELATION =

APPLY RELATION
TO FLIGHTTOPLANE (FNUM,EQUAL,PNUM,NO-PLANE-ASSIGNED,
   PLANE-ASSIGNED-PREVIOUSLY)
BY KEY:=FNUM,
   SAMEKEY:=EQUAL,
   ATTRIBUTES:=PNUM,
   UNDEFINED:=NO-PLANE-ASSIGNED,
   OVERDEFINED:=PLANE-ASSIGNED-PREVIOUSLY
END
```

Jetzt fügen wir noch die erforderlichen Operationen hinzu, wobei wir uns um die Fehlerbehandlung nicht mehr gesondert kümmern müssen, da diese bereits in den angegebenen 3 Grundrelationen enthalten ist. Wiederum finden einige Umbenennungen statt, da wir diese drei Spezifikationen später zu einer einzigen zusammensetzen wollen und dabei keine Namenskonflikte auftreten dürfen:

```
MODULE FLIGHTSCHEDULE =

INCLUDE FLIGHTRELATION (BOOL,
         FNUM,NAT,
         FLIGHT,FL,FLIGHT-NOT-SCHEDULED,
         STD,
         FS:=REL,CREATEREL,ADDREL,ISDEFINED,READ,DELETEREL,CHANGEREL );

OPERATIONS

           CREATEFS:FS = CREATEREL;

           ADDFS(K:FNUM; A:FLIGHT; F:FS): FS = ADDREL(K,A,F);

           SEARCHFS (K:FNUM; F:FS): BOOL = ISDEFINED(K,F);

           CANCELFS(K:FNUM; F:FS): FS = DELETEREL(K,F);

           CHANGESTD(K:FNUM; T:STD; F:FS): FS =
           CASE READ(K,F) OF
            FL(D,S): CHANGEREL(K,FL(D,T),F);
            OTHERWISE ADDFS(K,FLIGHT-NOT-SCHEDULED,F)
           ESAC
END

MODULE PLANESCHEDULE =

INCLUDE PLANERELATION (BOOL,TRUE,FALSE,
         PNUM,NAT,ZERO,PRED,
         PLANE,PL,PLANE-NOT-SCHEDULED,PLANE-OVERBOOKED,
         PS:=REL,CREATEREL,ADDREL,ISDEFINED,READ,DELETEREL,CHANGEREL );

OPERATIONS

           CREATEPS:PS = CREATEREL;

           ADDPS(K:PNUM; A:PLANE;P:PS): PS = ADDREL(K,A,P);

           SEARCHPS(K:PNUM; P:PS): BOOL = ISDEFINED(K,P);

           CANCELPS(K:PNUM; P:PS): PS = DELETEREL(K,P);

           RESERVEPS(K:PNUM; P:PS): PS =
           CASE READ(K,P) OF
            PL(T,N):
                     CASE ZERO(N) OF
                      TRUE: ADDPS(K,PLANE-OVERBOOKED,P);
                      FALSE: CHANGEREL(K,PL(T,PRED(N)),P)
                     ESAC;
            OTHERWISE ADDPS(K,PLANE-NOT-SCHEDULED,P)
           ESAC
END

MODULE FPTABLE =

INCLUDE FPRELATION ( BOOL,TRUE,FALSE,
         FNUM,PNUM,
         FPT:=REL,CREATEREL,ADDREL,READ,DELETEREL);
```

```
OPERATIONS

            CREATEFPT:FPT = CREATEREL;

            ADDFPT(F:FNUM; P:PNUM; T:FPT): FPT = ADDREL(F,P,T);

            CANCELFPT(F:FNUM; T:FPT): FPT = DELETEREL(F,T);

            PLANEOF(F:FNUM; T:FPT): PNUM = READ(F,T)
END
```

Bei der nun folgenden Spezifikation für den Flughafenplan fangen wir die in Flugplan, Flugzeugplan und Zuordnungstabelle eingebaute Fehlerbehandlung ab, indem wir durch vorherige Abfragen sicherstellen, daß kein Fehler in den unteren Ebenen auftreten kann. Diese Spezifikation zeigt außerdem auf, wie man das Nichtbeachten einer illegalen Eingabe und gleichzeitige Erzeugen einer Fehlermeldung im applikativen Rahmen simulieren kann.

Eine versuchte Eingabe in einem Fehlerzustand erzeugt eine neue Fehlermeldung UNSAFE INPUT . Eine spezielle Operation fix hebt aufgetretene Fehler wieder auf.

```
MODULE AIRPORTSCHEDULE =

INCLUDE NATURAL (BOOL,TRUE,FALSE,E,0,1,2,3,4,5,6,7,8,9,EQUAL,ZERO,PRED);
        FLIGHTS (FNUM,FLIGHT,FL,
         STD,H,DEST,DUS,COL,MUC,FRA,HAJ,HAM,LAX,MIA,JFK,SFO);
         FLIGHTSCHEDULE
         (FS,CREATEFS,ADDFS,SEARCHFS,CANCELFS,CHANGESTD);
        PLANES (PNUM,NOS,PLANE,PL,TYPE,
         DC9,DC10,B747,B727,B737,A300,A310,TRISTAR);
         PLANESCHEDULE
         (PS,CREATEPS,ADDPS,SEARCHPS,READ,CANCELPS,RESERVEPS);
        FPTABLE (FPT,CREATEFPT,ADDFPT,CANCELFPT,PLANEOF);

SORTS APS;

CONSTRUCTORS APS = (STATE(FS,PS,FPT),ERROR(APS,APS) );

EXCEPTIONS APS = (FLIGHT-NOT-SCHEDULED,FLIGHT-ALREADY-SCHEDULED,
           PLANE-ASSIGNED-PREVIOUSLY,PLANE-OVERBOOKED,UNSAFE-INPUT);

OPERATIONS

           CREATE: APS = STATE(CREATEFS,CREATEPS,CREATEFPT);

           SCHEDULE(K:FNUM; FL:FLIGHT; PN:PNUM; PL:PLANE; A: APS):APS =
           CASE A OF
            STATE(F,P,T):
                CASE SEARCHFS(K,F) OF
                 TRUE: ERROR(FLIGHT-ALREADY-SCHEDULED,A);
```

```
        FALSE:
                    CASE SEARCHPS(PN,P) OF
                     TRUE: ERROR(PLANE-ASSIGNED-PREVIOUSLY,A);
                     FALSE: STATE(ADDFS(K,FL,F),
                                  ADDPS(PN,PL,P),
                                  ADDFPT(K,PN,T))
                    ESAC
      ESAC;
   ERROR(MESSAGE,OLDSTATE): ERROR(UNSAFE-INPUT,OLDSTATE)
  ESAC;

  SEARCH(K:FNUM; A:APS): BOOL =
  CASE A OF
   STATE(F,P,T): SEARCHFS(K,F);
   OTHERWISE FALSE
  ESAC;

  CANCEL(K:FNUM; A:APS): APS =
  CASE A OF
   STATE(F,P,T):
                    CASE SEARCHFS(K,F) OF
                     TRUE: STATE(CANCELFS(K,F),
                                 CANCELPS(PLANEOF(K,T),P),
                                 CANCELFPT(K,T));
                     FALSE: ERROR(FLIGHT-NOT-SCHEDULED,A)
                    ESAC;
   ERROR(MESSAGE,OLDSTATE): ERROR(UNSAFE-INPUT,OLDSTATE)
  ESAC;

  CHANGE(K:FNUM; S:STD; A:APS): APS =
  CASE A OF
   STATE(F,P,T):
                    CASE SEARCHFS(K,F) OF
                     TRUE: STATE(CHANGESTD(K,S,F),P,T);
                     FALSE: ERROR(FLIGHT-NOT-SCHEDULED,A)
                    ESAC;
   ERROR(MESSAGE,OLDSTATE): ERROR(UNSAFE-INPUT,OLDSTATE)
  ESAC;

  RESERVE(K:FNUM; A:APS): APS =
  CASE A OF
   STATE(F,P,T):
                    CASE SEARCHFS(K,F) OF
                     TRUE:
                          CASE READ(PLANEOF(K,T),P) OF
                           PL(TY,N):
                             CASE ZERO(N) OF
                              TRUE: ERROR(PLANE-OVERBOOKED,A);
                              FALSE: STATE(F,
                                           RESERVEPS(PLANEOF(K,T),P),
                                           T)
                             ESAC
                          ESAC;
                     FALSE: ERROR(FLIGHT-NOT-SCHEDULED,A)
                    ESAC;
   ERROR(MESSAGE,OLDSTATE): ERROR(UNSAFE-INPUT,OLDSTATE)
  ESAC;

  FIX(A: APS): APS =
  CASE A OF
   ERROR(MESSAGE,OLDSTATE): OLDSTATE;
   OTHERWISE A
  ESAC

END
```

Wir haben dieses Beispiel hier von "unten" herauf entwickelt ("bottom up"), damit zu jedem Zeitpunkt alle auftretenden Konstruktionen bereits bekannt sind. Für eine Anwendung in der Praxis erscheint eher das umgekehrte Vorgehen ratsam, also von "oben" herunter ("top down"). In diesem Fall hätte man zuerst ein parametrisiertes Modul airportschedule spezifiziert, wobei alle auf den unteren Stufen noch auszuarbeitenden Konstruktionen in die Liste der formalen Parameter aufgenommen worden wären.

13. Lösungen zu den Aufgaben

Die hier angebotenen Lösungsvorschläge sind möglichst knapp formuliert und sollen nur zur Kontrolle selbst erarbeiteter Lösungen herangezogen werden. Eine Bearbeitung der Aufgaben kann durch das Lesen der Lösungen nicht ersetzt werden, zumal hier meist nur die Ideen der Lösungen skizziert werden.

Aufgabe 1: Siehe die Ausführungen im Text der Einleitung!

Aufgabe 2: Das Axiom 4 ("Induktionsaxiom") besagt, daß für jeden Kellerspeicher $s \in K$ entweder $s = \text{clear}$ gilt oder $s = \text{push}(t,x)$ für ein $t \in K$ und $x \in \Sigma$.
$s \neq \text{clear}$ ist bei dieser Aufgabe vorausgesetzt, also tritt der zweite Fall ein. Daraus folgt

$$\begin{aligned} \text{push}(\text{pop}(s),\text{top}(s)) &= \text{push}(\text{pop}(\text{push}(t,x)),\text{top}(\text{push}(t,x))) \\ &= \text{push}(t,x) \qquad \text{(nach Axiom 3)} \\ &= s \; . \end{aligned}$$

Also war es nicht nötig, die angegebene Eigenschaft als Axiom zu fordern. Ohne das Induktionsaxiom hätte die Lage ganz anders ausgesehen!

Aufgabe 3: Wir zeigen hier lediglich, daß f_4 die Homomorphieeigenschaft erfüllt. Zu zeigen haben wir (für alle $n \in \mathbb{Z}$)

a.) $f_4(\text{reset}_{cb1}) = \text{reset}_{cc}$

b.) $f_4(\text{inc}_{cb1}(n)) = \text{inc}_{cc}(f_4(n))$

c.) $f_4(\text{dec}_{cb1}(n)) = \text{dec}_{cc}(f_4(n))$.

Es ergibt sich nun

a.) $f_4(\text{reset}_{cb1}) = f_4(0) = 0 = \text{reset}_{cc}$.

b.) Hier unterscheiden wir mehrere Fälle:

b1) $n \geq 0$:

Linke Seite: : $f_4(\text{inc}_{cb1}(n)) = f_4(n+1) = (n+1) \bmod (p+1)$.

Rechte Seite : $\text{inc}_{cc}(f_4(n)) = \text{inc}_{cc}(n \bmod (p+1))$.

Wir unterscheiden weiter:

b11) $n \bmod (p+1) < p$:

$$\begin{aligned} \text{inc}_{cc}(n \bmod (p+1)) &= n \bmod (p+1) + 1 \\ &= (n+1) \bmod (p+1) \end{aligned}$$

b12) $n \bmod (p+1) = p$:

Dann ist $(n+1) \bmod (p+1) = 0$ und

$\text{inc}_{cc}(n \bmod (p+1)) = 0$.

b2) $n < 0$:

Zunächst machen wir uns klar, daß für $inc_{cb1}(-1) = 0$ keine Schwierigkeiten auftreten: Für $f_4(0)$ ist die erste Zeile der Definition zu verwenden, für $f_4(-1)$ die zweite Zeile; es ergibt sich aber kein Widerspruch, wenn wir beide Male die zweite Zeile verwenden, denn es gilt $0 \bmod(p+1) = 0$ und $(p+1-0)\bmod(p+1) = (p+1)\bmod(p+1) = 0$.

Linke Seite: $f_4(inc_{cb1}(n)) = f_4(n+1)$

$$= (p+1-|n+1|)\bmod(p+1)$$
$$= (p+1-(|n|-1))\bmod(p+1)$$
$$= (p+1-|n|+1)\bmod(p+1)$$

Rechte Seite: $inc_{cc}(f_4(n)) = inc_{cc}(p+1-|n|)\bmod(p+1)$.

Durch Unterscheidung von Fällen b21 , b22 entsprechend den Fällen b11 , b12 ergibt sich der Rest von b2 .

c.) Der Beweis für c verläuft ganz analog.

Aufgabe 4: Es ist unmittelbar klar, daß diese Algebren counter-Algebren im Sinne von 2.2 sind. Der Keim zu einem Beweis, daß es keinen Homomorphismus von cc nach cb1 geben kann, steckt bereits in 1.13: Jeder solche Homomorphismus f müßte die Eigenschaft $f(reset_{ca}) = f(0) = 0 = reset_{cb1}$ haben. 1.13 zeigt, daß f unter diesen Bedingungen niemals die Homomorphie-Eigenschaft bzgl. der Operation dec haben kann. Die Algebren cb1 und cb2 sind beide initial.

Aufgabe 5: Dies ergibt sich aus der Analyse des Beweises zu der genannten Behauptung.

Aufgabe 6: Das ergibt sich anhand der Definition von C und der Operationen darauf durch eine Reihe von Fallunterscheidungen und eine Induktion über den Termaufbau.

Aufgabe 7: In Baumdarstellung sieht t so aus:

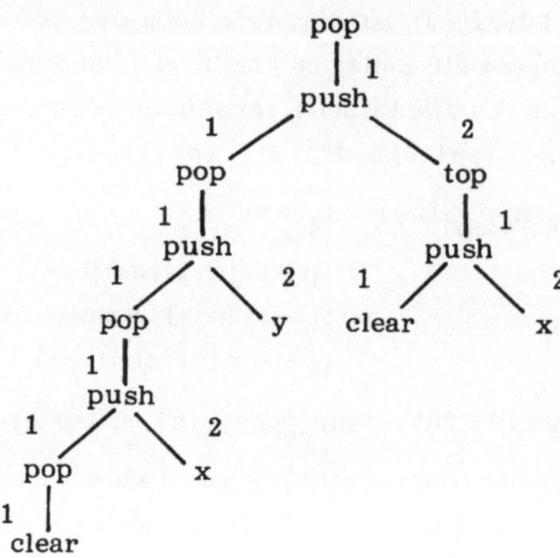

Deshalb ist

a.) $\underline{adr}(t) = \{\varepsilon, 1, 2, 1.1, 1.2, 1.1.1, 1.2.1, 1.1.1.1, 1.1.1.2, 1.2.1.1, 1.2.1.2, 1.1.1.1.1, 1.1.1.1.1.1, 1.1.1.1.1.2, 1.1.1.1.1.1.1\}$

b.) $K(t) = 15$ (Beachte $K(t)$ gleich Anzahl der Elemente von $\underline{adr}(t)$)

c.) 1.1.1.1.1.2 und 1.2.1.2

d.) t_1 = pop(push(push(clear,x),top(push(clear,x))))

t_2 = pop(push(pop(push(clear,y)), top(push(clear,x))))

t_3 = pop(push(pop(push(pop(push(pop(clear),x)), top(push(clear,x)))), top(push(clear,x))))

Aufgabe 8: Verläuft schematisch unter Benutzung der angedeuteten kanonischen Termalgebra.

Aufgabe 9: Zunächst einmal ist aufgrund der Definition von $\equiv_{\underset{\sim}{A}}$ klar, daß es sich dabei um eine Äquivalenzrelation handelt.

Sei jetzt $F \in \Sigma^{(s_1 \ldots s_n, s)}$ und $a_i, b_i \in A^{s_i}$ mit $a_i \equiv_{\underset{\sim}{A}} b_i$. Das heißt also, falls $s_i \in bS$ gilt, $a_i = b_i$, oder anderenfalls $POL(t_i)_{\underset{\sim}{A}}(a_i) = POL(t_i)_{\underset{\sim}{A}}(b_i)$ für ein gewisses Polynomschema t_i, also nach Definition der Polynome $\hat{a}_i(t_i) = \hat{b}_i(t_i)$. Den ersten Fall kann man jedoch auf den zweiten zurückspielen: Offensichtlich gilt $a_i = b_i$ für $a_i, b_i \in A^{s_i}$ genau dann, wenn $POL(x_1^{s_i})_{\underset{\sim}{A}}(a_i) = POL(x_i^{s_i})(b_i)$.

Zu zeigen haben wir

$$F_A(a_1,\dots,a_n) = F_A(b_1,\dots,b_n) \quad .$$

Zunächst bemerken wir, daß es gewisse "nullstellige" Polynomschemata $\overline{a_i}$, $\overline{b_i}$ gibt mit $POL(\overline{a_i})_{\underset{\sim}{A}}() = a_i$ und $POL(\overline{b_i})_{\underset{\sim}{A}}() = b_i$, denn $\underset{\sim}{A}$ ist von $\emptyset$ erzeugt.

Wir unterscheiden jetzt zwei Fälle:

1.) $s \in bS$: In diesem Fall ist für alle $i \in \{1,\dots,n\}$

$$t = F\,\overline{b_1}\,\overline{b_2}\dots\overline{b}_{i-1}x_1^{s_i}\,\overline{a}_{i+1}\dots\overline{a}_n$$

ein Polynomschema, für das nach Voraussetzung gilt

$$POL(t)_{\underset{\sim}{A}}(a_i) = POL(t)_{\underset{\sim}{A}}(b_i) \quad .$$

Wir können daraus ableiten, daß

$$\begin{aligned} F_A(a_1,\dots,a_n) &= F_A(b_1,a_2,\dots,a_n) = \\ &= F_A(b_1,b_2,a_3,\dots,a_n) \\ &= \dots \\ &= F_A(b_1,\dots,b_n) \quad . \end{aligned}$$

2.) $s \in eS$: Mit einem ähnlichen Argument wie in 1) folgt, daß für jedes beliebige Polynomschema $t \in POL_{\underline{\underline{sig}}}^{(es,bs)}$ gilt

$$\begin{aligned} POL(t)_{\underset{\sim}{A}}(F_A(a_1,\dots,a_n)) &= POL(t)_{\underset{\sim}{A}}(F_A(b_1,a_2,\dots,a_n)) \\ &= POL(t)_{\underset{\sim}{A}}(F_A(b_1,b_2,a_3,\dots,a_n)) \\ &= \dots \\ &= POL(t)_{\underset{\sim}{A}}(F_A(b_1,\dots,b_n)) \ , \end{aligned}$$

also nach Definition $F_A(a_1,\dots,a_n) \equiv_{\underset{\sim}{A}} F_A(b_1,\dots,b_n)$.

Aufgabe 10: Das folgt ganz einfach unter Benutzung der jeweiligen Definitionen.

Aufgabe 11: Siehe die Ausführungen von Cohn [Co 65] , Kap. II.6 bzw. II.1.

Aufgabe 12: Man sieht leicht ein, daß $SYN_{\underline{\underline{spec}}}$ mit dieser Definition eine sichere $\underline{\underline{asig}}$-Algebra ist. Zu jeder $\underline{\underline{asig}}$-Algebra $\underset{\sim}{A}$ wissen wir schon, daß es einen eindeutigen Homomorphismus $h_{\underset{\sim}{A}} : SYN_{\underline{\underline{aspec}}} \rightarrow \underset{\sim}{A}$ gibt. Mit den angegebenen Definitionen ist es leicht, zu zeigen, daß $h_{\underset{\sim}{A}}$ ein sicherer Homomorphismus ist.

Aufgabe 13: Definiere

$$
\begin{aligned}
f(bool) &= b \\
d(true) &= 1 \\
d(false) &= 0 \\
d(not) &= nand(x_1,x_1) \\
d(and) &= nand(nand(x_1,x_2),nand(x_1,x_2)) \\
d(or) &= nand(nand(x_1,x_1),nand(x_2,x_2)) \\
d(implies) &= nand(x_1,nand(x_2,x_2))
\end{aligned}
$$

Man kann dann unmittelbar zeigen $dT_{bit} \cong T_{boolean}$. Das geht am besten mit der in 5.1 unter 2b erwähnten Methode. Es ist trivial, daß dT_{bit} von $\emptyset$ erzeugt ist. Durch einige Rechnungen überzeugt man sich, daß auch die Gleichungen von boolean erfüllt sind. Man müßte dann noch zeigen, daß der eindeutige Homomorphismus $T_{boolean} \to dT_{bit}$ injektiv ist. Das läuft auf den Beweis der Konsistenz von bit hinaus, der jedoch einfach ist.

Aufgabe 14: Man wähle für $\equiv$ die von der Gleichung

$$i(0,true) = i(0,false)$$

auf dT_{signat} induzierte Kongruenzrelation. Damit läuft der Isomorphiebeweis ähnlich wie in Aufgabe 13 ab.

Aufgabe 15:

a)
```
MODULE BOOLEAN =

SORTS BOOL;

CONSTRUCTORS BOOL = ( TRUE,FALSE );

OPERATIONS

          NOT(X: BOOL): BOOL =
          CASE X OF
             TRUE: FALSE;
             FALSE: TRUE
          ESAC;

          AND(X,Y: BOOL): BOOL =
          CASE X OF
             TRUE: Y;
             FALSE: FALSE
          ESAC;

          OR(X,Y: BOOL): BOOL =
          CASE X OF
             TRUE: TRUE;
             FALSE: Y
          ESAC;

          IMPLIES(X,Y: BOOL): BOOL = OR(NOT(X),Y)
END
```

b)
```
MODULE COUNTER =

SORTS COUNTER;

CONSTRUCTORS COUNTER = ( RESET,INC(COUNTER),DEC(COUNTER) );

VARIABLES N:COUNTER;

EQUATIONS INC(DEC(N)) = N;
          DEC(INC(N)) = N
END
```

Beim Übergang von counter zu pcounter2 stellen wir fest, daß wir dec als Konstruktor nicht mehr benötigen, denn wir wollen ja nur noch positive Zahlen haben. dec wird also zu einer definierten Operation. Damit entfallen aber auch die Gleichungen für dec und inc, die, wie wir in 6.2 gesehen haben, bei der Ausnahmebehandlung Inkonsistenzen hervorrufen. Durch geeignete Definition von dec können wir also jetzt die Ausnahmebehandlung spezifizieren, ohne Ausnahmeterme, Ausnahmealgebren etc. einzuführen:

```
MODULE PCOUNTER2 =

SORTS COUNTER;

CONSTRUCTORS COUNTER = ( RESET,INC(COUNTER));

EXCEPTIONS COUNTER = (UNDERFLOW);

EQUATIONS INC(UNDERFLOW) = RESET;

OPERATIONS

           DEC(N: COUNTER): COUNTER =
           CASE N OF
              RESET,UNDERFLOW: UNDERFLOW;
              INC(M): M
ESAC
END
```

c.) Die Übersetzung ist naheliegend, wenn man 0 und suc als Konstruktoren von nat, i als Konstruktor von int und true und false als Konstruktoren von bool auszeichnet.

Aufgabe 16: Durch eine gesonderte Induktion über s zeigen wir zunächst

union(s,s) = s .

Annahme 1: union(m,m) = m für alle m < s .

1a) s = cre : union(cre,cre) = cre trivial

1b) s = ins(x,m) : union(ins(x,m),ins(x,m)) ~

ins(x,union(ins(x,m),m))

= ins(x,union(m,ins(x,m)))

(Kommutativität haben wir in 9.11 gezeigt)

$$\begin{aligned} &\sim \mathrm{ins(x,ins(x,union(m,m)))} \\ &\equiv \mathrm{ins(x,union(m,m))} \\ &\overset{\mathrm{Vor}}{=} \mathrm{ins(x,m)} \\ &= \mathrm{s} \end{aligned}$$

In 9.8 (bzw. 9.10) haben wir die Assoziativität gezeigt. Deshalb gilt jetzt

union(s,union(s,t)) = union(union(s,s),t) = union(s,t)

nach dem soeben gezeigten Resultat.

Aufgabe 17: Wegen der Einfachheit verzichten wir auf die Angabe einer Lösung.

14. Bibliographie

Kern dieses Abschnitts ist eine möglichst reichhaltige Bibliographie über die algebraische Software-Spezifikation. Die im Text des Buches angegebenen Kürzel, z.B. [EKMP 82], beziehen sich in der Regel auf diese Bibliographie. Natürlich stecken einige persönliche Vorurteile in der Entscheidung der Frage, welche Arbeiten man der "algebraischen Software-Spezifikation" zuordnen soll. Es sind einige Arbeiten enthalten, die nicht eigentlich algebraisch sind, sondern modelltheoretisch [BMM 78 - BMMW 79, Li 78] oder noch allgemeiner; andererseits sind Arbeiten enthalten, die zwar algebraisch sind, aber sich nicht direkt mit Software-Spezifikation beschäftigen [Bu 80, BG 81, BL 69, Go 78a]. Darüber hinaus sind einige Übersichtsartikel sowie Arbeiten über Termersetzungssysteme enthalten.

Es sollen nun, nach Kapiteln geordnet, einige Hinweise auf die in der Bibliographie angegebenen Arbeiten gegeben werden, wobei gleichzeitig auch die Referenzen für die im Buch zitierten, in der Bibliographie jedoch nicht enthaltenen Literaturstellen angegeben werden.
Für weitere Hinweise sei auf die neue, von Kutzler und Lichtenberger herausgegebene Bibliographie [KL83] hingewiesen.

Einführung

Als allgemeine und relativ breit gehaltene Einführung in Methoden des Software Engineering kann man

[KKST 79] R. Kimm, W. Koch, W. Simonsmeier, F. Tontsch
Einführung in Software Engineering
W. de Gruyter & Co., Berlin / New York 1979

lesen. Dieses Buch geht nirgends besonders stark ins Detail.
Bestimmte Teile des Software-Lebenslaufs, insbesondere die Verwendung von Programmtransformationen und ihre Unterstützung durch formale Spezifikationen, werden behandelt in

F.L. Bauer, H. Wössner
Algorithmische Sprache und Programmentwicklung
Springer, Berlin/Heidelberg/New York 1981

sowie [Bal 81, Br 81, BP 81, BP 82, PBal 82].
Einführungen in Methoden der Spezifikation finden sich in [LB 77, LZ 74, LZ 75].

Unser einführendes Beispiel stammt aus

[Wi 75] N. Wirth
Algorithmen und Datenstrukturen
Teubner Studienbücher Informatik, 1975.

In der Einführung wurde auch zitiert

[Hr 82] P. Hruschka
PROMOD - Motivation und Einführung
GEI Aachen, Interner Bericht.

Kapitel 1 (Abstrakte Strukturen)

Das Standardwerk über Universelle Algebra ist

G. Grätzer
Universal Algebra
van Nostrand, 1968 .

Speziell die für die initiale Semantik und die Software-Spezifikation notwendigen Grundlagen werden auch dargestellt in [BG81,GB78-79,GTWW 75a] .

Kapitel 2 (Gleichungen, Spezifikationen)

Der Begriff der "initialen Algebra-Semantik" wurde eingeführt in [GTWW 75a]. Gleichungsspezifikationen für abstrakte Datentypen mit initialer Semantik wurden erstmals vorgeschlagen in [GTWW 75b]. Gleichzeitig schlug Guttag [Gu 75] Gleichungsspezifikationen vor; allerdings ist nicht klar, welche Semantik hier unterlegt werden soll. Ein gegenüber [GTWW 75b] verbessertes Konzept findet sich in [GTW 76], wo auch kanonische Termalgebren (2.18) erstmals eingeführt wurden.

Kapitel 3 (Rechnungen in Gleichungssystemen)

Rechnungen in Gleichungssystemen werden ausführlich behandelt in

[OD 77] M. O'Donnell
Computing in Systems Described by Equations
Springer Lecture Notes Comp. Science 58, 1977

und übersichtsartig in [HO 80]. Sowohl [HO 80] als auch [OD 77] enthalten ausgesprochen umfangreiche Literaturhinweise. Eine Einführung in das "Programmieren mit Gleichungen" findet sich in [HOD 82].

Kapitel 4 (Erweiterungen von Gleichungsspezifikationen)

Wir haben uns in diesem Kapitel hauptsächlich an [EKP 78] orientiert mit den in [EKP 80a] angegebenen Verbesserungen. Weitere Resultate enthält [Pd 80]; allerdings ist diese Arbeit nicht leicht lesbar. Andere Ansätze zu Erweiterungen (außer denen, die noch unter Kapitel 5 besprochen werden) sind etwa [BW 81b, Eh 78a, No 79a,c, No 80] .

Kapitel 5 (Finale Semantik)

Die Bedeutung des zu Eingang definierten Konzepts des beobachtbaren Verhaltens wird behandelt in [GGM76]. Die erste formale Behandlung einer finalen Semantik findet sich in [Wa 77]. Hierher stammt auch (mit leichten Umbenennungen) unser Beispiel 5.2 sowie die darin enthaltene Beobachtung, daß die Hinzufügung weiterer Gleichungen mit dem Zweck, die finale semantische Algebra unter Benutzung der initialen Semantik zu erhalten, unter Umständen die Möglichkeit einer operationellen Semantik ausschließt. Die relevanten Arbeiten der CIP-Gruppe aus München zu diesem Thema sind [BDal 79, BW 80e, WB 80]. Bei den Arbeiten der CIP-Gruppe muß man beachten, daß sie in der Regel von partiellen Algebren ausgehen, was die Theorie etwas komplizierter macht.

Kamins Ansatz ist beschrieben in [Kn 80a,b]. Die im Beweis von 5.9 erwähnte Abstraktionsfunktion geht zurück auf [Ho72a]. Der Ansatz von Hornung und Raulefs ist beschrieben in [HR 80a, HR 81]. Finale Semantik wird auch verwendet in [BT 80c,d, Gr 80b, Ro 81].

Kapitel 6 (Behandlung von Ausnahmezuständen)

Hierzu gehören die Arbeiten [EPE 81, GDEL 82, Go78c]. Die Darstellung in Kapitel 6 folgt im wesentlichen [GDEL 82].

Kapitel 7 (Implementierungen von Gleichungsspezifikationen)

Das Implementierungskonzept auf Isomorphiebasis (7.1) wurde in [GTWW 75b] vorgestellt. Das allgemeinere Konzept 7.6 fand sind in [GTW 76]. Wir haben uns in diesem Kapitel fast ausschließlich auf die Arbeiten der Berliner Gruppe um H. Ehrig gestützt; die wichtigsten Arbeiten hierzu sind [EKMP 82] und [EM 81]. Andere Arbeiten der Berliner Gruppe zu diesem Thema (meistenteils Vorläufer der o.a. Arbeiten) sind [EKMP 80a, EKP 77, EKP 78, EKP 79a,b, EKP 80b, EM 80a,b, Mr 80, Pd 79]. Eine neuere Arbeit ist [EK 82]. Eine Sammlung von Beispielen hierzu findet sich in [EFK 80b, Mr 81, Pd 81, Fe 82]. Andere Implementierungskonzepte als das hier behandelte wurden vorgestellt in [Eh 78a,b, Eh 81b, Gr 80a, GM 82, Hu 80, Lp 79, Lo 80c, Lo 81b, No 79b,c, Ro 81, SW 82, Sch 81, Wa 80a].
Die Arbeiten [EKRT 79, FV 81, GMH 81, Lt 80, Mi 82] beschäftigen sich mit Implementierungen im weiteren Sinne des Wortes.

Kapitel 8 (Abstrakte Software-Spezifikationen)

Die hier vorgestellte Theorie geht zurück auf [Kl 78, Kl 80a]. Eine umfassende aktuelle Darstellung findet sich in [Kl 82b]. Andere konstruktive Alternativen zur Gleichungsspezifikation wurden vorgestellt in [Lo 81a,b, MLD 80, No 79a-c]. Ein Vergleich dieser Ansätze mit den Methoden von Kapitel 8 findet sich in [Kl 82b].
In Kapitel 8 wurden auch zitiert

[As 60] G. Asser
Rekursive Wortfunktionen
Z. Math. Logik Grundl. Math. 6 (1960), pp. 258-278

[Ba 78] J. Backus
Can Programming Be Liberated from the von Neumann Style?
A Functional Style and its Algebra of Programs
Communications of the ACM 21 (1978), pp. 613-641

[In 76] K. Indermark
Berechenbarkeit und Algorithmen
Vorlesungsmanuskript, Aachen, WS 1976/77

Kapitel 10 (Parametrisierte Spezifikationen)

Parametrisierte Gleichungsspezifikationen (die in Kapitel 10 nicht besprochen wurden!) werden behandelt in [BK 81a,b, BG 80a, Eh 78b, Eg81 , EK 82, EKal 80,81, Gr 80a,b, Gr 81a,b, GB 80, GP 81, HR 80b, HR 81, HKR 80, SW 82, TWW 78].

Die Literaturangaben zu den übrigen zwei Kapiteln finden sich direkt im Text.

1. (AN81) H.Andreka, I.Nemeti
Some universal algebraic and model theoretic results in computer science
FCT 1981 Szeged, Springer Lect.Notes Computer Science 117, 16-23

2. (AK80) A.Arnold, M.Karpinsky
An easy improvement of Bergstra-Meyer´s 81 equations bound for data specification
EATCS Bulletin 12, 1980, 7-9

3. (AM79) G.Ausiello, G.F.Mascari
On the design of algebraic structures with the approach of abstract data types
Proc.Symp. Symbolic & Algebr. Comput. (1979), Springer Lect.Notes Computer Science 72, 514-530

4. (BOR81) U.Bartels, W.Olthoff, P.Raulefs
APE: An expert system for automatic programming from abstract specifications of data types and algorithms
MEMO SEKI-BN-81-01, 1981

5. (Bal81) F.L.Bauer, M.Broy, W.Dosch, R.Gnatz, B.Krieg-Brückner, A.Laut, M.Luckmann, T.Matzner, B.Möller, H.Partsch, P.Pepper, K.Samelson, R.Steinbrüggen, M.Wirsing, H.Wössner
Programming in a wide-spectrum language: a collection of examples
Science of Computer Programming 1 (1981), 73-114

6. (BD81) M.Bergman, P.Deransart
Abstract data types and rewriting systems: application to the programming of algebraic abstract data types in PROLOG
6e Coll. les Arbres en Algebre et Programmation, Genova 1981

7. (BBTW80) J.A.Bergstra, M.Broy, J.V.Tucker, M.Wirsing
On the power of algebraic specifications
10th Int.Symp.Foundations of Comp.Science (1981), Springer Lect.Notes Computer Science 118, 193-204

8. (BKN80) J.A.Bergstra, H.C.M.Kleijn, P.Nouwt
On the algebraic specification of infinite data types using monoidal auxiliary functions
Rijksuniv. Leiden, Inst.v.Toeg.Wisk. en Informatica, Rapport No. 80-43

9. (BK81a) J.A.Bergstra, J.W.Klop
Algebraic specifications for parameterized data types with minimal parameter and target algebras
Mathematisch Centrum, Tech.Rep. IW183/81
9th Int.Coll.Automata, Languages,and Programming (1982), Aarhus, Springer Lect.Notes Computer Science 140, 23-34

10. (BK81b) J.A.Bergstra, J.W.Klop
Initial algebra specifications for parameterized data types
Mathematisch Centrum, Tech.Rep. IW186/81
7me Coll.Les Arbres en Algebre et Programmation, Lille 1982

11. (BM80a) J.A.Bergstra, J.J.C.Meyer
On bounds for the specification of finite minimal monoids by means of equations using only unary hidden functions
Rijksuniv. Leiden, Inst.v.Toeg.Wisk. en Inf., Rapport No.80-11

12. (BM80b) J.A.Bergstra, J.J.C.Meyer
Small specifications for large finite data structures
Rijksuniv. Leiden, Inst.v.Toeg.Wisk. en Inf., Rapport No.80-13

13. (BM80c) J.A.Bergstra, J.J.C.Meyer
On axiomatizing finite data structures
Rijksuniv. Leiden, Inst.v.Toeg.Wisk. en Inf., Rapport No.80-18

14. (BM80d) J.A.Bergstra, J.J.C.Meyer
On specifying sets of integers
Rijksuniv. Leiden, Inst.v.Toeg.Wisk. en Inf., Rapport No.80-21

15. (BM80e) J.A.Bergstra, J.J.C.Meyer
I/O-computable data structures
SIGPLAN Notices 16 (1981), No.4, 27-32

16. (BM80f) J.A.Bergstra, J.J.C.Meyer
A simple transfer lemma for algebraic specifications
Vrije Universiteit Amsterdam, Rapport IR-64 1980
Information Processing Letters 14 (1982), 80-85

17. (BM81) J.A.Bergstra, J.J.C.Meyer
An equational class of I/O - computable data structures that contains no recursive data structure
EATCS Bulletin 13, 1981, 25-30

18. (BTe81) J.A.Bergstra, J.Terlouw
A completeness result for algebraic Hoare logics
Rijksuniv. Leiden, Inst.v.Toeg.Wisk. en Inf., Rapport No. 81-09

19. (BT79a) J.A.Bergstra, J.V.Tucker
Algebraic specifications of computable and semicomputable data structures
Stichting Mathematisch Centrum Rep. IW115/79, 1979

20. (BT79b) J.A.Bergstra, J.V.Tucker
A characterization of computable data types by means of a finite, equational specification method
Stichting Mathematisch Centrum Rep. IW124/79, 1979

21. (BT79c) J.A.Bergstra, J.V.Tucker
On the adequacy of finite equational methods for data type specification
SIGPLAN Notices 14 (1979), No.11, 13-18

22. (BT80a) J.A.Bergstra, J.V.Tucker
Equational specifications for computable data types: Six hidden functions suffice and other sufficiency bounds
Stichting Mathematisch Centrum Rep. IW128/80, 1980

23. (BT80b) J.A.Bergstra, J.V.Tucker
On bounds for the specification of finite data types by means of equations and conditional equations
Stichting Mathematisch Centrum Rep. IW131/80, 1980

24. (BT80c) J.A.Bergstra, J.V.Tucker
A natural data type with a finite equational final semantics specification but no effective equational initial semantics specification
Stichting Mathematisch Centrum Rep. IW133/80, 1980

25. (BT80d) J.A.Bergstra. J.V.Tucker
Initial and final algebra semantics for data type specification: two characterization theorems
Stichting Mathematisch Centrum Rep. IW142/80

26. (BT80e) J.A.Bergstra. J.V.Tucker
Algebraically specified programming systems and Hoare´s logic
Stichting Mathematisch Centrum Rep. IW143/80
8th Int.Coll.Automata, Languages,and Programming (1981), Haifa, Springer Lect.Notes Computer Science 115, 348-362

27. (BT80f) J.A.Bergstra, J.V.Tucker
On the refinement of specifications and Hoare´s logic
Stichting Mathematisch Centrum Rep. IW155/80

28. (BT80g) J.A.Bergstra, J.V.Tucker
The completeness of the algebraic specification methods for data types
Stichting Mathematisch Centrum Rep. IW156/80

29. (BMM78) A.Bertoni, G.Mauri, P.A.Miglioli
Model-theoretic aspects of abstract data specification
26.Coll. Math. Logic in Programming, Salgotarjan 1978,
Elsevier North-Holland Publ.Co., New York 1981

30. (BMM79) A.Bertoni, G.Mauri, P.A.Miglioli
A characterization of abstract data as model-theoretic invariants
6th Int.Coll.Automata, Languages,and Programming (1979), Springer Lect.Notes Computer Science 71, 26-37

31. (BMM80) A.Bertoni, G.Mauri, P.A.Miglioli
Towards a theory of abstract data types: a discussion on problems and tools
4e Coll.Int. sur la Programmation, Paris 1980, Springer Lect.Notes Computer Science 83, 44-58

32. (BMMW79) A.Bertoni, G.Mauri, P.A.Miglioli, M.Wirsing
On different approaches to abstract data types and the existence of recursive models
EATCS Bulletin No.9, 1979, 47-57

33. (Bi82) M.Bidoit
Types abstraits algébriques: spécifications structurées et présentations gracieuses
AFCET Coll.Les Mathématiques de l´Informatique, Paris 1982, 347-358

34. (Bo79) K.Bothe
Specification and verification of abstract data types
Humboldt-Universität Berlin, Sektion Mathematik, Seminarbericht Nr. 13, 1979

35. (Bo80) K.Bothe
A generalized abstract data type concept
Humboldt-Universität Berlin, Preprint Nr. 3, 1980

36. (Bo81a) K.Bothe
A comparative study of abstract data type concepts
Elektronische Informationsverarb. u. Kybernetik 17 (1981), 237-257

37. (Bo81b) K.Bothe
Restructuring a compiler by abstract data types - an experiment in using data abstractions for software modularization
Sektion Mathematik der Humboldt-Universität Berlin, Seminarbericht Nr.40

38. (Br81) M.Broy
Prospects of new tools for software development
3rd ECI Conference (1981), Springer Lect.Notes Computer Science 123, 106-121

39. (BDMW81) M.Broy, W.Dosch, B.Möller, M.Wirsing
GOTO´s - a study in the algebraic specification of programming languages
11.GI-Jahrestagung (1981), Springer Informatik-Fachberichte 50, 109-121

40. (BDal79) M.Broy, W.Dosch, H.Partsch, P.Pepper, M.Wirsing
Existential quantifiers in abstract data types
6th Int.Coll.Automata, Languages,and Programming (1979), Springer Lect.Notes Computer Science 71, 73-87

41. (BPPW80) M.Broy, H.Partsch, P.Pepper, M.Wirsing
Semantic relations in programming languages
IFIP Congress 80 - 8th World Computer Congress

42. (BP81) M.Broy, P.Pepper
Program development as a formal activity
IEEE Trans. Softw. Eng. 7 (1981), No.1, 14-22

43. (BP82) M.Broy, P.Pepper
Combining algebraic and algorithmic reasoning : An approach to the Schorr-Waite algorithm
Transactions on Prog.Languages and Systems 4 (1982), 362-381

44. (BPW80) M.Broy, P.Pepper, M.Wirsing
On relations between programs
4e Coll.Int. sur la Programmation, Paris 1980, Springer Lect.Notes Computer Science 83, 59-78

45. (BPW81) M.Broy, P.Pepper, M.Wirsing
On design principles for programming languages: an algebraic approach
Proc. Int. Symp. Algorithmic Languages, Amsterdam 1981

46. (BW80a) M.Broy, M.Wirsing
Programming languages as abstract data types
5e Coll. Les Arbres en Algebre et Programmation, Lille 1980, Univ. de Lille, 160-177

47. (BW80b) M.Broy, M.Wirsing
Partial recursive functions and abstract data types
EATCS Bulletin 11, 1980, 34-41

48. (BW80c) M.Broy, M.Wirsing
Algebraic definition of a functional programming language and its semantic models
TU München, Tech.Rep. TUM-I8008, 1980

49. (BW80d) M.Broy, M.Wirsing
Unbounded nondeterminism - an exercise in abstract data types
Collection Seminaires INRIA Langages et Transducteurs, 1980, 75-98

50. (BW80e) M.Broy, M.Wirsing
Initial versus terminal algebra semantics for partially defined abstract data types
TU München, Report TUM-I8018, 1980

51. (BW81a) M.Broy, M.Wirsing
On the algebraic specification of nondeterministic programming languages
6e Coll. les Arbres en Algèbre et Programmation, Genova 1981

52. (BW81b) M.Broy, M.Wirsing
On the algebraic extensions of abstract data types
Int. Coll. Formalization of Programming Concepts, Peniscola 1981
Springer Lect.Notes Computer Science 107, 244-251

53. (Bu80) R.M.Burstall
Electronic category theory
9th Int.Symp.Foundations of Comp.Science (1980), Springer Lect.Notes Computer Science 88, 22-39

54. (BG77) R.M.Burstall, J.A.Goguen
Putting theories together to make specifications
Proc.Int.Confr. Artificial Intelligence, 1977

55. (BG80a) R.M.Burstall, J.A.Goguen
Semantics of CLEAR, a specification language
Abstract Software Specifications, D.Bjørner (ed)
Proc. 1979 Copenhagen Winter School, Springer Lect.Notes Computer Science 86, 1980, 292-332

56. (BG80b) R.M.Burstall, J.A.Goguen
An informal introduction to specifications using CLEAR
The correctness problem in Computer Science, (R.S.Boyer, J.S.Moore, ed.), Academic Press, 1981, p. 185-212

57. (BG81) R.M.Burstall, J.A.Goguen
Algebras, theories, and freeness: an introduction for computer scientists
Proc. NATO Summer School, Marktoberdorf 1981

58. (BL69) R.M.Burstall, P.Landin
Programs and their proofs - an algebraic approach
Machine Intelligence 4 (1969), 17-43

59. (BMS80) R.M.Burstall, D.B.MacQueen, D.T.Sannella
HOPE : an experimental applicative language
Univ.of Edinburgh, Dept. of Computer Science, Int.Rep. CSR-62-80

60. (Cw80) P.Chew
An improved algorithm for computing with equations
21st Ann.Symp.Foundations of Computer Science, IEEE (1980), 108-117

61. (CLR80) C.Choppy, P.Lescanne, J.L.Remy
Improving abstract data types by appropriate choice of constructors
Int. Workshop Program Construction, Bonas, 1980
Automatic Program Construction Techniques, A.Bierman, C.Guiho, Y.Kodratoff (ed.), MacMillan, New York

62. (CH80) A.B.Cremers, T.N.Hibbard
Specification of data spaces by means of context-free grammar-controlled primitive recursion
Universität Dortmund, Preprint 1980

63. (DD80) A.J.Demers, J.E.Donahue
Data types, parameters, and type checking
7th ACM Symp.Principles of Programming Languages (1980), 12-23

64. (De81) N.Dershowitz
Termination of linear rewriting systems
8th Int.Coll.Automata, Languages,and Programming (1981), Haifa, Springer Lect.Notes Computer Science 115, 448-458

65. (Ds80) Ph.Deschamp
Production de compilateurs a partir d'une déscription sémantique des langages de programmation: le système PERLUETTE
Thesis, Inst.Nat. Polytechnique de Lorraine, Nancy 1980

66. (DMW82) M.Dosch, G.F.Mascari, M.Wirsing
On the algebraic specification of data bases
8th Confr. Very Large Data Bases, Mexico 1982

67. (DWAM80) M.Dosch, M.Wirsing, G.Ausiello, G.F.Mascari
Polynomials - Specification, analysis and development of an abstract data type
10. GI-Jahrestagung, Saarbrücken 1980

68. (Eh76) H.D.Ehrich
Outline of an algebraic theory of structured objects
3rd Int.Coll.Automata, Languages,and Programming (1976), Edinburgh Univ. Press, 508-530

69. (Eh77) H.D.Ehrich
Algebraische Spezifikation vpn Datenstrukturen
Proc. Workshop Graphentheoretische Konzepte in der Informatik, Linz Juni 1977

70. (Eh78a) H.D.Ehrich
Extensions and implementations of abstract data type specifications
7th Int.Symp.Foundations of Comp.Science (1978), Springer Lect.Notes Computer Science 64, 155-164

71. (Eh78b) H.D.Ehrich
On the theory of specification, implementation and parameterization of abstract data types
Report, 1978
J ACM 29 (1982), 206-227

72. (Eh80) H.D.Ehrich
Algebras as solutions of domain equations
3rd Workshop Meeting Cat.&Alg.Meth. in Comp.Sc.&Syst.Th., 1980

73. (Eh81a) H.D.Ehrich
Implicit specification by algebraic domain equations
EATCS Bulletin 13, 1981, 45-51

74. (Eh81b) H.D.Ehrich
On realization and implementation
Universität Dortmund, Abteilung Informatik, Bericht Nr. 109/1, 1981
10th Int.Symp.Foundations of Comp.Science (1981), Springer Lect.Notes Computer Science 118, 271-280

75. (Eh81c) H.D.Ehrich
Specifying algebraic data types by domain equations
Universität Dortmund, Abteilung Informatik, Bericht Nr. 109/2, 1981
FCT Conference 1981, Szeged, Springer Lect.Notes Computer Science 117, 120-129

76. (ELi81) H.D.Ehrich, U.Lipeck
Algebraic Domain Equations
Universität Dortmund, Abt. Informatik, Bericht Nr. 125, 1981

77. (ELo79) H.D.Ehrich, V.G.Lohberger
Constructing specifications of abstract data types by replacements
Int.Wshop Graph Grammars and their Appl. to Comp.Sc.& Biology, Bad Honnef 1978

78. (Eg81) H.Ehrig
Algebraic theory of parameterized specifications with requirements
6e Coll. Les Arbres en Algebre et programmation, Genova 1981

79. (EF81) H.Ehrig, W.Fey
Methodology for the specification of software systems: from formal requirements to algebraic design specifications
11.GI-Jahrestagung (1981), Springer Informatik-Fachberichte 50, 255-269

80. (EFK80a) H.Ehrig, W.Fey, H.-J.Kreowski
Algebraische Spezifikation eines Stücklistensystems - Eine Fallstudie
Softw.Eng. - Entwurf und Spezifikationen, Germ.Ch. ACM, 1980

81. (EFK80b) H.Ehrig, W.Fey, H.-J.Kreowski
Some examples of algebraic specifications and implementations, Part 1
TU Berlin, FB Informatik, Bericht Nr. 80-31

82. (EK82) H.Ehrig,H.J.Kreowski
Parameter passing commutes with implementation of parameterized data types
9th Int.Coll.Automata, Languages,and Programming (1982), Aarhus, Springer Lect.Notes Computer Science 140, 197-211

83. (EKMP80a) H.Ehrig, H.J.Kreowski, B.Mahr, P.Padawitz
Compound algebraic implementations: an approach to stepwise refinement of software systems
9th Int.Symp.Foundations of Comp.Science (1980), Springer Lect.Notes Computer Science 88, 231-245
Extended Version: TU Berlin, FB 20, Report No. 80-04

84. (EKMP82) H.Ehrig, H.-J.Kreowski, B.Mahr, P.Padawitz
Algebraic implementation of abstract data types
Theoretical Computer Science 20 (1982), 209-263
(Prelim.Version: TU Berlin, FB Informatik, Bericht Nr. 80-32, 1980)

85. (EKP77) H.Ehrig, H.J.Kreowski, P.Padawitz
Some remarks concerning correct specification and implementation of abstract data types
TU Berlin, Bericht Nr. 77-13, FB20

86. (EKP78) H.Ehrig, H.J.Kreowski, P.Padawitz
Stepwise specification and implementation of abstract data types
5th Int.Coll.Automata, Languages,and Programming (1978), Springer Lect.Notes Computer Science 62, 205-226

87. (EKP79a) H.Ehrig, H.J.Kreowski, P.Padawitz
Algebraische Implementierung abstrakter Datentypen
TU Berlin, FB Informatik, Bericht Nr.79-03, 1979

88. (EKP79b) H.Ehrig, H.J.Kreowski, P.Padawitz
Algebraic implementation of abstract data types: concept, syntax, semantics and correctness
TU Berlin, FB Informatik, Bericht Nr. 79-23
7th Int.Coll.Automata, Languages,and Programming (1980), Springer Lect.Notes Computer Science 85, 142-156

89. (EKP80a) H.Ehrig, H.J.Kreowski, P.Padawitz
Completeness in algebraic specifications
EATCS Bulletin 11, 1980, 2-9

90. (EKP80b) H.Ehrig, H.J.Kreowski, P.Padawitz
A case study of abstract implementations and their correctness
4e Coll.Int. sur la programmation, Paris 1980, Springer Lect.Notes Computer Science 83, 282-297

91. (EKal80) H.Ehrig, H.J.Kreowski, J.W.Thatcher, E.G.Wagner, J.B.Wright
Parameterized data types in algebraic specification languages
7th Int.Coll.Automata, Languages,and Programming (1980), Springer Lect.Notes Computer Science 85, 157-168

92. (EKal81) H.Ehrig, H.J.Kreowski, J.W.Thatcher, E.G.Wagner, J.B.Wright
Parameter passing in algebraic specification languages
Workshop on Program Specification, Aarhus 1981, Springer Lect.Notes Computer Science 134, 322-369

93. (EKW78) H.Ehrig, H.J.Kreowski, H.Weber
Algebraic specification schemes for data base systems
Hahn-Meitner-Institut für Kernforschung, HMI-B266, 1978
Proc. 4th Int.Confr. Very Large Data Bases, 1978

94. (EKW79) H.Ehrig, H.J.Kreowski, H.Weber
Neue Aspekte algebraischer Spezifikationsschemata für Datenbanksysteme
Proc. GI Fachtagg.Form.Modelle f.Informationssyst.,Tutzing 1979

95. (EM80a) H.Ehrig, B.Mahr
Complexity of implementations on the level of algebraic specifications
12th ACM Symp.Theory of Computing (1980), 281-293

96. (EM80b) H.Ehrig, B.Mahr
Solvability and complexity of algebraic implementation problems
TU Berlin, FB Informatik, Bericht Nr. 80-9, 1980

97. (EM81) H.Ehrig,B.Mahr
Complexity of algebraic implementations for abstract data types
J. Computer and System Sciences 23 (1981), 223-253

98. (EKRT79) H.Eigemeier,Ch.Knabe,P.Raulefs,K.Tramer
Automatic implementation of algebraic specifications of abstract data types
Universität Bonn, MEMO SEKI-BN-79-11, 1979

99. (EPE81) G.Engels, U.Pletat, H.-D.Ehrich
Handling errors and exceptions in the algebraic specification of data types
Osnabrücker Schriften zur Mathematik, Reihe Informatik, Nr.3, 1981

100. (Fe80) W.Fey
Syntax, Semantik und Korrektheit eines algebraischen Spezifikations-schemas für ein Stücklisten-Datenbanksystem
Diplomarbeit TU Berlin, 1980
Ebenfalls: TU Berlin, FB Informatik, Bericht Nr. 80-1

101. (Fe82) W.Fey
Some examples of algebraic specifications, parametrizations and implementations, part 4
(Param.Spec. of strings, binary trees and 2x2 matrices with corr.proofs)
TU Berlin, FB Informatik, Bericht Nr. 82-2

102. (Fl71) A.C.Fleck
Towards a theory of data structures
J. Computer and System Sciences 5 (1971), 475-488

103. (FV81) A.L.Furtado, P.A.S.Veloso
Procedural specifications and implementations for abstract data types
SIGPLAN Notices 16 (1981), No.3, 53-62

104. (GMHA80) J.Gannon, P.McMullin, R.Hamlet, M.Ardis
Testing traversable stacks
SIGPLAN Notices 15 (1980),No.1, 58-65

105. (GMH81) J.Gannon, P.McMullin, R.Hamlet
Data Abstraction Implementation, Specification, and testing
Transactions on Prog.Languages and Systems 3 (1981), 211-223

106. (Gr80a) H.Ganzinger
Parameterized specifications: parameter passing and implementation
TU München, Preprint 1980

107. (Gr80b) H.Ganzinger
A final algebra semantics for parameterized specifications
TU München, Preprint 1980

108. (Gr81a) H.Ganzinger
Parameterized specifications: parameter passing and optimizing implementation
TUM-I8110,1981

109. (Gr81b) H.Ganzinger
Description of parameterized compiler modules
11.GI-Jahrestagung (1981), Springer Informatik-Fachberichte 50, 11-19

110. (Gr81c) H.Ganzinger
Programs as transformations of algebraic theories
11.GI-Jahrestagung (1981), Springer Informatik-Fachberichte 50, 32-40

111. (Gr82) H.Ganzinger
Denotational semantics for languages with modules
IFIP Wkng. Confr. Formal Description of Programming Concepts II, Garmisch 1982

112. (Ga80) M.C.Gaudel
Génération et preuve de compilateurs basées sur une sémantique formelle des langages de programmation
Thesis, Inst.Nat.Polytechnique de Lorraine, Nancy, 1980

113. (Ga81) M.C.Gaudel
Compiler generation from formal definition of programming languages: a survey
Int.Coll. Formalization of Programming Concepts, Peniscola 1981, Springer Lect.Notes Computer Science 107, 96-114

114. (GDM78) M.Gaudel, P.Deschamp, M.Mazaud
Semantics of procedures as an algebraic abstract data type
IRIA Rapp.Rech. 334, 1978

115. (GDM80) M.-C.Gaudel, Ph.Deschamp, M.Mazaud
Compiler construction from high-level specifications
Int. Wshop. Program Construction, Bonas, 8-12 September 1980

116. (GGM76) V.Giarratana, F.Gimona, U.Montanari
Observability concepts in abstract data type specifications
5th Int.Symp.Foundations of Comp.Science (1976), Springer Lect.Notes Computer Science 45, 576-587

117. (GDEL82) M.Gogolla, K.Drosten, H.D.Ehrich, U.Lipeck
Algebraic and operational semantics of exceptions and errors
6. GI-Fachtagung Theoretische Informatik, Dortmund 1983

118. (Go75) J.A.Goguen
Correctness and equivalence of data types
Proc.Confr. Algebraic Systems Theory, Udine, 1975

119. (Go77) J.A.Goguen
Abstract errors for abstract data types
UCLA Semantics and Theory of Computation Report 6, 1977
Proc. IFIP Wkng.Confr. Formal Descr.of Prog.Lang. Concepts,1977

120. (Go78a) J.A.Goguen
Some ideas in algebraic semantics
1978

121. (Go78b) J.A.Goguen
Some design principles and theory for OBJ-O, a language to express and execute algebraic specifications of programs
Proc.Int.Confr.Math Studies of Inform.Proc.,Kyoto, 1978 Springer Lect.Notes Computer Science 75, 425-473

122. (Go78c) J.A.Goguen
Order sorted algebras: exceptions and error sorts, coercions and overloaded operators
UCLA Semantics and Theory of Computation Report No. 14, 1978

123. (Go80) J.A.Goguen
Thoughts on specification, design, and verification
SIGSOFT Software Engineering Notes 5 (1980), No. 3, 29-33

124. (Go81a) J.A.Goguen
Research in specification languages
Working Notes, April 1981

125. (Go81b) J.A.Goguen
Two ORDINARY specifications
SRI International, Tech.Rep. CSL-128, 1981

126. (GB78) J.A.Goguen, R.M.Burstall
Some fundamental properties of algebraic theories: a tool for semantics of computation
DAI Res.Report No. 53, University of Edinburgh 1978

127. (GB79) J.A.Goguen, R.M.Burstall
Some fundamental algebraic tools for the semantics of computation
Working Note, Jul. 1979. Revised, 1981

128. (GB80) J.A.Goguen, R.M.Burstall
CAT, a system for the structured elaboration of correct programs from structured specifications
SRI International, Tech.Rep. CSL-118, 1980

129. (GM81) J.A.Goguen, J.Meseguer
Completeness of many-sorted equational logic
SIGPLAN Not. 16(1981), No.7, 24-32
SRI International, Tech.Rep. CSL-135, May 1982

130. (GM82) J.A.Goguen, J.Meseguer
Universal realization, persistent interconnection and implementation of abstract modules
9th Int.Coll.Automata, Languages,and Programming (1982), Aarhus, Springer Lect.Notes Computer Science 140, 265-281

131. (GP81) J.A.Goguen, K.Parsaye-Ghomi
Algebraic denotational semantics using parameterized abstract modules
Int. Coll. Formalization of Programming Concepts, Peniscola 1981, Springer Lect.Notes Computer Science 107, 292-309
Extended Version: SRI Tech.Rep. CSL-119

132. (GT79) J.A.Goguen, J.J.Tardo
An introduction to OBJ: a language for writing and testing formal algebraic program specifications
Proc. IEEE Confr.Spec. for Reliable Softw., 170-189, IEEE, 1979

133. (GTWZ78) J.A.Goguen, J.J.Tardo, N.Williamson, M.Zamfir
A practical method for testing algebraic specifications
UCLA Computer Science Department Quarterly, 1978

134. (GTWW75a) J.A.Goguen, J.W.Thatcher, E.G.Wagner, J.B.Wright
Initial algebra semantics and continuous algebras
JACM 24 (1977), 68-95

135. (GTWW75b) J.A.Goguen, J.W.Thatcher, E.G.Wagner, J.B.Wright
Abstract data types as initial algebras and the correctness of data representations
Proc. of Confr. on Computer Graphics, Pattern Recognition and Data Structures, 1975

136. (GTW76) J.A.Goguen, J.W.Thatcher, E.G.Wagner
An initial algebra approach to the specification, correctness and implementation of abstract data types
IBM Research Report RC 6487, 1976
Also: Current Trends in Programming Methodology IV: Data Structuring (R.Yeh, ed.), Prentice Hall (1978), 80-144

137. (Gu75) J.V.Guttag
The specification and application to programming of abstract data types
Ph.D. Thesis, University of Toronto, 1975

138. (Gu77) J.V.Guttag
Abstract data types and the development of data structures
Communications of the ACM 20 (1977), 396-404

139. (Gu80) J.V.Guttag
Notes on type abstraction
IEEE Trans. Softw. Eng. 1980, No.6, 13-23

140. (GH78) J.V.Guttag, J.J.Horning
The algebraic specification of abstract data types
Acta Informatica 10 (1978), 27-52

141. (GH80) J.V.Guttag, J.J.Horning
Formal specification as a design tool
7th ACM Symp.Principles of Programming Languages (1980), 251-261

142. (GHM76a) J.V.Guttag, E.Horowitz, D.R.Musser
The design of data type specifications
2nd Int.Confr. on Software Engineering, ACM/IEEE 1976, 414-420

143. (GHM76b) J.V.Guttag, E.Horowitz, D.R.Musser
Abstract data types and software validation
University of Southern California, ISI/RR-76-48, 1976
Also: Communications of the ACM 21 (1978), 1048-1063

144. (GHM77) J.V.Guttag, E.Horowitz, D.R.Musser
Some extensions to algebraic specifications
SIGPLAN Notices 12 (1977), No.3, 63-67

145. (GKM82) J.Guttag, D.Kapur, D.R.Musser
Derived pairs, overlap closures, and rewrite dominoes: New tools for analyzing term rewriting systems
9th Int.Coll.Automata, Languages,and Programming (1982), Aarhus, Springer Lect.Notes Computer Science 140, 300-312

146. (He75) F.W.v.Henke
On generating programs from data types: an approach to automatic programming
IRIA Symposium on Proving and Improving Programs, 1975, 57-69

147. (He76) F.W.v.Henke
Recursive data types and program structures
Preliminary Version April 1976,
Ext.Abstr. 5th. Int.Symp.Foundations of Comp.Science 1976, Springer Lect.Notes Computer Science 45, 330-336

148. (Hi78) P.N.Hilfinger
(Letter to the Editor, concerns (Ma77))
SIGPLAN Notices 13 (1978), No.1, 11-12

149. (Ho72a) C.A.R. Hoare
Proof of Correctness of data representations
Acta Informatica 1 (1972), 271-281

150. (Ho72b) C.A.R.Hoare
Notes on data structuring
Structured Programming, Academic Press 1972

151. (HOD82) C.M.Hoffmann, M.O´Donnell
Programming with equations
Transactions on Prog.Languages and Systems 4 (1982), 83-112

152. (HR80a) G.Hornung, P.Raulefs
Terminal algebra semantics and retractions for abstract data types
7th Int.Coll.Automata, Languages,and Programming (1980), Springer Lect.Notes Computer Science 85, 310-323
Extended Version: MEMO SEKI-BN-79-6, Universität Bonn

153. (HR80b) G.Hornung, P.Raulefs
A uniform approach of parameterized data type specification with inequality

154. (HR81) G.Hornung, P.Raulefs
Initial and terminal algebra semantics of parameterized abstract data type specifications with inequalities
6e Coll. Les Arbres en Algebre et Programmation, Genova 1981

155. (HH80) G.Huet, J.M.Hullot
Proofs by induction in equational theories with constructors
21st Ann.Symp.Foundations of Computer Science, IEEE (1980), 96-107

156. (HO80) G.Huet, D.C.Oppen
Equations and rewrite rules: a survey
Formal Languages: Perspectives and Open Problems (R.Book, ed.)
Academic Press, 1980

157. (Hl80) J.M.Hullot
Compilation de formes canoniques dans des théories équationnelles
Thèse 3me cycle, Université Paris-Sud, 1980

158. (Hu78) U.L.Hupbach
Rekursive Funktionen in mehrsortigen Peano-Algebren
Elektron.Informationsverarb. u.Kybernetik 14 (1978), 491-506

159. (Hu80) U.L.Hupbach
Abstract implementation of abstract data type
9th Int.Symp.Foundations of Comp.Science (1980), Springer Lect.Notes Computer Science 88, 291-304

160. (HKR80) U.L.Hupbach, H.Kaphengst, H.Reichel
Initial algebraic specification of data types, parameterized data types and algorithms
VEB Robotron ZFT, Techn.Rep.15, Dresden 1980

161. (Kn79) S.Kamin
Some definitions for algebraic data type specifications
SIGPLAN Notices 14 (1979), No.3, 28-37

162. (Kn80a) S.Kamin
Final data specification: a new data specification method
7th ACM Symp.Principles of Programming Languages (1980), 131-138

163. (Kn80b) S.Kamin
Final data types and their specification
INRIA Rapports de Recherche No. 47, 1980

164. (Ka78) A.Kanda
Data types as initial algebras: a unification of Scottery and ADJery
19th Ann.Symp.Foundations of Computer Science, IEEE (1978), 221-230

165. (Kh80) H.Kaphengst
Was ist berechenbar für abstrakte Datentypen?
VEB Robotron ZFT, Techn.Rep., Dresden 1980

166. (Kh81) H.Kaphengst
What is computable for abstract data types?
FCT Conference 1981, Szeged, Springer Lect.Notes Computer Science 117, 173-181

167. (KR80) H.Kaphengst, H.Reichel
Initial algebra semantics for non-contextfree languages
Proc.Found. Computation Theory (1977), Springer Lect.Notes Computer Science 56, 120-126

168. (Kpl82) S.Kaplan
Spécification de types abstraits: Puissance de differentes classes d'axiomes a congruence sémi-décidable
AFCET Coll. Les Mathématiques de l'Informatique, Paris 1982, 337-346

169. (Kp79) D.Kapur
Specifications of Majster's traversable stack and Veloso's traversable stack
SIGPLAN Notices 14 (1979), No.5, 46-53

170. (Kp80) D.Kapur
Towards a theory for abstract data types
PhD Thesis, MIT/LCS/TR237, 1980

171. (KM80) D.Kapur, S.Mandayam
Expressiveness of the operation set of a data abstraction
7th ACM Symp.Principles of Programming Languages (1980), 139-153

172. (KMS81) D.Kapur, D.R.Musser, A.A.Stepanov
Operators and algebraic structures
Confr. Functional Languages and Computer Architecture, 1981

173. (KR77) S.Katz, S.J.Rosenschein
Verifying formal specifications of data structures
IBM Israel TR-053, 1977

174. (Kl78) H.A.Klaeren
Datenräume mit algebraischer Struktur
RWTH Aachen, Schriften zur Ang.Math. und Inform. 43, 1978

175. (Kl80a) H.A.Klaeren
Eine Klasse von Algebren mit struktureller Rekursion und ihre Anwendung bei der abstrakten Software-Spezifikation
Dissertation, RWTH Aachen, 1980

176. (Kl80b) H.A.Klaeren
An abstract software specification technique based on structural recursion
SIGPLAN Notices 15 (1980), No.3, 28-34

177. (Kl80c) H.A.Klaeren
A simple class of algorithmic specifications for abstract software modules
9th Int.Symp.Foundations of Comp.Science (1980), Springer Lect.Notes Computer Science 88, 362-374

178. (Kl81a) H.A.Klaeren
Recursive definitions of operations in universal algebras
Workshop on Program Specification, Aarhus 1981
Springer Lect.Notes Computer Science 134, 268-281

179. (Kl81b) H.A.Klaeren
The SRDL specification experiment
Workshop on Program Specification, Aarhus 1981
Springer Lect.Notes Computer Science 134, 282-293

180. (Kl82a) H.A.Klaeren
On parameterized abstract software modules using inductively specified operations
Coll. AFCET Les Math. de l'Inform., Paris 1982 , 289-300

181. (Kl82b) H.A.Klaeren
A constructive method for abstract algebraic software specification
RWTH Aachen, Schriften zur Informatik und Ang.Math., Nr. 78 , 1982
Theoretical Computer Science (To appear)

182. (KP81a) H.A.Klaeren, H.Petzsch
The development of an interpreter by means of abstract algebraic software specifications
Int. Coll. Formalization of Programming Concepts, Peniscola 1981
Springer Lect.Notes Computer Science 107, 335-346

183. (KP81b) H.A.Klaeren, H.Petzsch
Algebraic software specification and compiler generation - a case study
RWTH Aachen, Schriften zur Informatik & Ang.Math. Nr. 68, 1981

184. (KS81) H.A.Klaeren, M.Schulz
Computable algebras, word problems, and canonical term algebras
5. GI Fachtagung Theor.Informatik, Karlsruhe 1981, Springer Lect.Notes Computer Science 104, 203-213

185. (Kr78) H.J.Kreowski
Algebra für Informatiker
Vorlesung Berlin WS 1978/79

186. (Kr80) H.-J.Kreowski
Algebraische Spezifikation von Softwaresystemen
2.Treffen Gm.Chp. ACM, "Software Engineering - Entwurf und Spezifikation", Berlin 1980

187. (Kr81) H.-J.Kreowski
Ein Teil vom Ganzen - Ein Sammelsurium über partielle Spezifikation
Unveröffentlichte Notizen, 1981

188. (KL83) B.Kutzler, F.Lichtenberger
An annotated bibliography on abstract data types
Springer Informatik-Fachberichte (To appear)

189. (Lt80) A.Laut
Safe procedural implementations of algebraic types
Information Processing Letters 11 (1980), 147-151

190. (Le77) D.J.Lehmann
Modes in ALGOL Y
Proc. Implementation & Design of Algor.Lang., IRIA, 1977

191. (LS77) D.J.Lehmann, M.Smyth
Data types
18th Ann.Symp.Foundations of Computer Science, IEEE (1977), 7-12

192. (LS78) D.J.Lehmann, M.Smyth
Algebraic specification of data types - a synthetic approach
University of Leeds, Dept. of Comp. Studies, Report No.115, 1978

193. (Ln79) P.Lescanne
Etude algébrique et relationelle des types abstraits et leur représentation
Centre de Rech. en Informatique, CRIN-79-T-059, Nancy

194. (Ln82) P.Lescanne
Quelques propriétés de l´ordre de décomposition - un ordre de simplification pour prouver la termination des systèmes de réécriture
AFCET Coll. Les Mathematiques de l´Informatique, Paris 1982, 301-312

195. (LM81) M.R.Levy, T.S.E.Maibaum
Continous data types
SIAM J Computing 11 (1982), 201-216

196. (LR73) C.H.Lewis, B.K.Rosen
Recursively defined data types I,II
IBM Research Reports RC4429,RC4713, 197374
1st part also ACM Symp.Principles of Programming Languages (1973), 125-138

197. (Li78) Th.A.Linden
Specifying abstract data types by restriction
SIGSOFT Softw.Eng.Not. 3 (1978), No.4, 7-13

198. (Lp79) U.Lipeck
Zum Begriff der Implementierung in der Theorie der Abstrakten Datentypen
Diplomarbeit, Universität Dortmund , 1979

199. (Lp82) U.Lipeck
Ein algebraischer Kalkül für einen strukturierten Software-Entwurf
Vorläufige Version, Juni 1982

200. (Lv80) B.Liskov
Modular program construction using abstractions
Abstract Software Specifications, D.Bjørner (ed)
Proc. of 1979 Copenhagen Winter School, Springer Lect.Notes Computer Science 86, 354-389

201. (LB77) B.Liskov, V.Berzins
An appraisal of program specifications
MIT Computation Structures Group Memo 141-1

202. (LSAS77) B.Liskov,A.Snyder,R.Atkinson,C.Schaffert
Abstraction Mechanisms in CLU
Communications of the ACM 20 (1977), 564-576

203. (LZ74) B.Liskov, S.N.Zilles
Programming with abstract data types
SIGPLAN Notices 9 (1974), No.4, 50-59

204. (LZ75) B.Liskov, S.N.Zilles
Specification techniques for data abstractions
Proc. of 1975 Int.Confr. on Reliable Software, ACM, 72-87

205. (Lo80a) J.Loeckx
Algorithmic specifications of abstract data types
Universität des Saarlandes, Tech.Rep. A80/12 , 1980

206. (Lo80b) J.Loeckx
Proving properties of algorithmic specifications of abstract data types in AFFIRM
USC Inform.Sciences Inst., AFFIRMmemo-29-JL, 1980

207. (Lo80c) J.Loeckx
Implementations of abstract data types and their correctness proofs
Univ.d. Saarlandes, FB Informatik, Bericht A80/13

208. (Lo81a) J.Loeckx
Algorithmic specifications of abstract data types
8th Int.Coll.Automata, Languages,and Programming (1981), Haifa, Springer Lect.Notes Computer Science 115, 129-147

209. (Lo81b) J.Loeckx
Implementations of abstract data types and their verification
11. GI-Jahrestagung (1981), Springer Informatik-Fachberichte 50, 96-108

210. (Lo81c) J.Loeckx
Using abstract data types for the definition of programming languages and the verification of their compilers
Universität des Saarlandes, FB10, Bericht Nr. A81/13

211. (LRH82) M.Löwe, M.Reisin, K.P.Hasler
Algebraic specification of a user-controlled interpreter for algebraic specifications
TU Berlin, Report 1982

212. (Me82) E.Madeleine
Le système PERLUETTE et les preuves de représentation de types abstraits
INRIA Rapports de Recherche, No. 133, 1982

213. (Mr80) B.Mahr
Complexity of algebraic implementations for abstract data types: a summary
3rd Workshop Meeting Cat.&Alg.Meth. in Comp.Sc.&Syst.Th., 1980

214. (Mr81) B.Mahr
Some examples of algebraic specifications and implementations, part 2 (Specification of arithmetic, equality and ordering on numbers)
TU Berlin, FB Informatik, Bericht Nr. 81-1

215. (MM82a) B.Mahr, J.A.Makowski
Characterizing specification languages which admit initial semantics
Technion Tech.Rep. 232, Haifa 1982

216. (MM82b) B.Mahr, J.A.Makowski
An axiomatic approach to semantics of specification languages
(ext. abstr.)

217. (Mm79) T.S.E.Maibaum
Abstract data types and a semantics for the ANSI/SPARC architecture
University of Waterloo, Tech.Rep. CS-79-02, 1979

218. (ML79) T.S.E.Maibaum, C.J.Lucena
Higher order data types
Int. J. of Comp. & Inform.Sc. 9 (1980), 31-53

219. (Ma77) M.E.Majster
Limits of the "algebraic" specification of abstract data types
SIGPLAN Notices 12 (1977), No.10, 37-42

220. (Ma78) M.E.Majster
(Letter to the Editor, concerns (Ma77,Hi78))
SIGPLAN Notices 13 (1978), No.1, 8-10

221. (Ma79) M.E.Majster
Data types, abstract data types and their specification problem
Theoretical Computer Science 8 (1979), 89-127

222. (Mr78) J.J.Martin
Critique of Mila E.Majster's paper "Limits of the 'algebraic' specification of abstract data types"
SIGPLAN Notices 12 (1977), No.12, 28-29

223. (MLD80) H.C.Mayr, P.C.Lockemann, K.R.Dittrich
Operational replacement schemes - a practice-oriented approach to the specification of abstract data types
Universität Karlsruhe, Fakultät Informatik, Bericht Nr. 11/80, 1980

224. (Me81) J.J.C.Meyer
A note on Arnold-Karpinski's seven equations bound for data specifications
EATCS Bulletin 13, 1981, 42-44

225. (Mi80) A.Moitra
A note on algebraic specification of binary trees
SIGPLAN Not. 15 (1980), No. 6, 64-67

226. (Mi82) A.Moitra
Direct implementation of algebraic specification of abstract data types
IEEE Trans.Softw.Eng.Vol. SE-8 (1982), No.1, 12-20

227. (Mn76) U.Montanari
Data structures, program structure and graph grammars
Int.Sch. of Theory and Appl. of Computers, Erice 1976

228. (Mo73) F.L.Morris
Types are not sets
ACM Symp.Principles of Programming Languages (1973), 120-124

229. (Ms80) P.Mosses
A constructive approach to compiler correctness
7th Int.Coll.Automata, Languages,and Programming (1980), Springer Lect.Notes Computer Science 85, 449-469

230. (Ms81) P.Mosses
A semantic algebra for binding constructs
Int. Coll. Formalization of Programming Concepts, Peniscola 1981, Springer Lect.Notes Computer Science 107, 408-418

231. (Ms82) P.Mosses
Abstract Semantic Algebras !
IFIP TC-2 Wkng.Confr. Form. Descr. Progr. Concepts II, Garmisch 1982

232. (Mu80a) D.R.Musser
Abstract data type specification in the AFFIRM system
IEEE Trans. Softw.Eng. Vol. SE-6, No.1, 1980

233. (Mu80b) D.R.Musser
On proving inductive properties of abstract data types
7th ACM Symp.Principles of Programming Languages (1980), 154-162

234. (NHN77) R.Nakajima, M.Honda, H.Nakahara
Describing and verifying programs with abstract data types
IFIP Wkng.Confr. Formal Desc. of Programming Concepts, 1977

235. (NHN80) R.Nakajima, M.Honda, H.Nakahara
Hierarchical program specification and verification - a many- sorted logical approach
Acta Informatica 14 (1980), 135-155

236. (No79a) F.Nourani
Construction of data types through extensions of equational theories
Univ. of Michigan, Syst.Eng.Lab.Rep., 1979

237. (No79b) F.Nourani
Abstract implementations and their correctness
Univ. of Michigan, Syst.Eng.Lab.Rep., 1979

238. (No79c) F.Nourani
Constructive extension and implementation of abstract data types and algorithms
(PhD Thesis), Univ.of Cal., Los Angeles, Tech.Rep. UCLA-ENG-7945

239. (No80) F.Nourani
A model-theoretic approach to specification, extension, and implementation
4e Coll.Int. sur la Programmation, Paris 1980, Springer Lect.Notes Computer Science 83, 282-297

240. (No81) F.Nourani
On induction for program logic: syntax, semantics, and inductive closure
EATCS Bulletin 13 (1981), 51-64

241. (Op78) D.C.Oppen
Reasoning about recursively defined data structures
5th ACM Symp.Principles of Programming Languages (1978), 151-157
J. ACM 27 (1980), 403-411

242. (Or81a) F.Orejas
On the representation of data types
Int. Coll. Formalization of Programming Concepts, Peniscola 1981, Springer Lect.Notes Computer Science 107, 419-431

243. (Or81b) F.Orejas
Even more on advice on structuring compilers and proving them correct: changing an arrow
SIGPLAN Notices 16 (1981), No.3, 82-84

244. (Pd79) P.Padawitz
Proving the correctness of implementations by exclusive use of term algebras
TU Berlin, FB Informatik, Bericht Nr. 79-8, 1979

245. (Pd80) P.Padawitz
New results on completeness and consistency of abstract data types
9th Int.Symp.Foundations of Comp.Science (1980), Springer Lect.Notes Computer Science 88, 460-473

246. (Pd81) P.Padawitz
Some examples of algebraic specifications and implementations, part 3 (An implementation of histograms by hash-addressed arrays and its correctness proof)
TU Berlin, FB Informatik, Bericht Nr. 81-5

247. (Pd82) P.Padawitz
Equational data type specifications and recursive program schemes
IFIP TC-2 Wkng.Confr. Formal descr. of prog. concepts II, Garmisch 1982

248. (Pr80a) C.Pair
Types abstraits et sémantique algébrique des langages de programmation
Centre de Recherches en Informatique, CRIN80-R-011

249. (Pr80b) C.Pair
Sur les modèles des types abstraits algébriques
Centre de Recherches en Informatique, CRIN80-P-052

250. (Pr81) C.Pair
Application of abstract data types to the definition of the semantics of programming languages
Int.Coll. Formalization of Programming Concepts, Peniscola 1981

251. (Pr82) C.Pair
Abstract data types and algebraic semantics of programming languages
Theoretical Computer Science 18(1982), 1-31

252. (PLa81) H.Partsch, A.Laut
From requirements to their formalization - a study on the stepwise development of algebraic specifications
TU München, Prelim. Report

253. (PL79) T.H.Pequeno, C.J.Lucas
An approach for data type specification and its use in program verification
Information Processing Letters 8 (1979), 98-103

254. (PBal82) P.Pepper, M.Broy, F.L.Bauer, H.Partsch, W.Dosch, M.Wirsing
Abstrakte Datentypen: Die abstrakte Spezifikation von Rechenstrukturen
Informatik-Spektrum 5 (1982), 107-119

255. (Pz81) H.Petzsch
INTAS - Ein System zur Interpretation algebraischer Spezifikationen
Berichte des Lehrstuhls für Informatik II, RWTH Aachen, Nr. 5, 1981

256. (PEE81) U.Pletat, G.Engels, H.-D.Ehrich
Operational semantics of algebraic specifications with conditional equations
Universität Dortmund, Abt. Informatik, Bericht Nr. 118/81

257. (PZ81) A.Pnueli, R.Zarhi
Realizing an equational specification
8th Int.Coll.Automata, Languages,and Programming (1981), Haifa, Springer Lect.Notes Computer Science 115, 459-478

258. (Ra82) J.C.Raoult
Finiteness results on rewriting systems
RAIRO Informatique Theorique Vol.15, No.4, 373-391

259. (Rc79) H.Reichel
Theorie der Aequoide
Dissertation B, Humboldt-Universität Berlin, 1979

260. (Rc80) H.Reichel
Initially-restricting algebraic theories
9th Int.Symp.Foundations of Comp.Science (1980), Springer Lect.Notes Computer Science 88, 460-473

261. (Rg82) F.Reinig
Decomposition orderings: a new family of recursive simplification orderings
AFCET Coll. Les Mathematiques de l'Informatique, Paris 1982, 313-324

262. (Rm80) J.L.Remy
Construction, évaluation et amélioration systématique des structures de données
RAIRO Theor. Comp.Sc. 14 (1980), 83-118

263. (RV81a) J.L.Remy, P.A.S.Veloso
An economical method for comparing data type specifications
SIGPLAN Notices 16 (1981), No.5, 39-42

264. (RV81b) J.L.Remy, P.A.S.Veloso
Comparing abstract data type specifications via their normal forms
Pont.Univ.Cat. Rio de Janeiro, Monogr. Ciencia da Computacao No.181
J Computer & InformationSciences 11(1982), 141-154

265. (Ro81) E.Rome
Implementierungen Abstrakter Datentypen in terminaler Algebrasemantik
MEMO SEKI-BN-81-05, Universität Bonn

266. (SW82) D.Sannella, M.Wirsing
Implementation of parameterized specifications
9th Int.Coll.Automata, Languages,and Programming (1982), Aarhus, Springer Lect.Notes Computer Science 140, 473-488

267. (Sch81) O.Schoett
Ein Modulkonzept in der Theorie Abstrakter Datentypen
Universität Hamburg, Fachbereich Informatik, Bericht IfI-HH-B-81/81

268. (Sz81) M.Schulz
Berechenbare Algebren, Wortprobleme und kanonische Termalgebren
Diplomarbeit, RWTH Aachen, 1981

269. (SWL77) M.Shaw, W.A.Wulf, R.L.London
Abstraction and verification in Alphard : Defining and specifying iteration and generators
Communications of the ACM 20 (1977), 553-563

270. (SW75) J.Spitzen, B.Wegbreit
The verification and synthesis of data structures
Acta Inf. 4 (1975), 127-144

271. (Su78) P.A.Subramahnyam
On a finite axiomatization of the data type L
SIGPLAN Notices 13 (1978), No.4 , 80-84

272. (Su81) P.A.Subramahnyam
Nondeterminism in abstract data types
8th Int.Coll.Automata, Languages,and Programming (1981), Haifa, Springer Lect.Notes Computer Science 115, 148-164

273. (Th80) J.W.Thatcher
Data abstraction, data bases, and conceptual modelling
Position paper, Wshop on Data Abstr., Data B., & Conc. Modelling,
SIGPLAN Notices 16 (1981), No.1, 196-197

274. (TWW78) J.W.Thatcher, E.G.Wagner, J.B.Wright
Data type specification: parameterization and the power of specification techniques
10th ACM Symp.Theory of Computing (1978), 119-132

275. (TWW79) J.W.Thatcher, E.G.Wagner, J.B.Wright
More on Advice on structuring compilers and proving them correct
6th Int.Coll.Automata, Languages,and Programming (1979), Springer Lect.Notes Computer Science 71, 596-615
Theoretical Computer Science 15 (1981), 223-250

276. (To80) F.W.Tompa
A practical example of the specification of abstract data types
Acta Informatica 13 (1980), 205-224

277. (Ve79) P.A.Veloso
Traversable stack with fewer errors
SIGPLAN Notices 14 (1979), No.2, 55-59
Addenda and corrigenda SIGPLAN Notices 14 (1979), No.10, 76

278. (VP79) P.A.Veloso, T.H.Pequeno
Don´t write more axioms than you have to: A methodology for the complete and correct specification of abstract data types, with examples
Univ.Rio de Janeiro, Monografias en Ciencia da Computacao No.10, 1979, Ext. Abstr. in Proc.Int.Comp.Symp., Nankang (China), 1978

279. (Wa75) M.Wand
First order identities as a defining language
Indiana University TR29, 1975
Acta Informatica 14 (1980), 337-357

280. (Wa77) M.Wand
Final algebra semantics and data type extensions
Indiana University TR65, 1977
J. Computer and System Sciences 8 (1979), 27-44

281. (Wa80a) M.Wand
Specifications, models, and implementations of data abstractions
Theoretical Computer Science 20 (1982), 3-32

282. (Wa80b) M.Wand
Different advice on structuring compilers and proving them correct
Indiana University, Tech.Rep. 95, 1980

283. (Wi82) M.Wirsing
Structured algebraic specifications
AFCET Coll. Les Mathematiques de l'Informatique, Paris 1982, 93-108

284. (WB80) M.Wirsing, M.Broy
Abstract data types as lattices of finitely generated models
9th Int.Symp.Foundations of Comp.Science (1980), Springer Lect.Notes Computer Science 88, 673-685

285. (WB81) M.Wirsing, M.Broy
An analysis of semantic models for algebraic specifications
Draft Paper, 1981

286. (WPal80) M.Wirsing, P.Pepper, H.Partsch, W.Dosch, M.Broy
On hierarchies of abstract data types
TU Muenchen, Tech.Rep. TUM-I 8007, 1980

287. (Zi74) S.N.Zilles
Algebraic specification of data types
Project MAC Progress Report 11, MIT 1974, pp.28-52

288. (Zi80a) S.N.Zilles
An introduction to data algebras
Abstract Software Specifications, D.Bjørner (ed),
Proc. of 1979 Copenhagen Winter School, Springer Lect.Notes Computer Science 86, 1980, 248-272

289. (Zi80b) S.N.Zilles
Types, Algebras, and modelling
Wshop on Data Abstraction, Data Bases, and Conceptual Modelling, 1980
SIGPLAN Notices 16 (1981), No.1, 207-209

15. Stichwortverzeichnis